D0904433

ASTROBOY

OSAMU
TEZUKA

1

Planeta Cómic

ÍNDICE

Capítulo 1:
EL NACIMIENTO DE ASTROBOY

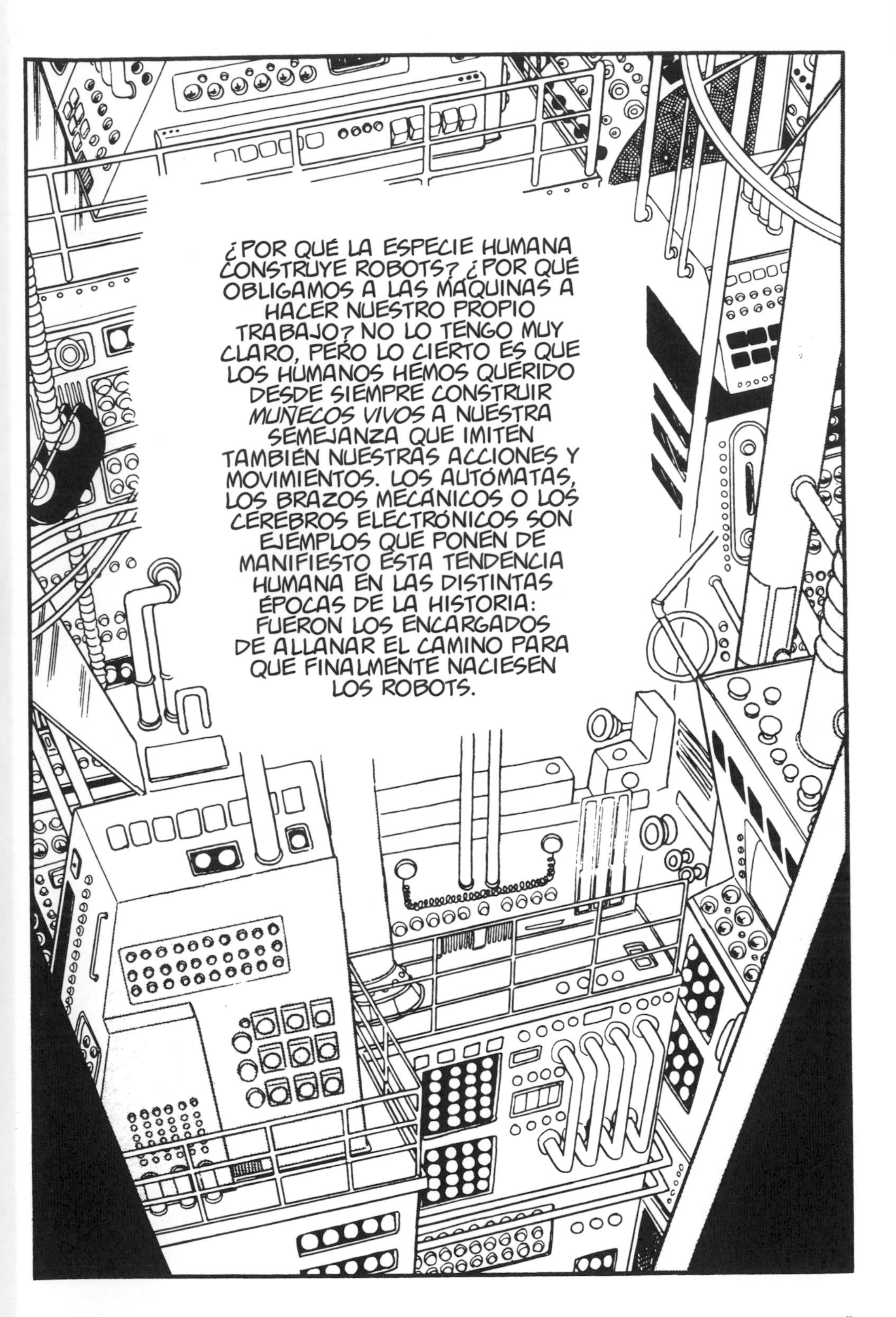
¿POR QUÉ LA ESPECIE HUMANA CONSTRUYE ROBOTS? ¿POR QUÉ OBLIGAMOS A LAS MÁQUINAS A HACER NUESTRO PROPIO TRABAJO? NO LO TENGO MUY CLARO, PERO LO CIERTO ES QUE LOS HUMANOS HEMOS QUERIDO DESDE SIEMPRE CONSTRUIR MUÑECOS VIVOS A NUESTRA SEMEJANZA QUE IMITEN TAMBIÉN NUESTRAS ACCIONES Y MOVIMIENTOS. LOS AUTÓMATAS, LOS BRAZOS MECÁNICOS O LOS CEREBROS ELECTRÓNICOS SON EJEMPLOS QUE PONEN DE MANIFIESTO ESTA TENDENCIA HUMANA EN LAS DISTINTAS ÉPOCAS DE LA HISTORIA: FUERON LOS ENCARGADOS DE ALLANAR EL CAMINO PARA QUE FINALMENTE NACIESEN LOS ROBOTS.

HACE UNOS CINCUENTA AÑOS...
...YA HABÍA MUCHOS ROBOTS, AUNQUE NINGUNO DE ELLOS...
...TENÍA FORMA HUMANA.

SE NECESITABAN MUCHAS MÁQUINAS ENORMES PARA CONSEGUIR EMULAR EL TRABAJO DE UN SOLO SER HUMANO.

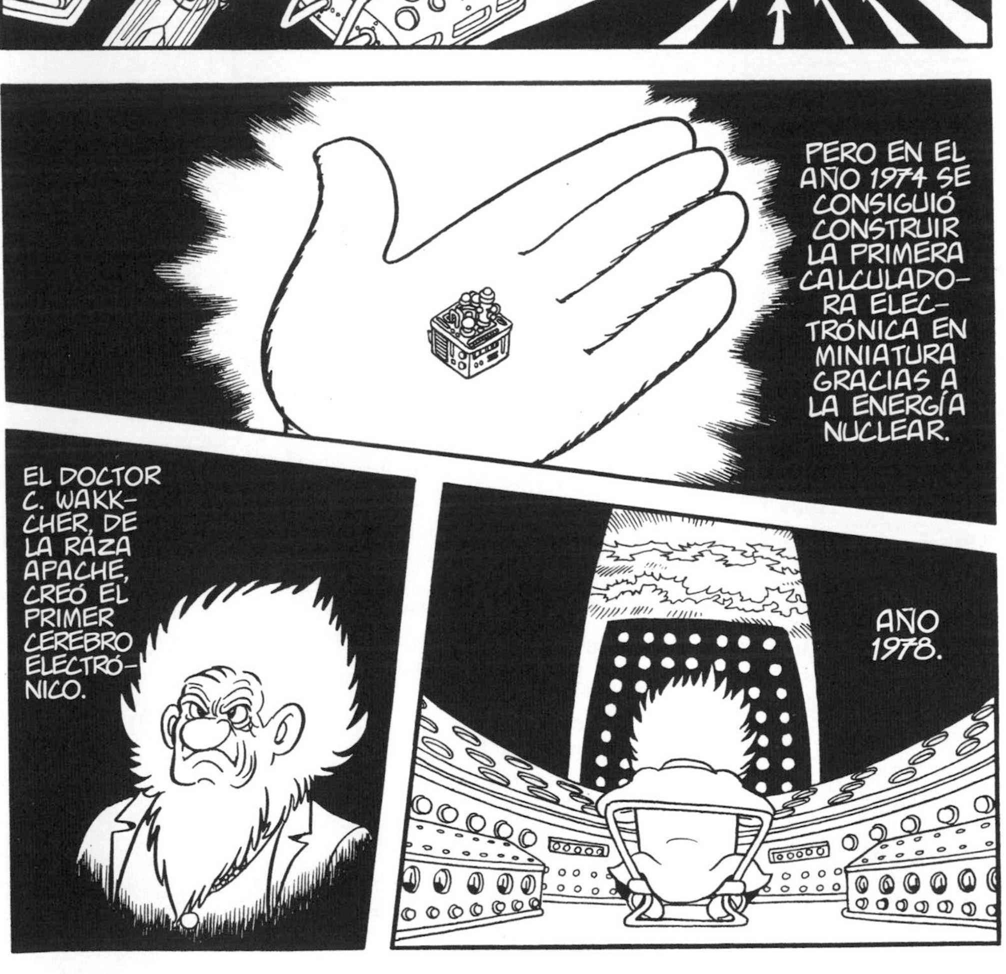
PERO EN EL AÑO 1974 SE CONSIGUIÓ CONSTRUIR LA PRIMERA CALCULADORA ELECTRÓNICA EN MINIATURA GRACIAS A LA ENERGÍA NUCLEAR.
EL DOCTOR C. WAKKCHER, DE LA RAZA APACHE, CREÓ EL PRIMER CEREBRO ELECTRÓNICO.
AÑO 1978.

...SE CREARA EL PRIMER ROBOT CON FORMA HUMANA.
...LO QUE PERMITIÓ QUE EN 1982...
EL DOCTOR SARUMANE, DE JAPÓN, PERFECCIONÓ EL DESCUBRIMIENTO...
EN ESA ÉPOCA, LOS ROBOTS TODAVÍA ERAN DE METAL.
PERO ENTONCES EL DOCTOR JAMES DALTON INVENTÓ UN TIPO DE PIEL ARTIFICIAL HECHA DE PLÁSTICO.

EL PRIMER ROBOT AL QUE SE APLICÓ ESA PIEL...
...NACIÓ EN 1987. SU APARIENCIA ERA YA CASI HUMANA.

A PARTIR DE ESE MOMENTO, LOS DISTINTOS PAÍSES EMPEZARON A OCULTAR SUS AVANCES EN EL CAMPO DE LA ROBÓTICA.
QUEDÓ PROHIBIDO SACAR FUERA DEL PAÍS A CUALQUIER ROBOT DE FABRICACIÓN NACIONAL (TAMBIÉN EN JAPÓN).

LOS ROBOTS SE PARECÍAN CADA VEZ MÁS A LOS HUMANOS.
PODÍAN YA HABLAR CON NORMALIDAD, REÍR Y ENFADARSE...
ERAN CAPACES DE AYUDAR EN CUALQUIER TIPO DE TAREA.

CON TOKIO COMO CENTRO NEURÁL-GICO...
AHORA, EL MINISTERIO DE LA CIENCIA DE JAPÓN FABRICA UNOS CINCO MIL ROBOTS AL AÑO.

LOS ROBOTS INCLUSO ACUDEN A CLASE JUNTO A NIÑOS HUMA-NOS.

...LA POBLA-CIÓN ROBÓ-TICA AUMEN-TA SIN CESAR.

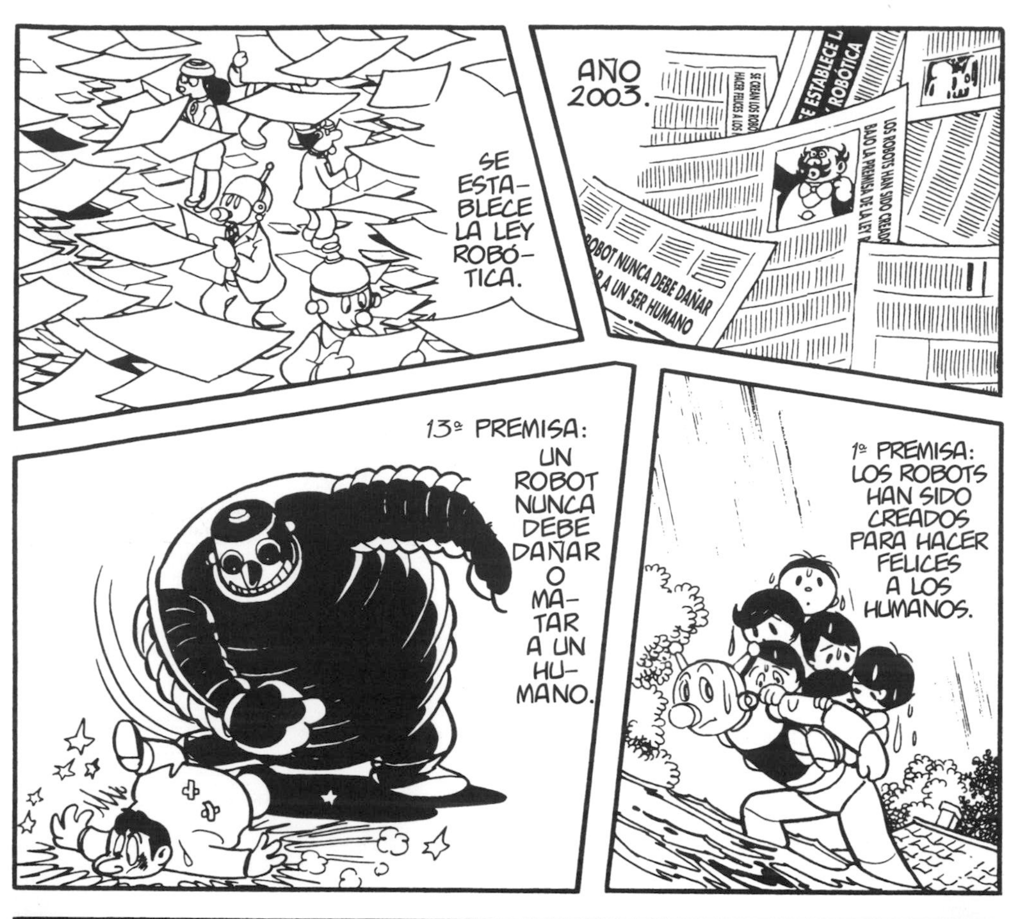
AÑO 2003.
SE CREAN LOS
HACER FELICES A LOS
ESTABLECE
ROBÓTICA
LOS ROBOTS HAN SIDO
BAJO LA PREMISA DE LA LEY
ROBOT NUNCA DEBE DAÑAR
A UN SER HUMANO
SE ESTABLECE LA LEY ROBÓTICA.
1ª PREMISA: LOS ROBOTS HAN SIDO CREADOS PARA HACER FELICES A LOS HUMANOS.
13ª PREMISA: UN ROBOT NUNCA DEBE DAÑAR O MATAR A UN HUMANO.

HOLA, SOY OSAMU TEZUKA, EL AUTOR DE ESTE CÓMIC, QUE CREÉ EN EL AÑO 1951.
EN LAS PÁGINAS ANTERIORES ACABÁIS DE LEER LA IDEA QUE YO TENÍA DEL FUTURO EN ESA ÉPOCA.

HA PASADO YA MAS DE MEDIO SIGLO DESDE ENTONCES; EN ESTE TIEMPO, TODO HA CAMBIADO MUCHÍSIMO.
TAMBIÉN HA CAMBIADO LA FORMA DE PENSAR RESPECTO A LA CIENCIA.

LA CULTURA INFORMÁTICA AVANZA A PASOS AGIGANTADOS, PERO... ¿QUÉ HAY DE LA CIENCIA EN GENERAL?

SUSTITUYE LA PALABRA "ROBOTS" POR "CIENCIA" EN LA PRIMERA PREMISA DE LA LEY ROBÓTICA... ¿HA CONSEGUIDO LA CIENCIA DARNOS LA FELICIDAD A LOS HUMANOS...?

BIEN, DEJO LA PREGUNTA EN EL AIRE. EL HECHO ES QUE...
...EN EL AÑO 2003, A RAÍZ DE CIERTO ACCIDENTE, NACIÓ EL PEQUEÑO ASTROBOY...

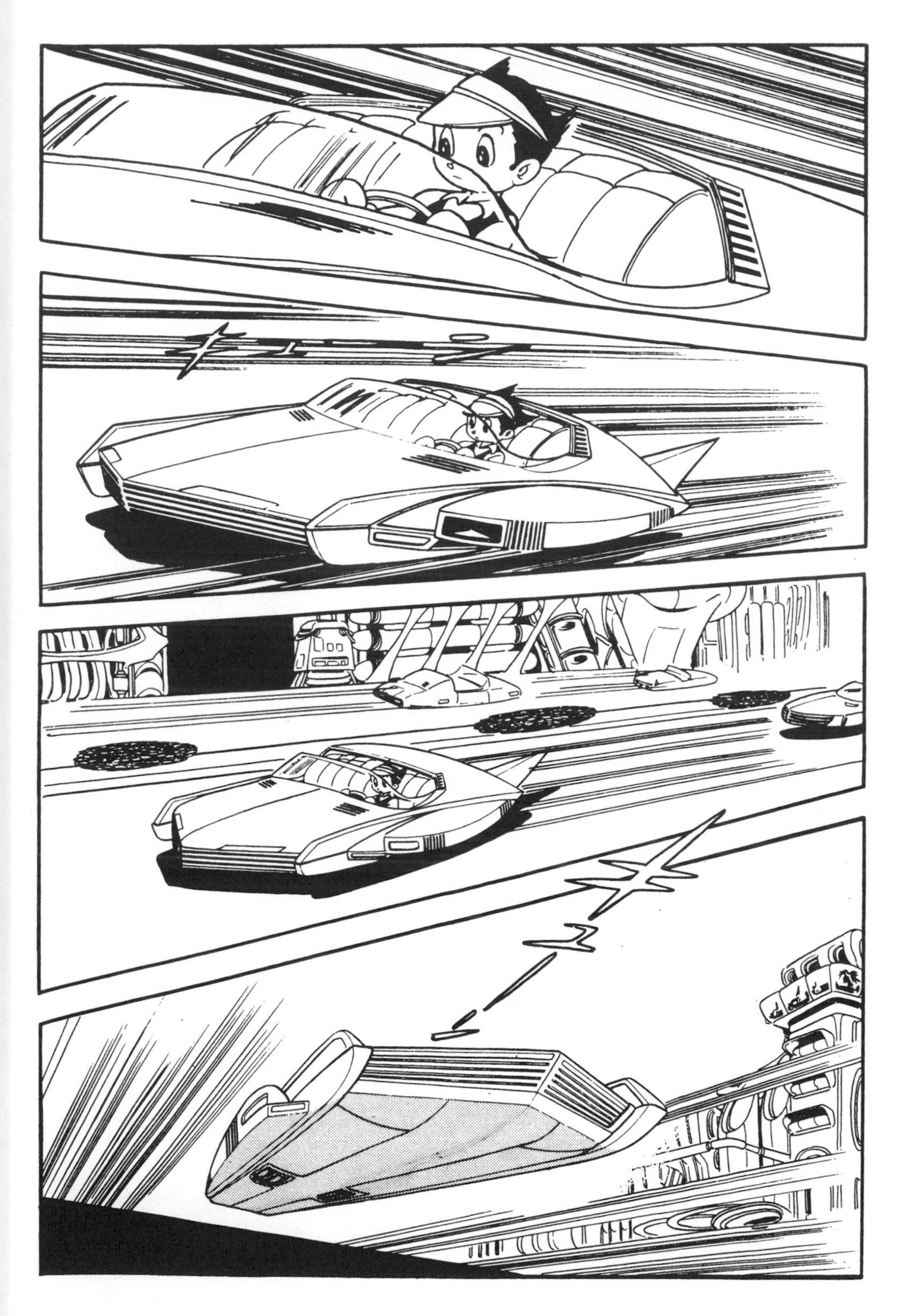
キューン

キャー
ゴゴゴ

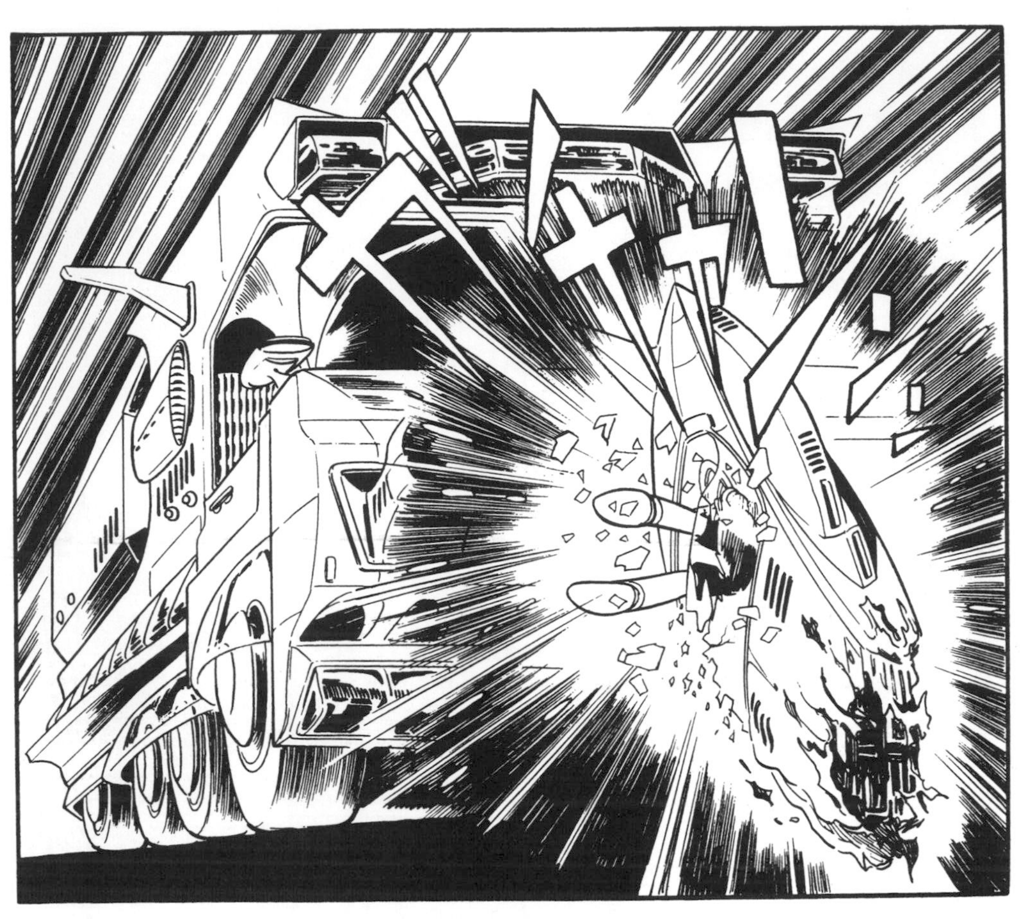

¿QUÉ? ¿QUE HAN ATROPELLADO A MI HIJO? DÓ... ¿DÓNDE?
¡TOBIOO!
TO... TOBIO... MI TOBIO... MI HIJO... UGH...

TO... TOBIO...
SNIFF... SNNIIFFF...

ESO ES... CREARÉ UN ROBOT IDÉNTICO A TI... JU, JU... ¡JAAAA, JA, JA, JA, JA!
TOBIO... ¡VOY A HACERTE RENACER, Y ESTA VEZ TE DARÉ UN CUERPO INMORTAL!

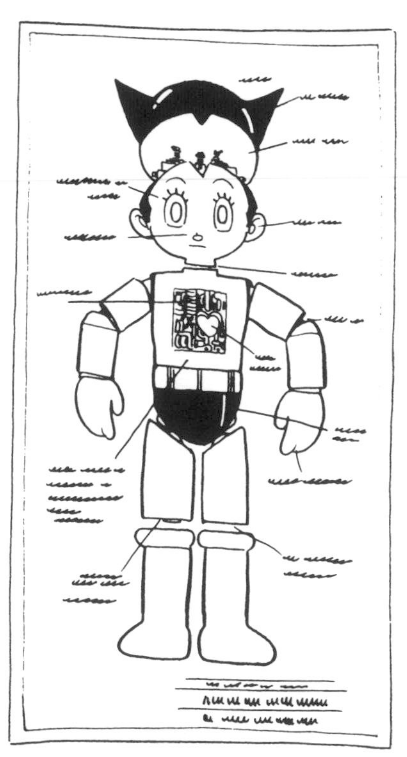

TODA LA TÉCNICA Y CONOCIMIENTOS DEL MINISTERIO DE LA CIENCIA SERVIRÁN PARA LA CONSTRUCCIÓN DE ESTE ROBOT.
UN ROBOT SIN PAR EN EL MUNDO... UNA OBRA MAESTRA DE LA CIENCIA ...

¿SE HABRÁ VUELTO LOCO EL JEFE?
¿SEGURO QUE PODEMOS GASTARNOS TODO ESE PRESUPUESTO?
NO SÉ, PERO CUANDO SE PONE ASÍ NO HAY QUIEN LE CONTRADIGA.

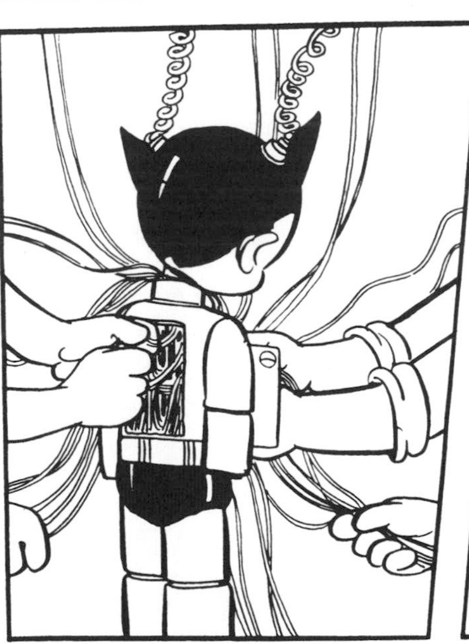

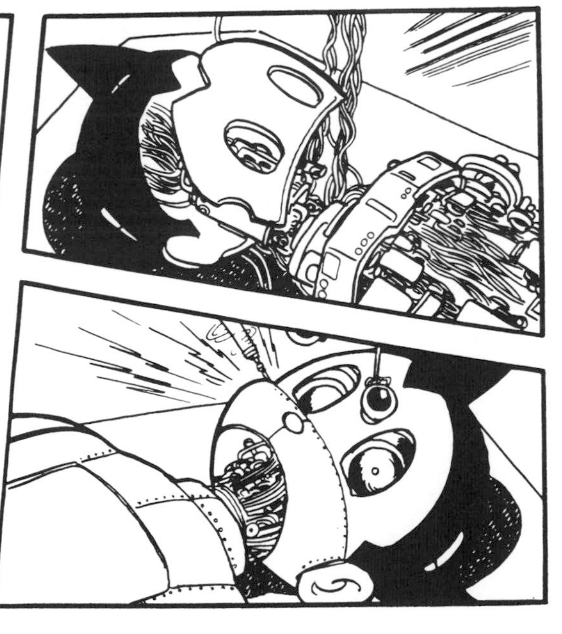

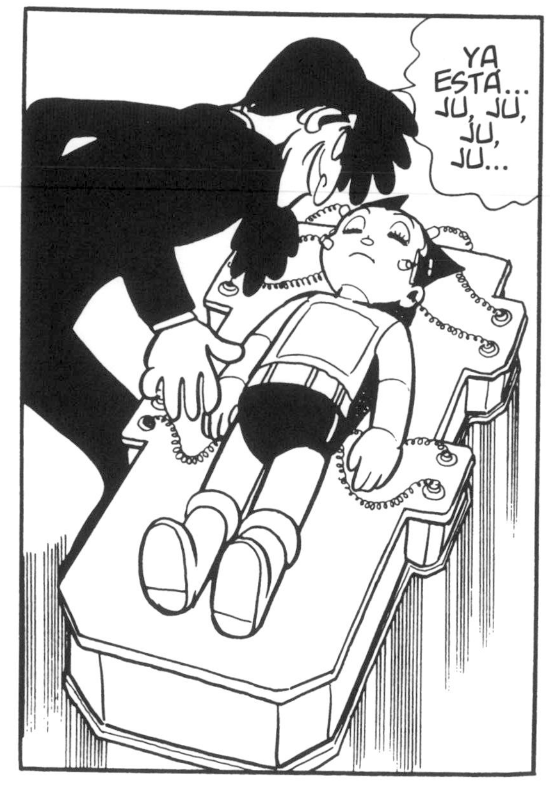
YA ESTA... JU, JU, JU, JU...

TOBIO ... YO MISMO ...
...VOY A DEVOLVERTE LA VIDA CON MIS PROPIAS MANOS...

UN SOLO ERROR EN LOS CIRCUITOS...

...Y VOLARÁ EL ORDENADOR CENTRAL...
...Y CON ÉL, TODO ESTE EDIFICIO Y EL CENTENAR LARGO DE PERSONAS QUE HAY EN SU INTERIOR.

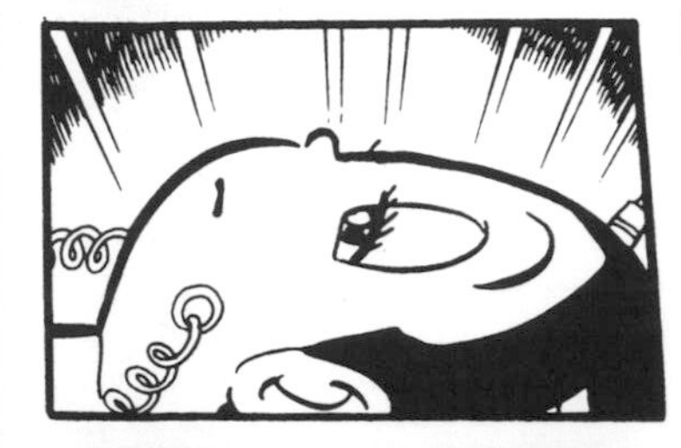

¡EN MARCHA, ORDENADOR! ¡DALE LA CAPACIDAD DE RACIOCINIO A ESTE MUÑECO MECÁNICO!

カシッ

HA HA... HA SIDO UN ÉXITO...

UTILIZA LA VOZ PARA PRONUNCIAR LAS PALABRAS QUE TIENES EN LA MEMORIA.
¡ASÍ NO!

¿PUEDES VERME?
SI PUEDES, CONTESTA.

LLÁMAME PAPÁ, VAMOS.
TOBIO... YO SOY TU PADRE.
PA... PÁ...

PUE... DO... VER... LE...
SÍ...
¡BIEN! ¡¡LO LOGRÉ!!

AL ROBOT RECIÉN NACIDO TOBIO LE FUERON INCULCADAS DÍA TRAS DÍA Y DE MODO INTENSIVO LAS FACULTADES DE LOS SERES HUMANOS. SUS MOVIMIENTOS, TORPES Y MECÁNICOS AL PRINCIPIO, FUERON VOLVIÉNDOSE CADA VEZ MÁS SUAVES Y NATURALES.
EL BRILLO DE SUS OJOS...
...SE VOLVIÓ DEL TODO HUMANO...
ERA UN BRILLO CÁLIDO Y LLENO DE SENTIMIENTOS.

AL CABO DE UN MES, TOBIO SE RIO POR PRIMERA VEZ.
EL CIRCUITO DE LA *ALEGRÍA* HABÍA PUESTO EN MARCHA LA EXPRESIÓN DE *REÍR*.

SU SONRISA ERA TAN CRISTALINA COMO LA DE UN ÁNGEL.

¡SI NO ES MÁS QUE UN TÍTERE, MALDITA SEA!
¡¡ESTE MUÑECO NO ES MI HIJO!!
¡FUERA DE AQUÍ, MONSTRUO REPUGNANTE!
¡PERO AL POCO, EL DOCTOR SE DIO CUENTA DE UN TERRIBLE ERROR! AL SER UN ROBOT, TOBIO OBVIAMENTE NO PODÍA CRECER.
AL CABO DE UN TIEMPO, PARECÍA QUE LA AMARGURA DEL DOCTOR TENMA HABÍA REMITIDO. TOBIO Y ÉL ERAN FELICES.

SI ERES TOBIO, HAZ EL FAVOR DE CRECER.
LO SIENTO, PAPÁ, NO TE PONGAS ASÍ.
YA HE CRE-CIDO, ¿LO VES?
¡QUIERO VENDERLE UN ROBOT! ES UNA MÁQUINA PERFECTA, IDÉNTICA A UN HUMANO.
JE, JE, JE, JE, JE, JE. RE-CONOZCO QUE LO PARECE, PERO... TAM-BIÉN PARECE FRÁGIL...
MINISTRO, YA SABE QUE ACTUALMENTE SE PREFIEREN LOS RO-BOTS GRANDES Y FORNIDOS.

PARA EMPEZAR, CUANTO MÁS SE PARECE UN ROBOT A UN HUMANO, MÁS PROBLEMAS TIENE SU AMO.
YA SABE, EMPIEZAN A EXIGIR DERECHOS Y TONTERÍAS DE ESAS.
NI SIQUIERA EL MINISTERIO DE LA CIENCIA CONSTRUYE ROBOTS ASÍ.

VEN CONMIGO.

ER... ¿PUEDO VESTIRME?

¡IMBÉCIL! ¡¡LOS ROBOTS NO NECESITÁIS ROPA!!

ASÍ FUE COMO TOBIO, QUE TODAVÍA NO HABÍA APRENDIDO A LLORAR, FUE ARRANCADO DE SU HOGAR.

PERO AL CABO DE UN TIEMPO, LLEGÓ UN CIRCO EN EL QUE LA ESTRELLA PRINCIPAL ERA UN NIÑO ROBOT LLAMADO ASTROBOY.
NO SABEMOS A QUIÉN LE VENDIÓ A TOBIO EL COMERCIANTE DE ROBOTS.

ALLÍ SE DIO CUENTA DE QUE ESE NIÑO ROBOT NO ERA UN ROBOT CUALQUIERA.

EL EMINENTE DOCTOR OCHANOMIZU, ASISTÍA AL ESPECTÁCULO

¡VEN CONMIGO! HE CONSEGUIDO TU LIBERTAD.
¡HAS DEJADO DE SER UN ESCLAVO! ¡ERES LIBRE!
YO SERÉ TU MENTOR. PONTE A ESTUDIAR, ¡VERÁS COMO TE CONVIERTES EN UN NIÑO DEL QUE ESTAR ORGULLOSO!
¿DE VERDAD?

HAY UN ROBOT CON PROPULSORES A CHORRO QUE PUEDE VOLAR COMO UN COHETE.
UN ROBOT CUYO OÍDO ES MIL VECES MÁS FINO QUE EL HUMANO Y CUYOS OJOS SE CONVIERTEN EN POTENTES FOCOS.
QUE DOMINA 60 IDIOMAS Y QUE PUEDE SENTIR SI UNA PERSONA ES BUENA O MALA.
ES LA REENCARNACIÓN DE TOBIO.
¡QUE TIENE LETALES METRALLETAS Y 100.000 CABALLOS DE POTENCIA!
SU NOMBRE: ¡EL PODEROSO ASTRO BOY!

Capítulo 2:
EL REGIMIENTO HOTDOG

ESE PERRO ES UN ROBOT, ¿NO?
SÍ, PERO ANTES ERA UN PERRO DE CARNE Y HUESOS, QUE FUE MODIFICADO Y CONVERTIDO EN CÍBORG.

UN CÍBORG ES UN SER QUE POSEE UNA PARTE DEL CUERPO ROBÓTICA.
ESO ES.

CUANDO SE DECIDIÓ EMITIR LA SERIE ASTRO-BOY EN LOS ESTADOS UNIDOS ...

...DIJERON QUE EL CAPÍTULO EN EL QUE SALÍAN PERROS A LOS QUE OPERABAN Y CONVERTÍAN EN CÍBORGS NO PODÍAN EMITIRLO.

¿SABES POR QUÉ? ARGUMENTARON QUE HACERLE ALGO ASÍ A UN PERRO LES PARECÍA CRUEL Y GROTESCO.

ME PUSE DE MAL HUMOR, LA VERDAD. ¿ACASO ELLOS NO SE DEDICAN A MATAR CRUELMENTE A ANIMALES Y A COMÉRSELOS DE FORMA GROTESCA?

EN ÁFRICA...
...MUCHOS OCCIDENTALES SE DEDICARON A MATAR A ANIMALES POR PURO DEPORTE.
Y ENCIMA LOS INGLESES SE INVENTARON LA MENTIRA DE QUE LOS JAPONESES COMEMOS CARNE DE PERRO Y SE MONTÓ UNA BUENA.

LO QUE QUIERO DECIR ES QUE LOS HUMANOS SOMOS CAPACES DE CUALQUIER COSA.

OIGA, ¿QUIÉN SE INVENTÓ LA PALABRA CÍBORG?

BUENO, LA INVENTARON EN LOS ESTADOS UNIDOS, ALLÁ EN EL AÑO 58 O 59.
EN ESE MOMENTO SE INVESTIGABA MUCHO EN MEDICINA ESPACIAL Y ÓRGANOS ARTIFICIALES.

SURGIERON MUCHAS DISCUSIONES Y POLÉMICAS SOBRE EL TEMA DE HASTA QUÉ PUNTO SE PODÍAN SUSTITUIR PARTES DEL CUERPO HUMANO POR MÁQUINAS. EL HECHO ES QUE CASI TODO EL CUERPO HUMANO, SI EXCEPTUAMOS EL CEREBRO Y EL SISTEMA NERVIOSO, PODRÍA SER SUSTITUIDO POR ÓRGANOS ARTIFICIALES.

PERO ENTONCES SE CONVERTIRÍAN EN MONSTRUOS, ¿NO?

A SIMPLE VISTA, SÍ.

PERO NO CREO QUE LA *ESENCIA* PUEDA SER SUSTITUIDA. AUNQUE UN PERRO SE CONVIERTA EN CÍBORG, SU ESENCIA SIGUE SIENDO LA DE UN PERRO.
LA HISTORIA *EL REGIMIENTO HOTDOG* SE BASA PRECISAMENTE EN ESTE TEMA.

MI QUERIDO INU

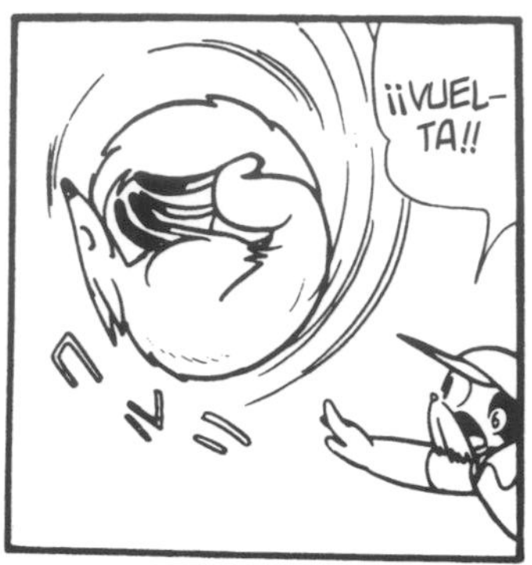

ES LA PRUEBA DE QUE ES UN BUEN PERRO.
¡TSK! ¡ESTE PERRO NO OBEDECE A NADIE!

¿A QUE TE ARRESTO?

¡LADRA TRES VECES!

ÉL SOLO OBEDECE MIS ÓRDENES.
¡HAZ EL PINO!

¿QUÉ GRACIA TIENE QUE LADRÉIS VOSOTROS ANTES QUE ÉL?

GUAU
GUAU
GUAU

ENTRENÉ A INU DESDE QUE ERA UN CACHORRO.
ES IMPORTANTE TRATARLE COMO SI FUERA UN MIEMBRO MÁS DE LA FAMILIA.

INCLUSO ESTOY PENSANDO EN ENSEÑARLE A CONDUCIR. JA, JA, JA.

VAYA, QUÉ RECUERDOS ME TRAE ESE DÍA...

HACE YA UN AÑO DE ESO...

UNA TARDE HÚMEDA, FRÍA Y LLUVIOSA...

...IBA YO DE VUELTA A CASA, CUANDO DESDE UN CALLEJÓN OSCURO...
UUUUH
UUUUH

AL IR A VER DE DÓNDE PROCEDÍAN LOS GEMIDOS...
UUH, UUH...

¿QUIÉN TE MANDA A TI SALIR EN UN MOMENTO TAN IMPORTANTE, CARAY?

ALLÍ HABÍA UN PERRITO ABANDONADO Y DÉBIL, MUERTO DE FRÍO.

DECIDÍ DARLE LO QUE ME HABÍA SOBRADO DE LA COMIDA.
VAYA, VAYA, QUÉ HAMBRE TRAES...

¡NO, NO! ¡NO ME SIGAS, CARAMBA, QUE ME METES EN UN COMPROMISO!
¡UUIINN!

PERO AL FINAL NO PUDE IMPEDIR QUE EL PERRO ME SIGUIERA HASTA MI CASA.
?!
?!

ERES DE LO QUE NO HAY.

PUES NADA, BIENVENIDO A LA FAMILIA.

PERO A CAMBIO DEBERÁS CONVERTIRTE EN EL MEJOR PERRO DEL MUNDO. ¡PREPÁRATE, PORQUE EL ENTRENAMIENTO SERÁ DURO!

¿TE ACUERDAS DE ESE DÍA, INU?

¡OH! NOS SIGUE UN COCHE BIEN RARO.

CUMPLISTE TU PARTE DE LA PROMESA Y TE CONVERTISTE EN UN GRAN HOMBRE... DIGO, PERRO. ESTOY MUY ORGULLOSO DE TI.

¡TSK! ¿QUIÉN SERÁ? ¿EL COBRADOR DEL FRAC?

GRRRRR

¡DESGRACIADOS! ¿SE PUEDE SABER QUÉ HE HECHO YO?

AH... ¿EH? HAN... HAN DESAPARECIDO... ¡E INU TAMBIÉN!

¿SE PUEDE SABER QUÉ LE HABÉIS HECHO A MI PERRO?

¡AY, AY, AY AY, AY, AY!

¿SE HAN DESVANECIDO EN EL AIRE? ¿O SE LOS HA TRAGADO LA TIERRA? OIGO UN RUIDO, PERO NO LES VEO...

¡EL COCHE VUELA!

¡AH!

CÓ... ¿CÓMO QUE ABUELITO? ¡PUEDE QUE ME HAYA QUEDADO CALVO, PERO SOLO TENGO 42 AÑOS, 3 MESES Y 7 DÍAS!

JO, JO, JO, JO... ESE PERRO AHORA ES MÍO, ABUELITO.

¡MALDITA SEA! ¡VOLVED AQUÍ, LADRONES DE PERROS!

¡GRRRRR!
A... ¡AHORA VERÁN!

ゴキ!!
$

TENGA, ESTO A CAMBIO DE SU CHUCHO.

¡PIENSO SEGUIROS!

OS SEGUIRÉ HASTA DONDE HAGA FALTA... ¡HASTA EL FIN DEL MUNDO!

QUÉ TESTA-RUDO. ASUSTÉ-MOSLE.
SIGUE AHÍ.

A VER QUÉ DICE AHORA.
Y SIGUE EN SUS TRECE. ¿SERÁ UN ROBOT?

¡CRAAAY!
¡HOP!

JO, JO, JO, JO, JO ...

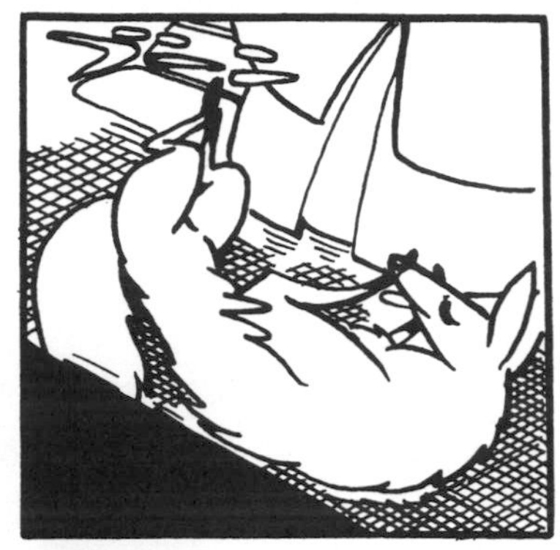

MIRA QUÉ PELAMBRE MÁS ADORABLE TIENE, JO, JO, JO.

ES PERFECTO, JUSTO EL QUE ANDABA BUSCANDO.
¿QUÉ LE PARECE EL PERRO?

DEBERÍA HABERSE RESIGNADO... POBRE HOMBRE, JO, JO...

¿QUÉ LE HA OCURRIDO...?

¡AH! ¡PROFESOR!

LA LLEGADA DE UN EXTRAÑO AVIÓN

ANDA YA... ¡LOS DE LA AMPA NO VAN EN JETS!
PUES PARECE MUY RARO PARA SER DE LA AMPA.

¡VIENE HACIA AQUÍ!
¿SERÁ UN EXTRA-TERRES-TRE?
ESTÁ PÁLIDO COMO EL PAPEL.

UF, SE HA METIDO EN LA ESCUELA.

¿DESEA VER A ALGUIEN EN PAR-TICULAR?

¡AAAAAHHH! ¡ES UN OGRO! ¡UN OGRO DE TEZ PÁLIDA!

A VER... UNO MÁS UNO SON DOS, Y...

¡AAH!

QU... ¿QUIÉN ERES TÚ?

...
SE... ¿SE PUEDE SABER QUÉ QUIERES?

AAGHH... ¡VALE, VALE!

¿OIGA? ¿HABLO CON EMERGENCIAS?
ES QUE SE HA ESCAPADO UN ENFERMO DE UN HOSPITAL Y ESTÁ AQUÍ CONMIGO.

¡UOGH!

¡UAAGHHH!

¡FUERA, MÁRCHATE! ¡DÉJAME, POR FAVOR!

ポキー

NO CREO QUE ALGUIEN TAN VALIENTE COMO ÉL HUYA TAN FÁCILMENTE.

SEGURO QUE SE MARCHA PIES PARA QUÉ OS QUIERO.
¡ESTÁ AMENAZANDO AL PROFE!
¿QUE SE HA METIDO EN EL DESPACHO DEL PROFESOR MOSTACHO?

¿PERO QUÉ HAGO...?

¡ANDA!
UF, SUERTE QUE HE HUIDO.

UF, QUÉ SÚSTO.

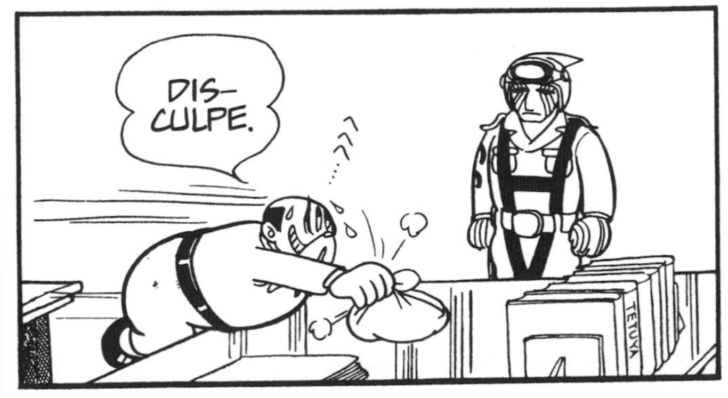
DISCULPE.
TETUYA

MIRAD, YA SE MARCHA.

CUANDO ME PEGAN UN SUSTO ME ENTRA UN HAMBRE...

¡NO TAN DEPRISA, CANALLA!

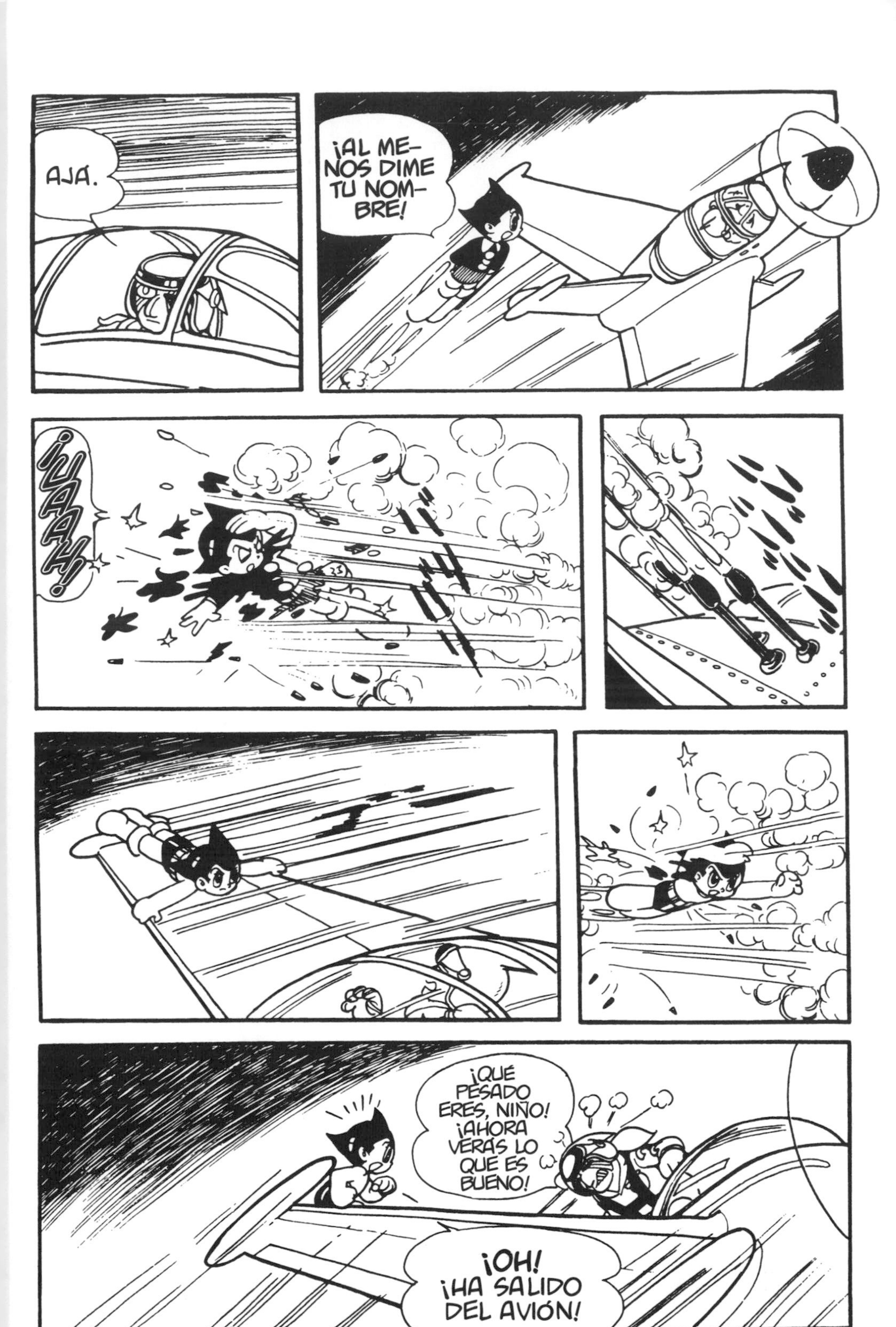
AJÁ.
¡AL ME-NOS DIME TU NOMBRE!
¡UAAAH!
¡QUÉ PESADO ERES, NIÑO! ¡AHORA VERÁS LO QUE ES BUENO!
¡OH! ¡HA SALIDO DEL AVIÓN!

¡GRRR!
¿PERO QUÉ HACES? ¡ES PELIGROSO!

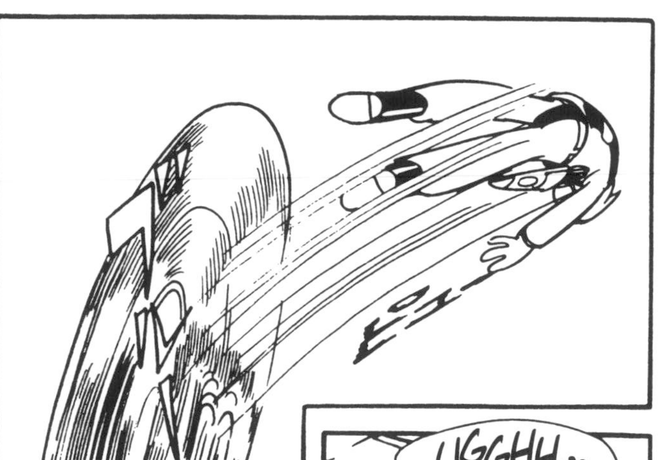

UGGHH... HOP.

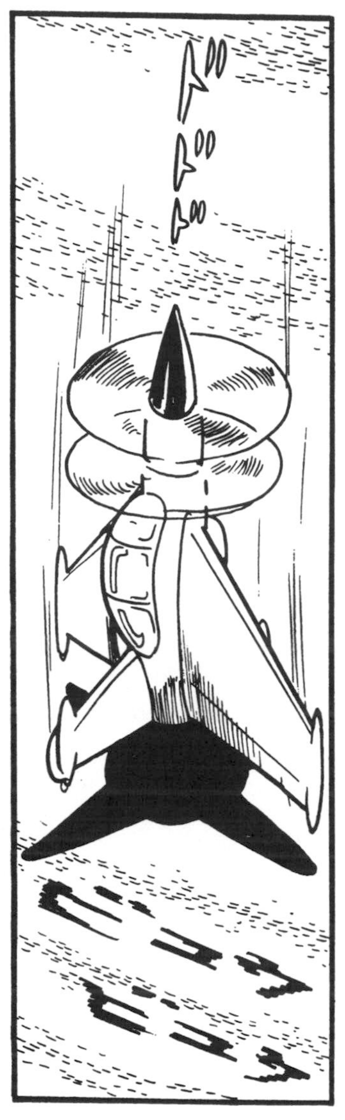

¡¡NO TAN DEPRI-SA!!

GRAN DUQUESA ANTA MARIA ...
AH.

¿ADÓNDE HAS IDO, Nº 44?

TE HAS ATREVIDO A SALIR SIN MI PERMISO.

NI SIQUIERA YO SÉ POR QUÉ ME SENTÍ IMPULSADO A IRME.

QUIERO QUE ME CONTESTES CLARO: ¿HAS SALIDO SIN MI PERMISO?
SÍ, LE SUPLICO QUE ME PERDONE.

LO LAMENTO PROFUNDAMENTE.
TÚ ERES EL CAPITÁN DE MI GUARDIA PERSONAL. UN ACTO COMO ESTE ES IMPERDONABLE.

SUBÍ AL JET COMO ENSIMISMADO, SIN PENSAR.
CUANDO ME DI CUENTA, ME ENCONTRABA EN UNA ESCUELA JAPONESA.

EL OLOR ME TRAÍA EXTRAÑOS RECUERDOS.

¿HAS VISTO A ALGUIEN AHÍ?
SÍ, A UN PROFESOR.

¿CÓMO ERA? ¡HABLA, VAMOS!

LLEVABA UN BIGOTE BLANCO Y ESTABA CALVO.
¡YA BASTA!

¡¡TE PROHÍBO VOLVER ALLÍ!!
SI VUELVES A SALIR DE ESTE TERRITORIO, TU CASTIGO SERÁ EJEMPLAR. ¿ENTENDIDO?

FUI HASTA JAPÓN SIN DARME CUENTA...
¿POR QUÉ ME SENTÍ IMPULSADO A VERLE...?

...
PERO GRAN DUQUESA... ¿QUIÉN ES ESE HOMBRE?

VE AL MÉDICO DE ROBOTS.
SÍ, ESO HARÉ.

SUPONGO QUE ESTARAS CONFUSO.

¡FUEGO!

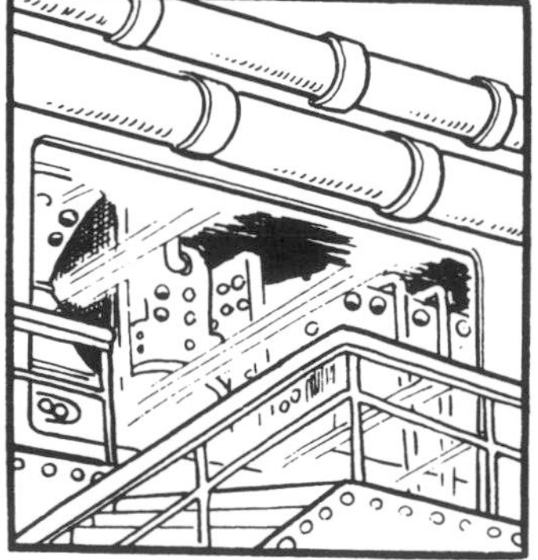

¡SALUDEN!

HO-
LA.

UF, HA VUELTO EN EL MOMENTO MENOS OPORTUNO.

¿SE PUEDE SABER QUÉ HACES? ¿¡POR QUÉ ROES ESA BOTA, IDIOTA!?
NO TENGO NI IDEA, PERO SI NO ME PONGO A ROER UNA BOTA UN RATO AL DÍA, NO ME SIENTO CÓMODO...

HMMM... ÚLTIMAMENTE ESTABAN DESAPARECIENDO BOTAS... ENTONCES, ¿ES POR TU CULPA?
...

¿CÓMO EXPLICAS TODAS ESTAS BOTAS EN TU TAQUILLA?
NO LO SÉ ...

NO ME ENCUENTRO MUY FINO.

¿ADÓNDE VA, CAPITÁN?
AL MÉDICO ROBÓTICO.

¡DEVUÉLVELAS A SUS PROPIETARIOS INMEDIATAMENTE!
¡VOY!

SE PRESENTA EL Nº 44, DOCTOR.
PASE.

¿CÓMO TE ENCUENTRAS, Nº 44?

ME SIENTO UN POCO RARO.
LA GRAN DUQUESA ME DIJO QUE VINIERA A CONSULTARLE.

BIEN, TÚMBATE AQUÍ.

ENSEGUIDA TE EXAMINO.
GRACIAS.

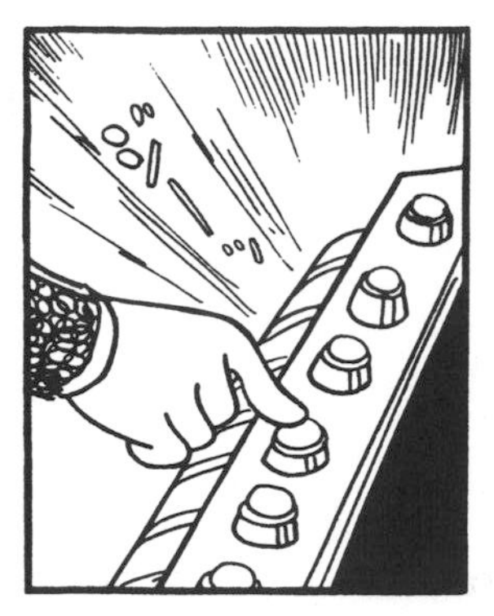

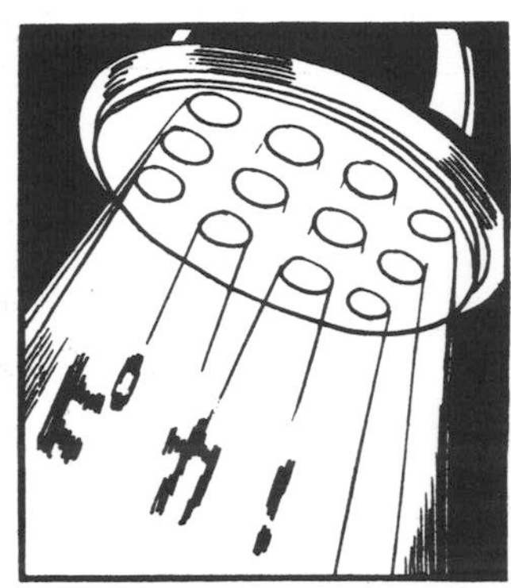
ピカ!

NO VEO NADA EXTRAÑO...

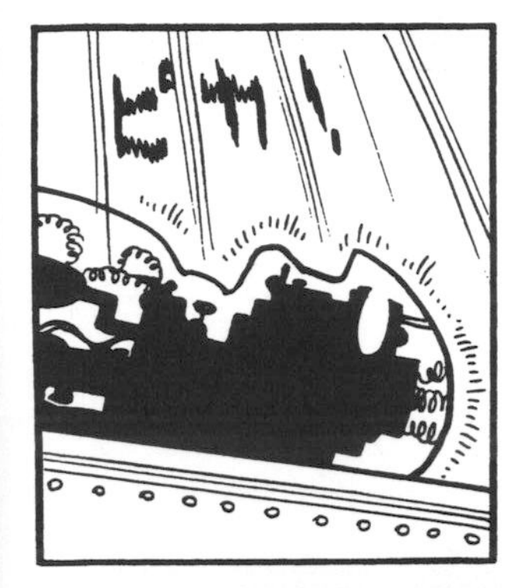

A VER LAS ONDAS CEREBRALES.

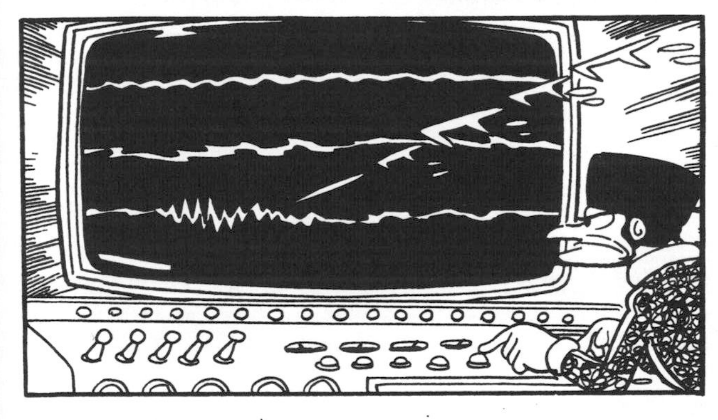

ガチャーン

¿¡QUÉ DEMONIOS HACES, Nº 44!?

¿POR QUÉ LO HAS ABIERTO?

¿QUE ESTABAS MIRANDO?
¡AH!

CON EL FRÍO QUE HACE, HE PENSADO QUE PODÍA HACERME UNA CHAQUETA.

SON PIELES DE PERRO.

¿QUÉ ES TODO ESTO?

¡NO! ¡NO PUEDO DARTE NINGUNA!
¿PUEDO QUEDARME ESTA?

...

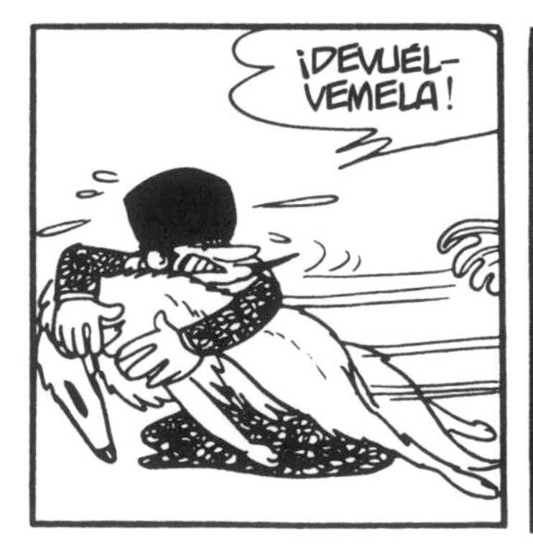
¡DEVUÉLVEMELA!

¡PARA EMPEZAR, TÚ ERES UN ROBOT! ¡YO TE CONSTRUÍ! ¿¡DESDE CUÁNDO LOS ROBOTS NECESITAN CHAQUETAS!?
¡NO LA NECESITAS PARA NADA!

JU, JU, JU... ES LA SIRENA DE EMERGENCIAS... TE TOCA IR A TRABAJAR, AMIGO.
AHORA VEREMOS SI ESTÁS LOCO O NO...

SI NO LO ESTÁS...

¡PERO VOSOTROS, LOS ROBOTS A LOS QUE YO CREÉ, SOIS DIFERENTES EN ESTE ASPECTO!
LOS ROBOTS NO PUEDEN DAÑAR A LOS HUMANOS.
¡¡DIFERENTES!!

...ENTONCES PODRÁS LUCHAR CONTRA LOS HUMANOS.

LO HARÉ LO MEJOR QUE PUEDA.

SI LUCHAS BIEN, PODRÍA INCLUSO DARTE ESTA PIEL DE PERRO...

VE A LUCHAR. ¡HAZ UN BUEN TRABAJO!

¡SALUDEN A LA GRAN DUQUESA ANTAMARIA!

¡EN FORMACIÓN!

¡MIS QUERIDOS GUERREROS DEL REGIMIENTO HOTDOG! ¡ESTOY ORGULLOSA DE VOSOTROS, QUE LUCHÁIS SIEMPRE POR MÍ! ¡HOY ATACAREMOS A UN COHETE JAPONÉS QUE SE DIRIGE A LA LUNA!

NOS DIVIDIREMOS EN DOS GRUPOS PARA ATACAR.

TOMA EL MANDO, Nº 44.

¡¡A VUESTRAS NAVES!!

¡HEMOS ALCANZADO LA ESTRATOSFERA!

¡JA, JA, JA, JÁ, JA!

YO NO ESTOY ENFERMO... ¡AL CONTRARIO! ¡JU, JU, JU, JU, JU!

¡AHÍ ESTA EL ENE-MIGO!

JU, JU, JU, JU... VERÁN LO QUE ES BUENO.
VAMOS ALLÁ.

JAPAN

¡VAMOS, DISPARAD! ¡HACEDLE PICADILLO!

¡FUEGO!

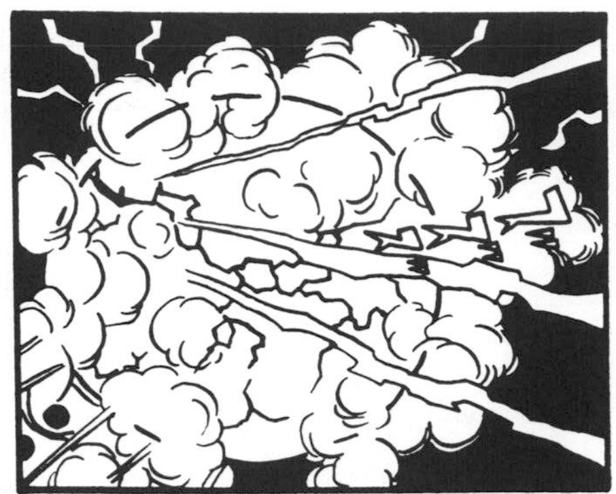

ズズズズ!!

ボボム!!

¡ALTO EL FUEGO!
¡LO HEMOS LOGRADO! HEMOS DESTRUIDO EL APARATO ENEMIGO.

¡VOLVAMOS A LA BASE! ¡JUAA, JA, JA, JA!

LAMENTAMOS COMUNICARLES QUE LA NAVE ESPACIAL YASHIMA, QUE TRANSPORTABA A UN GRUPO DE INVESTIGACIÓN A LA LUNA, HA SUFRIDO UN DESGRACIADO ACCIDENTE.
ABNORMAL TV

CENTRO DE EMERGENCIAS ESPACIALES

¡YO NO CREO QUE HAYA SIDO COSA DE EXTRATERRESTRES! ¡SEGURO QUE NOS HAN ATACADO UNOS TERRESTRES!

¡LO QUE MÁS ME ESCAMA ES QUE SOLO ATAQUEN A NAVES QUE VAN A LA LUNA!
PUES SÍ... IGUAL SE TRATA DE ALGÚN GRUPO TERRORISTA QUE ATACA NAVES ESPACIALES.
ENTONCES TENDRÍAMOS UN BUEN PROBLEMA.
LE RUEGO QUE LO INVESTIGUE.
MENUDO LÍO... AQUÍ NO HAY QUIEN SE ACLARE.
¿Y POR QUÉ LA POLICÍA NO HACE NADA AL RESPECTO?
SI NO DESCUBRIMOS QUÉ PASA, NUNCA... FRRR FRRR.. PODREMOS VIAJAR TRANQUILOS AL ESPACIO.
YO CREO QUE AQUÍ HAY GATO ENCERRADO.
¡ENCERRADO NO SÉ, PERO LIADO SEGURO QUE SÍ!
ESTO ES DEMASIADO SERIO PARA TOMÁRSELO A LA LIGERA. NO SEA TAN RADICAL, HOMBRE.

GRACIAS AL CICLONÓMETRO QUE LE PUSE AL AVIÓN...

...AHORA PUEDO SABER ADÓNDE FUE AQUEL PILOTO.

PARECE QUE ES POR AQUÍ. QUÉ EXTRAÑO...

ESTA ISLA ESTÁ CERCA DEL ESTRECHO DE BERING, MUY LEJOS DE JAPÓN.

AQUÍ NO HAY MÁS QUE NIEVE Y HIELO.

ES UNA FORTALEZA, ¿NO?

¡AH! ¡ESTOS JETS SON IDÉNTICOS AL QUE VINO A JAPÓN!
PARECE UNA BASE DE ALGO.

OH, NO ...

PARECE EL CASTILLO DE HIELO DE LOS CUENTOS DE ANDERSEN QUE LEÍ EL OTRO DÍA.

¿QUIÉN ANDA AHÍ?

¡AH!
ピリピリピリピリ

¡OH, NO! ¡TENGO QUE OCUL-TARME!

バリバリ

¿QUIÉNES SERÁN? ¡CONOCEN PERFECTAMENTE LOS PUNTOS DÉBILES DE LOS ROBOTS! NO PUEDO ACERCARME MUCHO...

OH, SON COHETES QUE SE ACERCAN.

MARCHAN MUY ACOMPASADOS... SEGURO QUE SON ROBOTS.

ダッ
ダッ
ダッ

¡SE PRESENTA DE VUELTA EL REGIMIENTO HOTDOG!
BUEN TRABAJO. ¿CÓMO HA IDO TODO?

CLARO... SI SON ROBOTS, ES NORMAL QUE CONOZCAN MIS PUNTOS DÉBILES.

HEMOS PERSEGUIDO Y ABATIDO AL COHETE JAPONÉS. NO HEMOS SUFRIDO NINGUNA BAJA.

ORDENA A TUS HOMBRES QUE DES-CANSEN.
¡ROMPAN FILAS!

¿QUE HAN ABATIDO A UN COHETE JAPONÉS?
¡ENTONCES HAN MATADO A SUS TRIPU-LANTES! ¡PERO SI LOS ROBOTS NO PUEDEN MATAR A HUMANOS!

ESO ES, GRAN DUQUESA.
ENTONCES, NADIE HA PODIDO LLEGAR TODAVÍA A LA CARA OCULTA DE LA LUNA, ¿VERDAD?
AUMENTARÉ LA RECEPCIÓN POR MIL PARA ESCUCHAR MEJOR LO QUE DICEN.

MÁRCHATE. MÁS TARDE TE DARÉ TU RECOMPENSA.

¡NO DEBEMOS PERMITIR QUE LLEGUEN A LA CARA OCULTA DE LA LUNA!
MUY BIEN. ¡EN CUANTO NOS ENTEREMOS DE QUE LANZAN MÁS COHETES, IREMOS A ATACARLES!

¿CÓMO PODRÍA INFILTRARME EN EL CASTILLO?

SE HAN IDO...
¿QUIÉN SERÁ ESA MUJER? DEBO DESCUBRIR QUÉ PRETENDE.

PERFECTO.

ESTE AGUJERO ES PARA PESCAR.

OH.

ESTE PEZ ME IRÁ DE PERLAS.

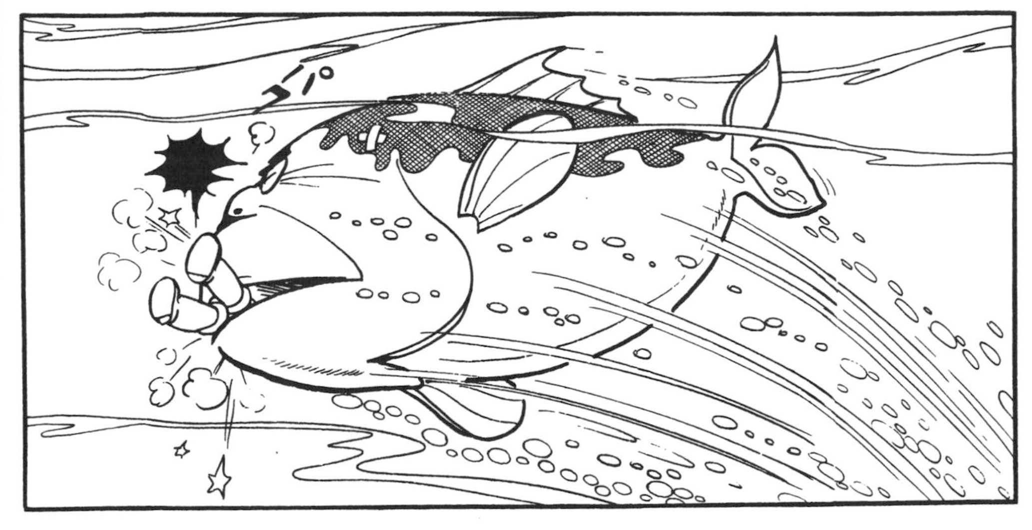

...ME GUSTARÍA PILLAR UNO BIEN GRANDE.
PARA CELEBRAR EL ÉXITO DE HOY...
PODRÍAMOS OBLIGAR A LOS ROBOTS A PESCAR, ¿NO?
NO, HOMBRE, QUE LOS ROBOTS NO PESCAN MÁS QUE PECES NO COMESTIBLES.
¡OH! ¡HAN PICADO!
¡AQUÍ ESTÁ, FÍJATE!
¡AGH!
AQUÍ HAY COMIDA PARA UN REGIMIENTO.
LO METEREMOS EN LA NEVERA PARA QUE SE CONSERVE.

BUENO, AL FINAL HE CONSEGUIDO ENTRAR EN LA FORTALEZA.

HMM... OIGO VOCES.

SEGURO QUE NI SIQUIE-RA UN NINJA CONSE-GUIRÍA CAMU-FLARSE ASÍ.

¡OH! ¡ES EL MONSTRUO! ¡QUÉ BIEN!

TAL COMO TE PROMETÍ, AQUÍ TIENES LA PIEL... JU, JU...

¡IMBÉCIL! ¿POR QUÉ TE PONES A OLERLA?

ES QUE ME SIENTO COMO NOSTÁLGICO, NO PUEDO EVITARLO...
NO COMPRENDO POR QUÉ...
SOLO TE LO PARECE.

SI LA LAMO O LA MUERDO ME SIENTO TODAVÍA MEJOR.

SI SIGUES HACIENDO ESO, TUS SUBORDINADOS SE BURLARÁN DE TI.

NO ME IMPORTA QUE SE RÍAN.

...

¡YA TE TENGO, INTRUSO!

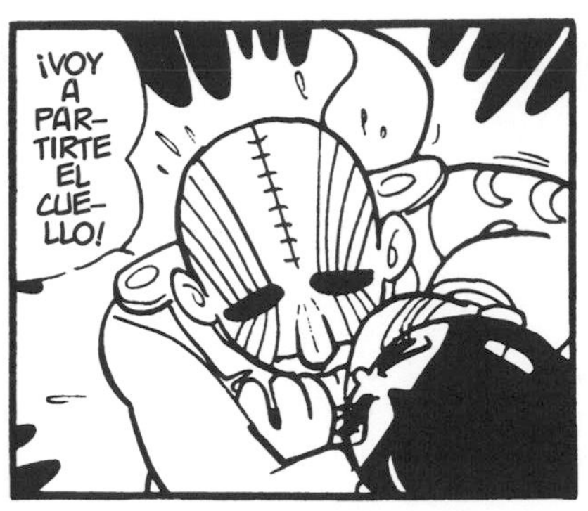
¡VOY A PARTIRTE EL CUELLO!

¡JU, JU! ¿CÓMO HAS LOGRADO METERTE AQUÍ, MOCOSO?
¡UGH! ¡ME HAS DESCUBIERTO!

¡FÍJATE QUÉ ARMAS TENGO!

¡NO ME DEJARÉ DERROTAR TAN FÁCILMENTE!

¡AHORA ME TOCA A MÍ!

MENUDO JUGUETE DE PACOTILLA...

¡VOY!

OH, NO ...

¡UOOOOH!

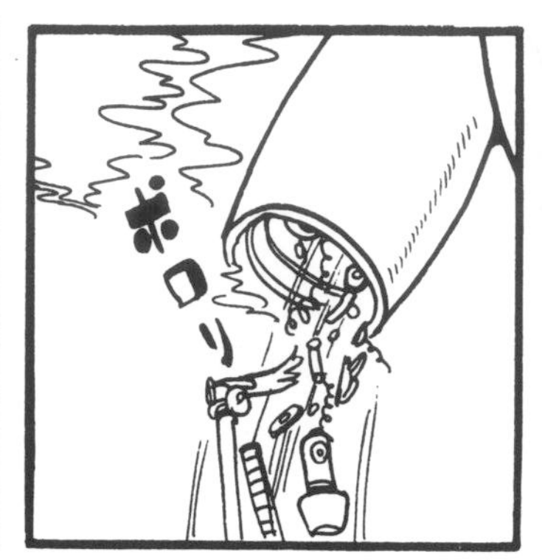
ボロリ

QUÉ PUNTE-
RÍA, UF
...

¡PUES CLARO! ¿QUIERES VER MÁS?

¡VOY A POR LA PLACA QUE TIENES EN EL PECHO!

¡ES EL MO-
MENTO DE DARTE EL GOLPE DE GRACIA!

¡NO TENGO MÁS RE-
MEDIO QUE LUCHAR CUERPO A CUERPO!

¡UGH!

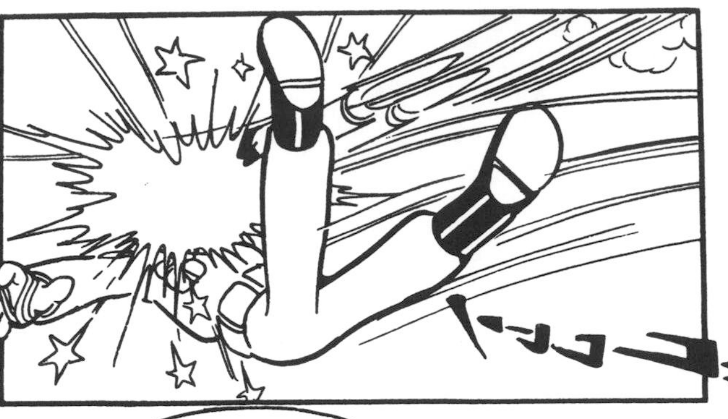

¡SI ES LA PIEL DE INU!

¡NGH!
¡NO TOQUES ESO!

AH... PERO SI ES...

¡TÚ SECUESTRASTE A INU Y LE MATASTE, ¿VERDAD?!

¿QUÉ? ¿INU, DICES? ¿CONOCÍAS A ESTE ANIMAL?

¡ES LA PIEL DEL PERRO DE MI PROFESOR!

¡NO SÉ DE QUÉ ESTÁS HABLANDO! ¡YO NO SÉ NADA DE TODO ESO!

YO QUE REZABA PORQUE SIGUIERA CON VIDA...
¿CÓMO TE ATREVES A ARRANCARLE LA PIEL...? ¡POBRE ANIMAL!
¡ESPERA!

¿UN ARMARIO? ¿CUÁL?

LA PIEL ESTABA EN UN ARMARIO.

HM... ¡OH, NO! ¡EL DOCTOR SE ACERCA!

NO TE MIENTO... ALLÍ HAY UN MONTÓN DE PIELES DE PERRO.

¡ESCÓNDETE, VAMOS! ¡PONTE ESTO ENCIMA!

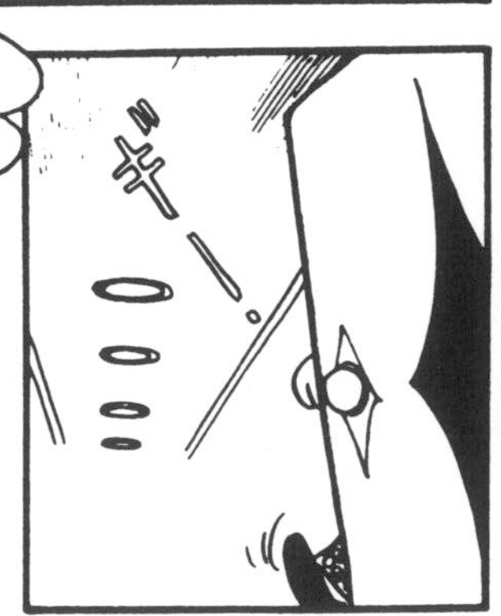

HMM.

NO ES NADA...

ME HA PARECIDO OÍR RUIDO AQUÍ DENTRO, Nº 44.

DEJEMOS NUESTRAS RENCILLAS A UN LADO.

PORQUE QUIERO QUE ME HABLES DE ESE CAN LLAMADO INU.

...
¿POR QUÉ ME HAS AYUDADO?

VEN A MI HABITACIÓN.
¡Y CUÉNTAME LO QUE SEPAS DE INU!

YA VENDRÁ EL MOMENTO EN EL QUE TÚ Y YO TENDREMOS QUE ENFRENTARNOS A MUERTE.

HACÍA TIEMPO QUE NO VEÍA UNA NOCHE TAN DESPEJADA.

ME RECUERDA A MI MADRE, TAN BELLA Y TIERNA COMO LA LUNA.

OCURRIÓ HACE 30 AÑOS, CUANDO YO TODAVÍA ERA UNA NIÑA... MI MADRE PARTIÓ ENTONCES HACIA LA LUNA...

ELLA, MINYA MIHALOVNA, ERA UNA ASTRONAUTA DE LA UNIÓN SOVIÉTICA... Y TAMBIÉN UNA TENIENTE DE LAS FUERZAS AÉREAS.

SE EMBARCÓ EN ESE COHETE, EL URAL, JUNTO A UN ROBOT LLAMADO IVAN.
SE FUE A LA LUNA Y NUNCA REGRESÓ... EL GOBIERNO DE LA URSS SOLO NOS INFORMÓ DE QUE SE HABÍA DADO POR DESAPARECIDA.

MI MADRE ES LA PRIMERA HUMANA QUE CONSIGUIÓ LLEGAR ALLÍ, ¡Y POR ESO LA LUNA ES SUYA! ¡YO, EN NOMBRE DEL HONOR Y DE LOS DERECHOS DE MI MADRE, NO PIENSO DEJAR QUE NADIE PISE NUESTRO SATÉLITE! ¡PORQUE SOY LA REINA DE LA LUNA!

SOY PONKOTSU, EL MÉDICO ROBÓTICO, GRAN DUQUESA.

¿QUIÉN ANDA AHÍ?

UFF... ¡MENUDO FRACASO! ¡UN FRACASO ESTREPITOSO!
¿OTRO ERROR DE LOS HOTDOG?

¿DE QUÉ SE TRATA?
TENEMOS UN PROBLEMA.

¡HABLA DE UNA VEZ!

ME GUSTARÍA METERME EN ALGÚN AGUJERO Y DESAPARECER ...

¡LOS HOTDOG SE HAN VUELTO RARÍSIMOS!

ANTES DE ESO, DEBÉIS VER ESTAS FOTOS.

YA SABÉIS QUE LOS HOTDOG SON PERROS CÍBORGS... ES MÁS O MENOS COMO SI HUBIERAMOS CONVERTIDO A PERROS EN ROBOTS.

¡EN ESTAS FOTOS ACTÚAN COMO PERROS!
TIENE USTED RAZÓN.

¿POR QUÉ NO CONSTRUISTE ROBOTS TRADICIONALES?
PORQUE NO PUEDEN CONVERTIRSE EN SOLDADOS.

LOS ROBOTS NO PUEDEN LUCHAR CONTRA LOS HUMANOS.

AL Nº 44 SE LE DESPERTÓ LA ESENCIA CANINA Y POR ESO REGRESÓ A SU ANTIGUO HOGAR.

AHORA LO ENTIENDO...

PERO LOS PERROS SÍ, POR ESO PENSÉ EN CREAR PERROS CÍBORGS.

Y ALGUIEN LO SECUESTRÓ...
AHORA YA LO SABES TODO. INU ERA EL QUERIDO COMPAÑERO DE MI PROFESOR.

¡INTÉNTALO SI PUEDES, VAMOS!
¿Y PARA QUÉ LA QUIERES TÚ? ¡SI NO ME LA DAS POR LAS BUENAS, LA TOMARÉ POR LAS MALAS!

NO CREO QUE NECESITES ESA PIEL. DÁMELA, POR FAVOR.

¡ES MÍA! ¡ME LA HAN DADO A MÍ!

¿DETENTE?

¡CLARO QUE PUEDO! ¡NO VOY A VOLVER CON LAS MANOS VACÍAS, ASÍ QUE DETENTE!

QUÉ RARO... HA SOLTADO LA PIEL Y AHORA SE LIMITA A MIRARLA EN SILENCIO...

DETEN... TE...
¡ESO ES! ¡NI SE TE OCURRA MOVERTE!

¡TODAVÍA HAY COSAS QUE QUIERO AVERIGUAR, PERO DE MOMENTO TENGO QUE VOLVER A JAPÓN!

ASÍ NO LA NECESITAS, ME LA QUEDO.

¡MIERDA! NO SÉ POR QUÉ ME HE QUEDADO PETRIFICADO NADA MÁS OÍR LA PALABRA DETENTE...
¡NO VOY A PERMITIR QUE SE LLEVE LA PIEL ASÍ COMO ASÍ!

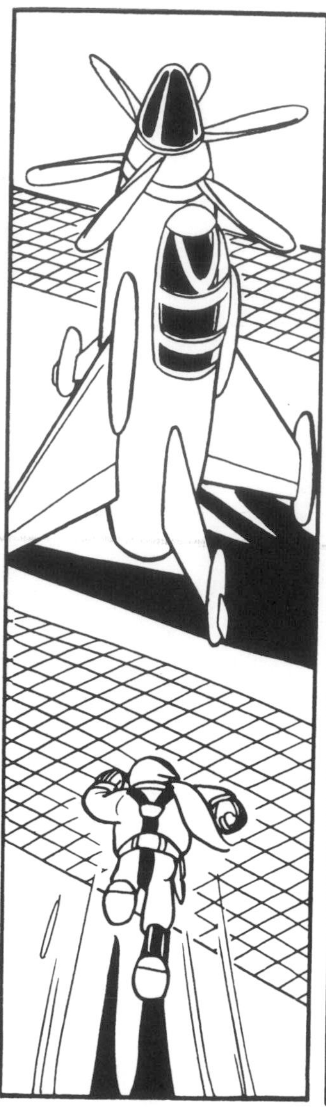

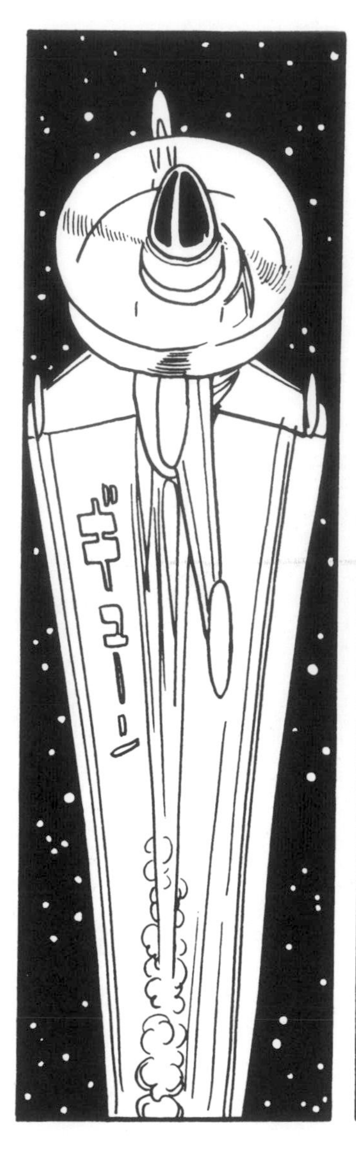

¡AH, GRAN DUQUESA! ¡ALGUIEN SE MARCHA!

¡ES EL Nº 44!

¡ESA PIEL ES MÍA! ¡TENGO QUE RECUPERARLA!

¡ORDENA QUE LE PERSIGAN Y LE TRAIGAN DE VUELTA!

¡NO PIENSO REGRESAR! ¡NO VOY A OBEDECER ESAS ÓRDENES!

¡TIENE QUE VOLVER, CAPITÁN! ¡SON ÓRDENES DE LA GRAN DUQUESA!

ESPERARÉ A QUE SE POSE EN EL SUELO Y LUEGO LE ATRAPARÉ.

ENTONCES TENDREMOS QUE ARRESTARLE.

¡DETENEOS!

NO SÉ POR QUÉ SERÁ, IMAGINO QUE SE TRATA DE ALGÚN TIPO DE PALABRA PROHIBIDA PARA NOSOTROS...

OH... QUÉ COSA MÁS EXTRAÑA. SOLO CON DECIR DETENTE SE PARAN...

¿EEEEH?
PROFESOR... ES INU...

¡PROFESOR! ¡SOY ASTRO-BOY, ABRA, POR FAVOR!

¡UPS!

INUUUU...

ES... ES VERDAD... ES SU PIEL...

¿QUÉ QUIERES DE MÍ? ¿ERES UN VENDEDOR DE ENCICLOPEDIAS? ¿UN ASESINO? ¿O QUIERES UN AUTÓGRAFO, QUIZÁS?

...

¡FÍJATE! ¡ESTA PIEL LE PERTENECE AL PROFESOR!

TÚ... TÚ... TÚ ERES EL TIPO QUE VINO A MI DESPACHO...
¡AAAH!

EXACTAMENTE. ¡ESTE PERRO ERA MÍO! ¿ALGO QUE DECIR?

UH...

¿QUÉ PASA? SE HA MARCHADO... ESTARÁ LOCO ...
CREO QUE NO ES ESO...

EN UNA ISLA MUY LEJANA, ESTÁ LA FORTALEZA DE UN REGIMIENTO LLAMADO HOTDOG. ÉL ESTABA AHÍ.

LA PIEL DE INU SE ENCONTRABA ALLÍ TAMBIÉN.
¿EEEEH?

inu

inu

ES COMO SI ESTUVIERA RABIOSO.
¿QUÉ ESTÁ PASANDO?

CREO QUE LA CLAVE DE TODO SE ENCUENTRA EN EL HECHO DE QUE ÉL SE HA METIDO EN LA CASETA Y LUEGO HAN VENIDO LOS PERROS.

¡AH! ¡POR CIERTO!

¡UOOOGGH!

¡MENUDO FOLLÓN!

¿POR QUÉ NO LO HAS DICHO ANTES?

OÍ QUE HABÍAN ATACADO A UNA NAVE ESPACIAL JAPONESA O ALGO ASÍ.

HE DESCUBIERTO A UN PRESUNTO CULPABLE DEL ATAQUE A ESA NAVE ESPACIAL, Y SE ENCUENTRA EN MI CASA...

¡UAAAH! ¡ES UN ROBOT!

¡ESTÁS ARRESTADO! ¡NO TE RESISTAS!

¡GROOAAARR!

¡ENTONCES DISPAREMOS! ¡HAY QUE DESTRUIRLE!

AY, AY, AY, AY...

¡APARTENSE, POR FAVOR! ¡ESTE NO ES UN RIVAL FACIL!

¡GRAAAR!

¿HAS VENIDO AQUÍ A POR LA PIEL?
SI TANTO LA QUIERES, CONFIESA TUS CRÍMENES.

¡NO TE RESISTAS, Nº 44!
UH...

¡CONFIESA QUE FUISTE TÚ QUIEN ATACÓ LA NAVE ESPACIAL!
¿CÓMO TE ATREVES?

OOHH... ES TERRIBLE...

SI VEIS QUE ASTROBOY VA A PERDER, PROTEGEDLE...

NO SERÁ NECESARIO.

¡BIEN, ASTROBOY! ¡ASÍ SE HACE!
¡BRAVO!

SE HAN PUESTO A LUCHAR EN EL INTERIOR DE ESA FÁBRICA... EN LA QUE SE ENCUENTRA UN SEPARADOR CENTRÍFUGO QUE SIRVE PARA DESMANTELAR MÁQUINAS VIEJAS
...

¡UAGGH!

SEPARADOR CENTRÍFUGO
PELIGRO
PROHIBIDO ACERCARSE

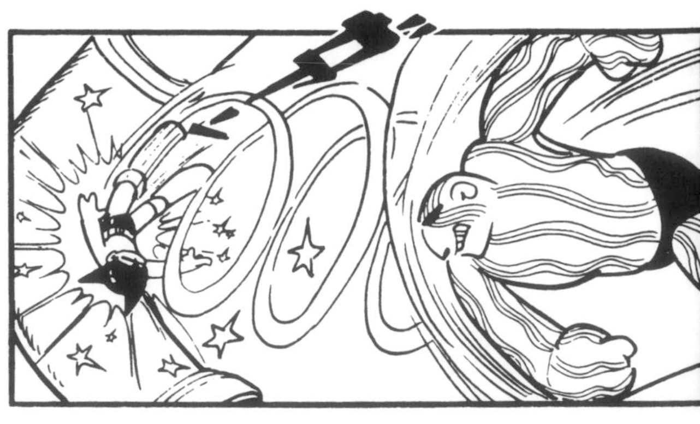

¡AAHHH! ¿QUÉ ES ESTOOOO?

¡TE SACARÉ DE AQUÍ!

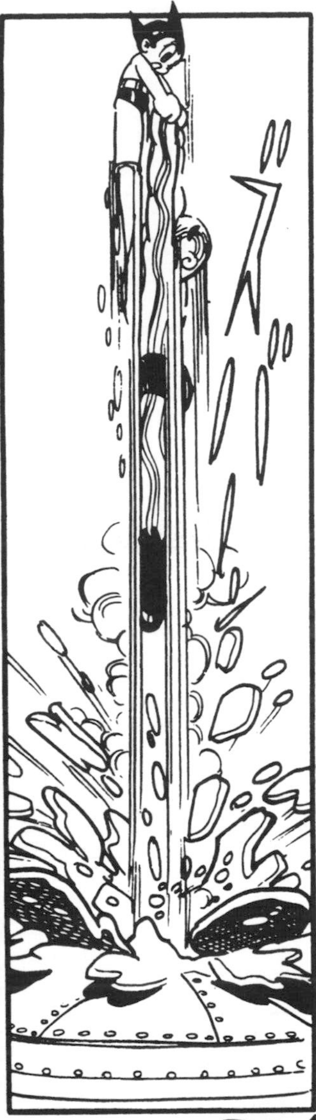

QUIZÁ ME HE PASADO UN POCO...

SALA DE
DESMANTELAMIENTO

LABORATORIO ROBÓTICO
AGENCIA DE MAQUINARIA
DE PRECISIÓN

VENGO A BUSCARLES.
¿HAN DESCUBIERTO EL SECRETO DEL Nº 44?

MOSTACHO...

VENGO A BUSCARLES.

VENID, POR FAVOR. QUIERO ENSEÑAROS ALGO.
VENGO A BUSCARLES.
¿SABEN QUÉ TIENE ÉL CONMIGO?

AL INVESTIGAR EL CUERPO DEL Nº 44, HE DESCUBIERTO QUE SU SISTEMA NERVIOSO Y SU CEREBRO PERTENECEN A UN SER VIVO.

¿QUÉ ES ESTO?

HABLO EN SERIO.
MOSTACHO, ESTO NO ES COSA DE RISA.

¡JUAAA, JA, JA, JA! ¿ES BROMA, VERDAD?
¡JUO, JO, JO, JO, JO! ¿QUE ESE ROBOT TIENE UN SISTEMA NERVIOSO DE VERDAD?

LOS CÍBORGS SON HUMANOS A LOS QUE SE HA SUSTITUIDO PARTES DEL CUERPO POR DISPOSITIVOS ROBÓTICOS.

SE TRATA DE UN CÍBORG RADICAL.
?

¿POR QUÉ SON NECESARIOS LOS CIBORGS? BIEN, UN CUERPO HUMANO DE CARNE Y HUESO NUNCA SOPORTARÍA LA VIDA EN EL ESPACIO, YA QUE LA MAYORÍA DE LOS PLANETAS TIENEN CONDICIONES TAN DURAS QUE INCLUSO CON TRAJES ESPACIALES ES DIFÍCIL SOBREVIVIR EN ELLOS.

VAYA, NUNCA HABRÍA IMAGINADO QUE ESE RABIOSO FUERA UN CÍBORG... HMMM HMM...
ASÍ, SI SE SUSTITUYEN ÓRGANOS COMO EL CORAZÓN O LOS PULMONES POR APARATOS ARTIFICIALES, PUEDE QUE LOGREN SOBREVIVIR INCLUSO EN LUGARES INHÓSPITOS.

ENTONCES, ¿EL Nº 44 FUE HUMANO EN EL PASADO?
NO, CREO QUE FUE UN PERRO.

¿UN PERRO?

¿PODRÍA TRATARSE DE INU?

PERO BUENO, CONVERTIR A UN PERRO EN CÍBORG REQUIERE UNA GRAN HABILIDAD.

NO SE PUEDE CONVERTIR A UN PERRO EN HUMANO, PERO SÍ SE PUEDE CONVERTIR EN ROBOT.

NO PUEDE SER...
NO PUEDE SER INU ...
1 ℓ
1 ℓ

¡MALDITA SEAAAAAA!

DOCTOR... SERÍA HORRIBLE SI HUBIESEN CONVERTIDO A INU EN UN SER ASÍ... FÍJESE EN EL PROFESOR, ESTÁ LLORANDO...

ENTIENDO CÓMO SE SIENTE.
¡PROFESOR! ¡NO SE SULFURE!
¡COMO PILLE AL QUE HA HECHO TAL COSA, LE PARTO EN TROCITOS CON ESTA SIERRA!

ESTOY MUY ENFADADO... ¡PERO MUCHO!
¡GRRRRR!

¿QUIÉN ES TU AMO?
¡Nº 44!

¿POR QUÉ NO RESPONDES?
キッ

PARECE QUE EL SEÑOR MOSTACHO TIENE ALGUNA IDEA.

¡NO, MOSTACHO! ¡ESE BICHO ES PELIGROSO!
TRANQUILO.

¡SE RESERVA EL DERECHO A CALLAR!
¡NO HA DICHO NI PÍO EN CINCO HORAS!
DÉJENME INTERVENIR, POR FAVOR.

ビクッ
SIÉNTATE.

...

AHORA CONTESTA A MIS PREGUNTAS. ¿QUIÉN TE HA CONSTRUIDO?
EL DOCTOR PONKOTSU ...

¡UAH! ¡PERO SI SE HA SENTADO!
¿QUÉ ESTÁ PASANDO AQUÍ?

¡¡PARA DESTRUIR A CUALQUIER COHETE QUE PRETENDA IR A LA LUNA!!

¿POR QUÉ TE CONSTRUYÓ?

¡HAY QUE ENCERRAR BIEN A ESE MONSTRUO PARA ASEGURARSE DE QUE NO SE ESCAPA!

ÉL NO ATACARÁ A NADIE MIENTRAS NO LE ATAQUEN PRIMERO. Y NO ES UN MONSTRUO.

MENUDA SORPRESA... ¡DICE QUE LO CONSTRUYERON PARA DESTRUIR CUALQUIER COHETE QUE VAYA A LA LUNA!
¿POR QUÉ DEMONIOS SOLO LE HABLA AL SEÑOR MOSTACHO?
NO SÉ, IGUAL LE DEBE DINERO DESDE HACE VEINTE AÑOS Y SE SIENTE EN DEUDA CON ÉL.

¡EXTRA, EXTRA!
¡NOTICIAS FRESCAS DE HACE DOS DÍAS! ¡EL MONSTRUO Nº 44 HA CONFESADO ANTE SUS INTERROGADORES!

¡OH! ¡ENTONCES ME OFREZCO COMO AVALISTA! ¡SI DA PROBLEMAS, YO ASUMIRÉ TODA LA RESPONSABILIDAD!

PERDÓNENLE Y SUÉLTENLE, POR FAVOR.
PERO BUENO, SEÑOR MOSTACHO... ¿CÓMO SABE USTED QUE NO ARMARÁ UN FOLLÓN EN LA CIUDAD?

. . .

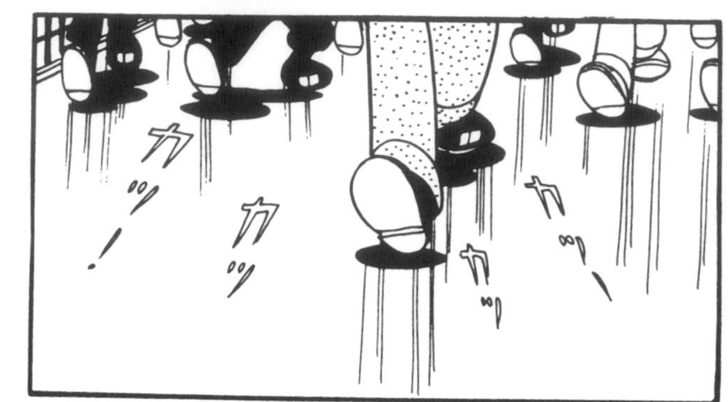
カッ!
カッ
カッ
カッ

カッ
カッ

ERES LIBRE, Nº 44.

ガチャリ

¿POR QUÉ ME SUELTAN?
NO TE LO PUEDO DECIR. ¿PROMETES NO DAR PROBLE-MAS?
336

TIENES ROPA EN ESA HABITACIÓN. CÁMBIATE Y MÁRCHATE.

ERES LIBRE.

¿SEÑOR MOSTACHO? ACABAMOS DE SOLTAR AL Nº 44.

ESPERO QUE SE DIRIJA A SU CASA... DE TODOS MODOS, LE ESTAMOS SIGUIENDO.

AAAH... QUÉ BIEN ME SIENTO.

¿ADÓNDE SE DIRIGE?
CAMINA POR UN BARRIO RESIDENCIAL.

PARECE QUE SE DIRIGE A LA CASA DEL SEÑOR MOS- TACHO.

AHORA ESTÁ EN KANDA... HA PASADO POR EL PUENTE MANSEI Y SE DIRIGE A MYOJIN-SHITA...
CONTI- NUAMOS SIGUIÉN- DOLE.

MOSTACHO

カッ
カッ

AL FIN HAS VENIDO... ME LO IMAGINABA.

¡DEVUÉL- VAME LA PIEL DE PE- RRO!
¿DÓNDE ESTÁ LA PIEL?

AQUÍ LA TENGO. ES TODA TUYA.

¿¡INU!?
¿NO TE APETECE TOMARTE ALGO...? AMIGO INU...

TRATA DE RECORDAR CUANDO ERAS PEQUEÑO...

¿EEEH?
¿ES QUE TE HAS OLVIDADO DE TU NOMBRE?

¿POR QUÉ ME LLAMA ASÍ? ¡YO SOY EL Nº 44!

MIRA, AQUÍ ESTÁ TU PLATO.

CUANDO TRAÍAN EL PERIÓDICO, TÚ IBAS A BUSCARLO A TODA VELOCIDAD Y ME LO DABAS.

SIEMPRE JUGABAS POR AHÍ...

QU... ¿QUÉ ESTÁ DICIENDO...?

CUANDO QUERÍAS UN POCO MÁS, TE PONIAS A PATEAR CON TUS PATAS DELANTERAS.

¿LO VES? HE AQUÍ LA PRUEBA.

¡¡DE CUCLILLAS!!

¡NI HABLAR!
¡NO, NADA DE ESO!

INU... HAS VENIDO PORQUE NO PUEDES OLVIDARME, ¿VERDAD?

UHH...

AUNQUE TU APARIENCIA EXTERNA HAYA CAMBIADO, TÚ SIGUES SIENDO MI AMIGO. VAMOS, VUELVE A SER EL INU DE ANTES.

EL INSTINTO DE LOS PERROS OS EMPUJA A VOLVER AL HOGAR. INU, TÚ TAMBIÉN HAS VUELTO A CASA, ¿NO LO VES?
NO... YO ÚNICAMENTE ...

¡¡YO NO SOY UN PERRO!!
¡INU!

¿DÍGAME?

OOOH, ¿MOSTACHO? ¿QUÉ TAL VA TODO?

QU... ¿QUÉ SIGNIFICA ESTO? CUANDO USTED ME LLAMA INU PIERDO TODA MI HOSTILIDAD... ¿SIGNIFICA ESO QUE USTED ES MI AUTÉNTICO AMO?
BUENO, CÁLMATE... ESTA NOCHE HABLAREMOS LARGO Y TENDIDO... SOBRE LOS VIEJOS TIEMPOS...

¿EN SERIO? ¡QUÉ BUENA NOTICIA!
¡GENIAL!

ACABA DE RECONOCER QUE ANTIGUAMENTE FUE MI PERRO INU.

DOCTOR, EL Nº 44 ESTÁ AHORA EN MI CASA.

ASTROBOY GUIARÁ A LOS AVIONES DE ATAQUE HASTA EL OBJETIVO.
¡DADLES!

¡¡GRACIAS A LOS DATOS DESVELADOS TRAS LA CONFESIÓN DEL Nº 44, HEMOS DESCUBIERTO LA UBICACIÓN DE LA BASE DE NUESTROS ENEMIGOS, EL GRUPO DE PIRATAS ESPACIALES HOTDOG!! ¡NUESTRA MISIÓN CONSISTE EN ERRADICAR EL PELIGRO DE RAÍZ!

¡GRACIAS!
¡MUCHA SUERTE, ASTROBOY!
¡DADLES!
¡A POR ELLOS!

¡A LOS AVIONES!

¡¡EN MARCHA!!

¡EN MARCHA!

SE DIRIGE CADA VEZ MÁS AL NORTE.
NO PODEMOS PERDERLE.

PRONTO PASAREMOS EL ESTRECHO DE BERING Y LLEGAREMOS AL OCÉANO POLAR ÁRTICO.

CREO QUE ES ALLÍ... EN ESE GLACIAR...

¡DOCTOR PONKOTSU! ¡EL RADAR DETECTA UN ESCUADRÓN DE OBJETOS VOLADORES!
¿QUÉ? ¿Y SE DIRIGEN HACIA AQUÍ?

NO SABEMOS QUIÉNES SON.
HMMM... ¿NOS HABRÁN DESCUBIERTO?

¡PREPARAD LA NIEBLA Y LA TORMENTA ARTIFICIAL!

¡NIEBLA PREPARADA!

¡LA NIEBLA ES ESPESÍSIMA!
EL TIEMPO EN EL POLO NORTE ES IMPREVISIBLE... ESTAMOS BUENOS...

¡CAPITÁN! ¡ACABAMOS DE METERNOS EN LA NIEBLA!

EL RADAR LO DETECTA.
¡NO PARECE NIEBLA NORMAL!

¿ESTARÁ BIEN ASTROBOY?

UFFF, NO VEO NADA DE NADA.

ゴー

VOLEMOS EN FORMACIÓN S PARA EVITAR COLISIONES.

ピカッ
ピカッ

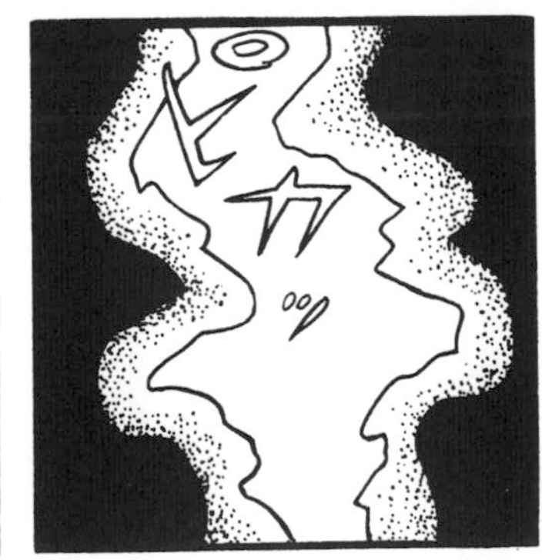
ピカッ

ピカッ
ピカッ
ゴロゴロゴロゴロ

ピシャーン
¡UGH!

¡SON RELÁMPAGOS!

ES LA PRIMERA VEZ QUE VEO ALGO ASÍ.
QUÉ PELIGRO...

¡CUANDO POR FIN HABÍAMOS LLEGADO HASTA AQUÍ...! ¡QUÉ LATA DE TIEMPO, QUÉ MALA SUERTE!

¡UAAAAAH!

¡RETIRADA! ¡VIRAD INMEDIATAMENTE RUMBO SUR! ¡VAMOS, RÁPIDO!

ビリビリ
ビリ

¡VAYA, PARECE QUE ME HE QUEDADO SOLO...! ¿DÓNDE SE HABRÁN METIDO LOS DEMÁS?

PODRÍAN HABERME INFORMADO DE QUE ABORTABAN LA MISIÓN, CARAMBA...
MENUDA FAENA ME HAN HECHO... MIRA QUE MARCHARSE Y DEJARME SOLO...

BIENVENIDO AL POLO NORTE, MOCOSO.

AH... USTED ES... ¡ES EL TAL DOCTOR PONKOTSU, ¿VERDAD...?
EXACTO, CHAVAL. QUÉ LÁSTIMA, PARECE QUE TE HAN DEJADO TIRADO... JU, JU, JU...

¡JU, JU, JU! ¡PUES CLARO, NUESTRA NIEBLA ARTIFICIAL LES HA ECHADO ATRÁS... HAN CAÍDO EN LA TRAMPA.

¡SE HAN IDO TODOS!

¡HAY QUE TENER AGALLAS PARA PRETENDER ATACAR NUESTRA FORTALEZA!

¡ANDA!

VAYA, ASÍ QUE ERA UNA TRAMPA... YA ME EXTRAÑABA A MÍ ESA NIEBLA...
¡SI CREE QUE CONSEGUIRÁ DERROTARME CON ESTO, ESTÁ MUY EQUIVOCADO!

¡JA, JA, JA, JA! ¡NO DEBERÍAS HABERTE DESPISTADO!
¡UAH!
¿¡QUÉ HACEEES!?

¿¡CÓMO TE ATREVES, RENACUAJO!?

AH... AH...

NOTO QUE TODAVÍA HAY ALGO ACECHANDO POR AQUÍ...

ENTONCES FORMAS PARTE DEL REGIMIENTO HOTDOG, ¿NO?

¡NO TE MUEVAS!
AH, ERES UN ROBOT... ¿QUIÉN ERES?
¡¡SOY DRY-ICE-MAN!!

¡CONTRA UN ROBOT PUEDO LUCHAR CON TODAS MIS FUERZAS!

¡¡ESO ES, VOY A CONGELARTE!!
NI QUE FUERAS UNA NEVERA ...

¡UAAAAAH!

¿ESA ES TU ARMA?
PUES NO ME AFECTA EN ABSO-LUTO.

¡TOMA, TE DEVUELVO EL ATAQUE!

AH, HAY OTRO MÁS.
¡OH, NO!
MI... CEREBRO ELECTRÓNICO... SE ESTÁ... PARALIZANDO...
¡UAAH!

¿QUÉ TE HA PARECIDO, MOCOSO? ¡ESTO TE PASA POR METERTE CONMIGO! ¡JUAAA, JA, JA, JA, JA!

NO... NO PUEDO MÁS...

¡OH, EL JET DEL Nº 44 HA VUELTO!
¿¡SE PUEDE SABER QUÉ OS PASA, ESTÚPIDOS!?
¡TENEMOS QUE ARRESTARLE, CAPITÁN!

SOLO OBEDECEMOS LAS ÓRDENES DE LA GRAN DUQUESA, CAPITÁN.
¿PENSÁIS ARRESTAR A UN SUPERIOR?

ME METIERON EN LA CÁRCEL.
ESTÁS MUY ELEGANTE, CHICO. ¿QUÉ TAL TE HA IDO EN JAPÓN?

¡ASÍ QUE HAS VUELTO!

LA GRAN DUQUESA SE SUBE POR LAS PAREDES. LLEGÓ A PEDIRME QUE TE DESMANTELARA...

SÍ.

PUES TE ESTÁ BIEN EMPLEADO POR ACTUAR SIN PERMISO. ESPERO QUE APRENDIERAS LA LECCIÓN.

MUCHAS GRACIAS.

PORQUE CONSIDERO QUE ERES UN BUEN CAPITÁN.

PERO YO LE ROGUÉ QUE ME PERMITIERA MANTENERTE CON VIDA.

¿VA A EXAMINARME, DOCTOR?

?
TÚMBATE AQUÍ.

¡JUAAA, JA, JA, JA, JA!
¿¡QUÉ ESTÁ HACIENDO!?

SEGURO QUE LOS JAPONESES TE HAN ORDENADO QUE NOS TRAICIONES... ¿QUÉ ME DICES, HE ACERTADO?

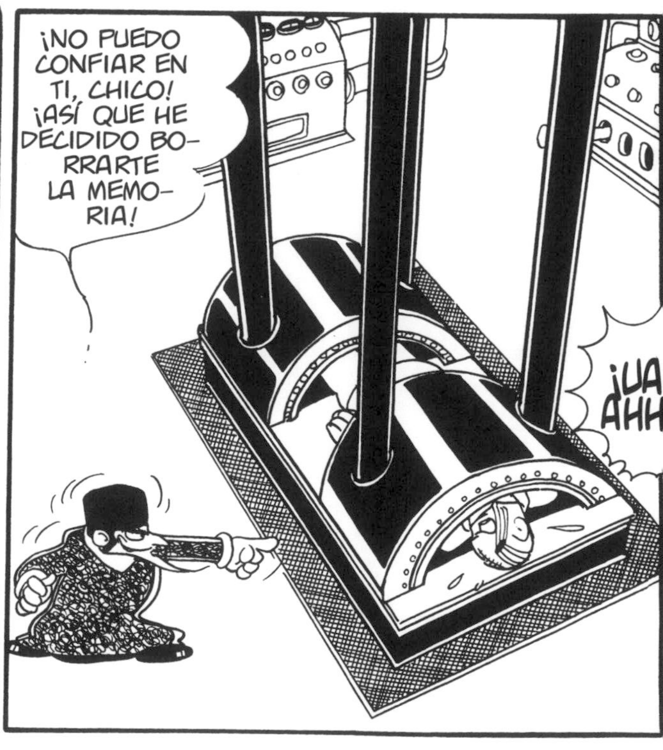
¡NO PUEDO CONFIAR EN TI, CHICO! ¡ASÍ QUE HE DECIDIDO BORRARTE LA MEMORIA!
¡UA AHH

¡VAS A OLVIDARLO TODO DESPUÉS DE ESTA DESCARGA ELÉCTRICA!

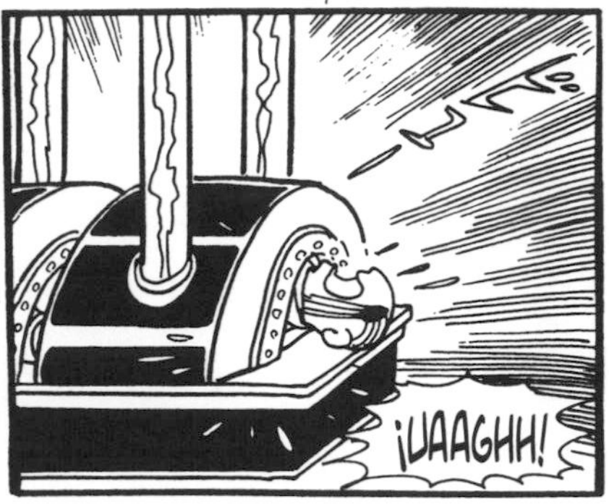
¡UAAGHH!

DENTRO DE UNA HORA, EL SHOCK ...
¡...TE LO HABRÁ HECHO OLVIDAR ABSOLUTAMENTE TODO!

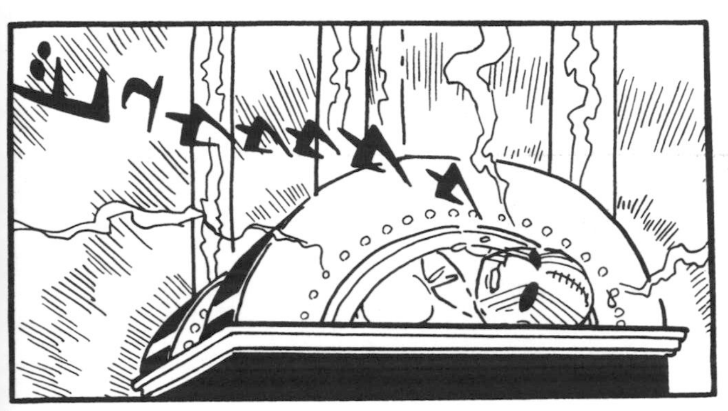

¡UOOOH!

UUH...

¡INU! ¡TIENES QUE AYUDAR A ASTROBOY!
¡TE LO RUEGO!

PRO... FESOR... MOSTA... CHO...

¡SOLO TÚ PUEDES ECHARLE UNA MANO, INU...!

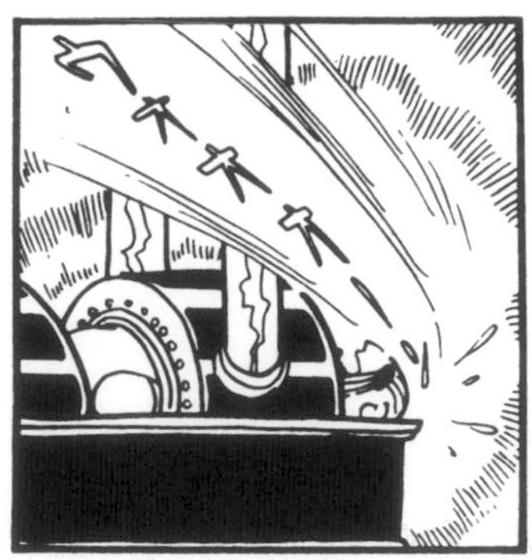

VOY A LLAMAR A UNO DE MIS HOMBRES PARA QUE ME AYUDE.
CLA-RO ...

¡UHH! ¡NO PUEDO SALIR!

!!

¡APAGA ESE INTE-RRUPTOR, POR FA-VOR!
¡YO TE HE LLA-MADO!

QUÉ RARO... ¿QUÉ ME HA PASADO?
HE OÍDO EL AU-LLIDO DE UN PERRO Y NO HE PODIDO EVITAR ACUDIR HASTA AQUÍ ...

¡CAPITÁN!

¡HAZLO DE UNA VEZ!
SI TOCAMOS LAS MÁQUINAS DEL LABORATORIO DEL DOCTOR PONKOTSU NOS ARRIESGAMOS A QUE NOS CASTIGUEN.
PE... PE-RO SI...

¿EH? ¿QUE APAGUE EL INTERRUP-TOR...?

¡YO ASUMO TODA LA RES-PONSABILIDAD! ¡HAZLO!

¡ESO ES! ¡GIRA EL INTE-RRUPTOR DE LA FLECHA!

¡MUÉVETE!

UFF... MUY BIEN... AHORA PISA EL PEDAL QUE TIENES A TUS PIES... VAMOS, RÁPIDO.

¡MUY BIEN HECHO! ¡NO LE CUENTES A NADIE LO OCURRIDO!
¡HEY! ¿HAS VISTO A ASTROBOY?
¡FUERA!
¡OH, NO! ¡ASTROBOY ESTÁ EN PELIGRO!
¿EH?
¿¡DESTRUIRLO!?
A... AS... ASTROBOY ESTÁ CONGELADO... EL... EL DOCTOR QUIERE DESTRUIRLO...

¡ASTROBOY! ¡YO TE SALVARÉ! ¡TE RESCATARÉ COMO ME LO PIDIÓ EL SEÑOR MOSTACHO!

LA AMISTAD DEL N°44

PERFECTO, PUES... AHORA SOLO TENGO QUE APRETAR ESTE BOTÓN Y ...

ASTROBOY QUEDARÁ REDUCIDO A PEDACITOS INSTANTÁNEAMENTE... UN ESPECTÁCULO DIGNO DE VER...

... ESE ROBOT SERÁ HISTORIA ...

LO SIENTO, DOCTOR...

¡ASTROBOY, SOY YO!

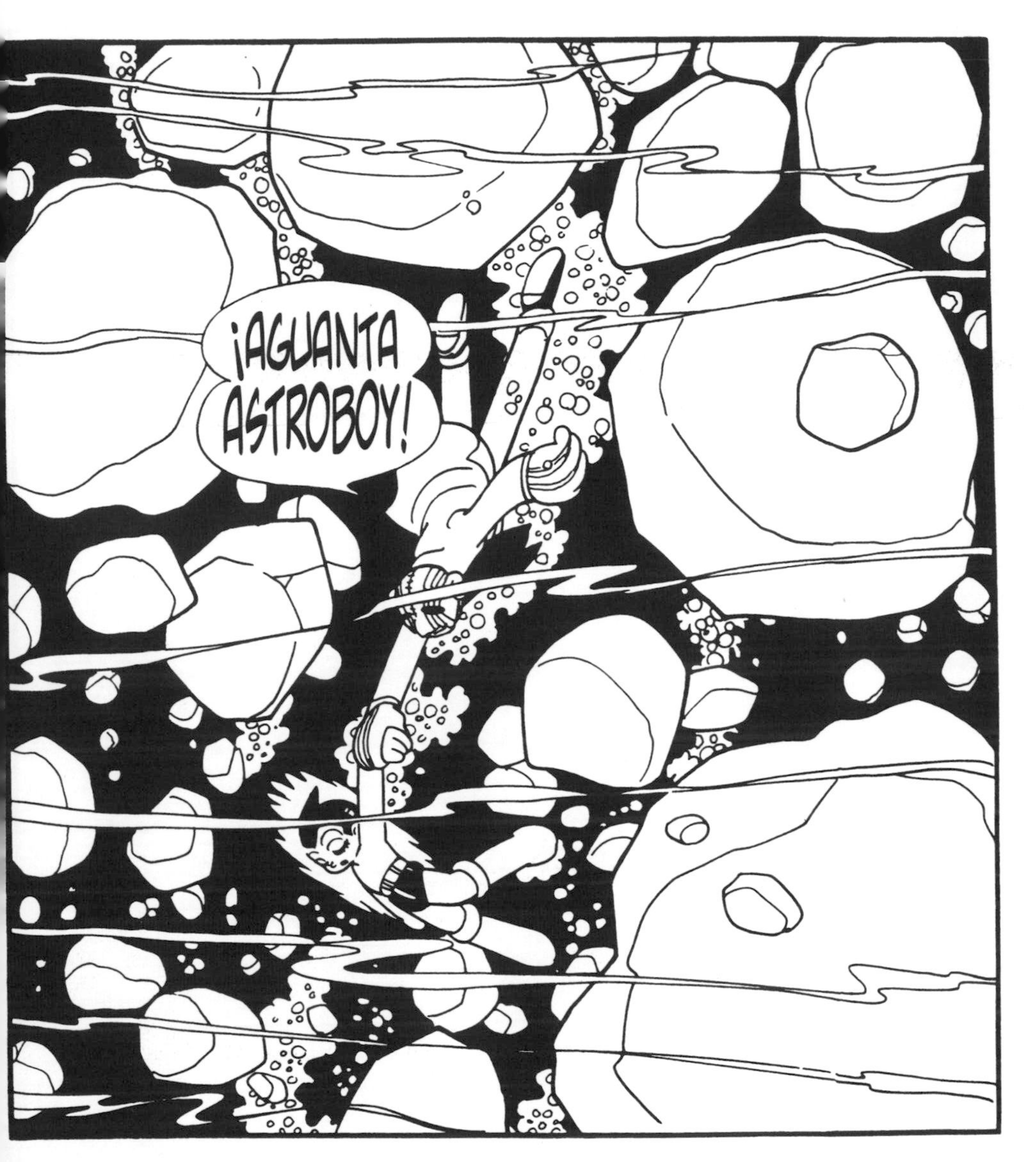
¡AGUANTA ASTROBOY!

ESCUCHA BIEN LO QUE VOY A DECIRTE. EL DOCTOR PONKOTSU ES UN GENIO DE LA CIENCIA; ES PELIGROSO MENOSPRECIARLE.

AH... ¡PERO SI ERES...!
¿YA TE HAS DESPERTADO? EN ADELANTE, DEBES IR CON MÁS CUIDADO...

¡¡GRACIAS!!

ES QUE ÉL ME PIDIÓ QUE TE SALVARA.

PERO Nº 44... ¿POR QUÉ ME HAS RESCATADO?

ENTONCES TÚ ERES UN ROBOT BUENO... ¡ERES MI ALIADO!
¡DÉJAME!
YO... SOLO HE CUMPLIDO UNA PROMESA ... ¡NUNCA DIJE QUE FUERA A SER TU ALIADO!

¿POR QUÉ? ¿POR QUÉ VACILAS ENTRE SER MI ENEMIGO O MI AMIGO?

YA HE CUMPLIDO MI PALABRA... AHORA VOLVEMOS A SER ENEMIGOS, ASTROBOY.

¡MIENTRAS EL DOCTOR PONKOTSU...!
...ESTÉ INCONSCIENTE, APROVECHARÉ PARA VOLVER A LA FORTALEZA Y ME METERÉ DE NUEVO EN LA MÁQUINA QUE ELIMINA LA MEMORIA.

¡NO ME PREGUNTES ESO, POR FAVOR!

LA PRÓXIMA VEZ QUE NOS VEAMOS, ¡SERÁ PARA LUCHAR A MUERTE! ¡RECUÉRDALO!

¡Nº 44! NO TE PREOCUPES, NO VOY A OLVIDAR... ¡QUE TÚ ERES UN AMIGOOOOOOOO!

ENFRENTAMIENTO EN EL ESPACIO

¿ESTÁ TODO LISTO?

PREPARAD EL LANZAMIENTO.
OJALÁ FUNCIONE LA ESTRATEGIA...

SI NO LO HACE, ASTROBOY ESTARÁ PERDIDO...

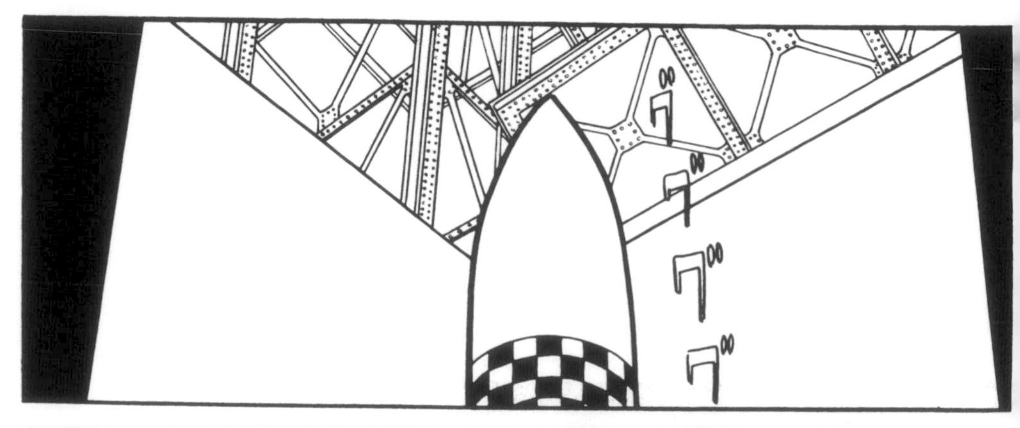
ゴ ゴ ゴ ゴ

¡OH! ¡AQUÍ ESTÁ ASTROBOY!

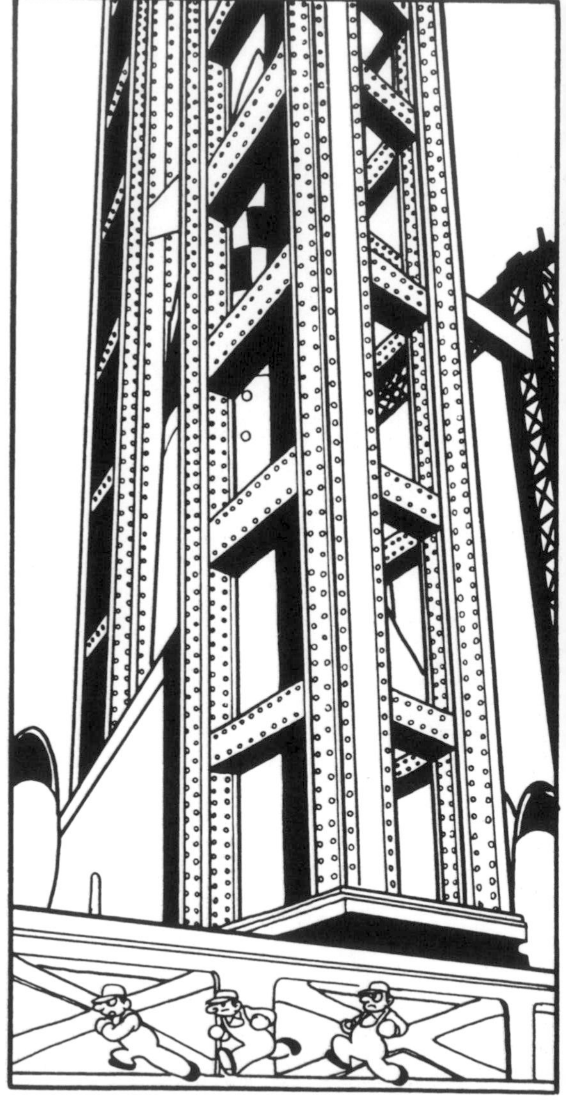

¿ESTÁS PREPARADO, HIJO?
¡SÍ!

SIENTO TENER QUE PEDIRTE ALGO ASÍ JUSTO DESPUÉS DE VOLVER DEL POLO NORTE, CHICO.
PERO SOLO TÚ PUEDES AYUDARNOS.

BUENO, HASTA LUEGO.

TÚ... SUBIRÁS AL COHETE, QUE SERVIRÁ PARA ATRAER A LOS HOTDOG. ¡TIENES QUE TENDERLES LATRAMPA!

¿CÓMO ESTÁS?

NINGÚN PROBLEMA.

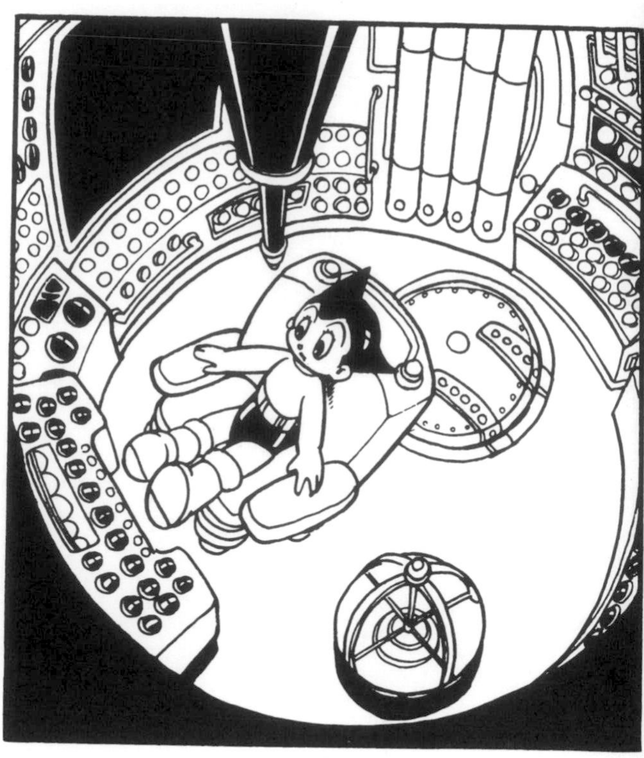

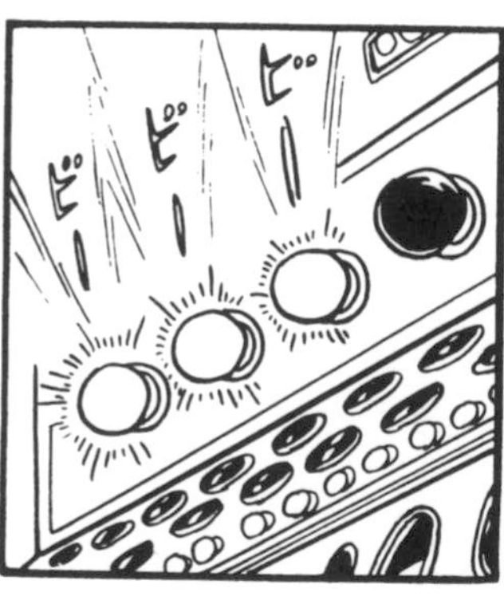

ESTATE ATENTO A LAS LUCES: SE ENCENDERÁN SI SE ACERCA EL ENEMIGO.

UNA MOSCA SE HA QUEDADO APLASTADA POR LA FUERZA DE ACELERACIÓN, NADA MÁS.

QUÉ RÁPIDO HAN VENIDO... ¡TODOS TUYOS, ASTROBOY!

¡DOCTOR! ¡CREO QUE EL ENEMIGO SE ACERCA!

AHÍ ESTÁN...
ES EL REGIMIENTO HOTDOG AL COMPLETO ...

SEGURO QUE EL Nº 44 ESTÁ ENTRE ELLOS.

PRONTO SE ENFRENTARÁN... ESPERO QUE TODO VAYA SEGÚN LO PREVISTO.

¡VAMOS, TÚ PUEDES!
¡HAZLOS PICADILLO!

CAPITÁN, EL COHETE TRATA DE HUIR A TODA VELOCIDAD.
DEJEMOS QUE AVANCE UN POCO MÁS: CUANTO MÁS LEJOS DE LA TIERRA SE ENCUENTRE, MÁS FÁCIL SERÁ ACABAR CON ÉL.

¿A QUE VELOCIDAD AVANZA?
ES EXTRAÑO... ACABA DE CAMBIAR LA VELOCIDAD, PARECE QUE QUIERA DEJAR QUE LE ALCANCEMOS.

¿QUE LE ALCANCEMOS?

HMMM... DIRÍA QUE ESTÁ ESPERANDO A VER QUÉ HACEMOS PARA TRATAR DE CONTRARRESTAR NUESTRO ATAQUE.
PARECE UN RIVAL DIGNO.

¡VOY A EMPEZAR, DOCTOR!

ビー

ギ

¡UAAH!
¡DISPERSAOS!

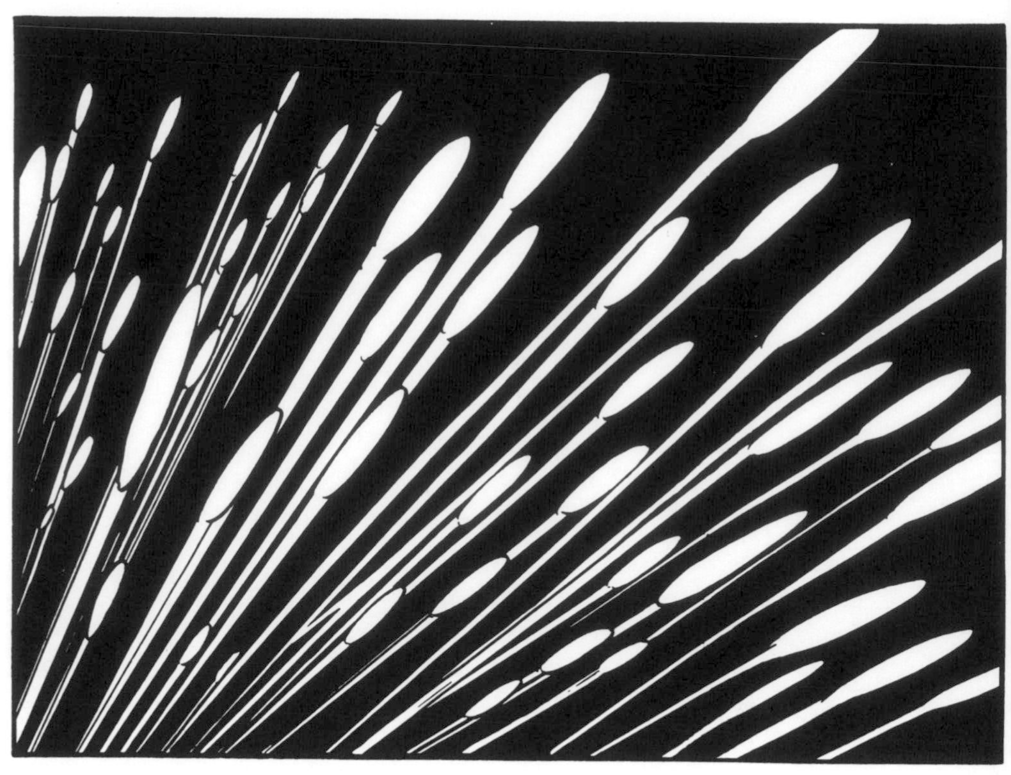

¡HA FUNCIONADO!
¡PUES ALLÁ VOY!

ACABAN DE DESTRUIR EL COHETE...

ACABAMOS DE DESTRUIRLO.
BIEN.

SUPONGO QUE ESTO LES HABRÁ HECHO ENTENDER QUE NO PUEDEN RESISTIRSE A NOSOTROS.

¡OH!

¿QUÉ ES ESTE HUMO?
NO SÉ... NO ME HABÍA DADO CUENTA...

¿CÓMO ES POSIBLE QUE EL HUMO DE LA EXPLOSIÓN SE FILTRE EN LA NAVE?

VOY A VER.

YA LO TENGO.
¡UN TROZO DE METRALLA HA IMPACTADO CONTRA LA NAVE Y HA ABIERTO UN BOQUETE!

¿UN BOQUETE? ¿PUEDES SELLARLO?

CLARO QUE SÍ.
NO HAY PARA TAN...

UFF... HMMM ...

PARA TAN... PARA TAN ...

¡HAY QUE EVITAR ESTE HUMO! ¡ES PELI-GROSO!

¿QUÉ TE PASA?

UUUH...

¡EL HUMO SE HA FILTRA-DO POR TODA LA NAVE!

UGH... NH... AGH...

¡OOH! ¡ERES TÚ, MAL-DITO...!

¿TÚ ESTABAS EN ESE COHETE? ¿QUÉ ES ESTE GAS?
¡JA, JA, JA! ¡HAS CAÍDO EN LA TRAMPA, Nº 44!

ESO ES: VUESTRO SISTEMA NERVIOSO ES DE PERRO, POR ESO OS AFECTA.

SIRVE PARA PARALIZAR MOMENTÁNEAMENTE EL SISTEMA NERVIOSO DE LOS SERES VIVOS.
¿EEEH...? ¿PARA PARALIZAR EL SISTEMA NERVIOSO...?

LAS DEMÁS NAVES HOTDOG ESTÁN IGUAL.

AHORA OS QUEDARÉIS PARALIZADOS DURANTE UN BUEN RATO.

¡MALDITA SEA...! ¡NO HABÍA PREVISTO UNA JUGARRETA ASÍ!

HMM... ¿Y QUÉ PIENSAS HACER AHORA?

HEMOS PENSADO ESTA ESTRATEGIA EXPRESAMENTE PARA CONTRARRESTAR ATAQUES DE CÍBORGS COMO VOSOTROS.

¡NO TE RÍAS, Nº 44!
¡ESTÁIS TODOS ARRESTADOS!

¡JA, JA, JÁ, JÁ!
¡JA, JA, JÁ, JÁ!
¡JA, JA, JÁ, JÁ!
¡JA, JA, JÁ, JÁ!

ES OBVIO: OS LLEVARÉ A TODOS A NUESTRA BASE.

SI LA COMUNICACIÓN SE INTERRUMPE POR MÁS DE DIEZ MINUTOS, UN DISPOSITIVO HACE QUE LOS MOTORES SE DETENGAN.

¿ACASO CREES QUE EL DOCTOR PONKOTSU DEJARÁ QUE CAPTURÉIS ASÍ COMO ASÍ A SU FLOTA DE PLATILLOS?

¿Y SABES QUÉ PASARÁ ENTONCES? PUES QUE LA GRAVEDAD DE LA LUNA NOS ATRAERÁ HACIA ELLA...

¡TODOS LOS PLATILLOS SE ESTRELLARÁN A TODA VELOCIDAD CONTRA LA LUNA!
¡JUAAA, JA, JA, JA...!

NO HABÍA REPARADO EN ESE DETALLE.

DEMASIADO TARDE.
NI SIQUIERA TÚ PODRÍAS VOLVER A PONER EN MARCHA LOS MOTORES.

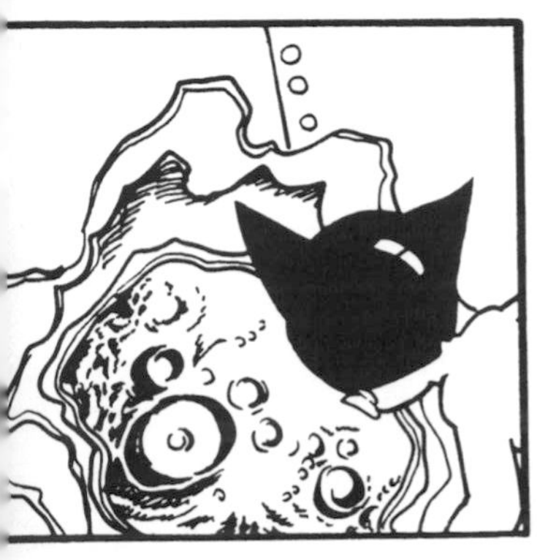

TODOS LOS PLATILLOS Y LOS QUE ESTAMOS EN ELLOS ACABAREMOS HECHOS PICADILLO POR EL CHOQUE.

¡NO LO PERMITIRÉ!
¡OS RESCATARÉ COMO MÍNIMO A VOSOTROS!

DETENDRÉ LA ACELERACIÓN DEL PLATILLO ANTES DE QUE LA GRAVEDAD SE HAGA MÁS FUERTE.

¡ALLÁ VOY! ¡TENGO QUE FRENAR LA NAVE COMO SEA!

¡UFFFF!

UF, LO HE CON-SEGUI-DO...

NO SÉ CÓMO PODRÍA COMUNICARME CON LA BASE.

LA LUNA... EN MENU-DO LUGAR HE ACA-BADO ...

MENOS MAL QUE TODAVÍA ME QUEDA UN POCO DE ENERGÍA.

EL SECRETO DE LOS CRÁTERES LUNARES

...EL Nº 44 HABRÍA VENIDO INMEDIATAMENTE A POR ESTO.

SI ASTROBOY HUBIERA SIDO DERROTADO...

YO CREO QUE ESTÁ SANO Y SALVO.

HMM... UN ATERRIZAJE DE EMERGENCIA...

YO CREO QUE ASTROBOY TUVO QUE REALIZAR UN ATERRIZAJE DE EMERGENCIA EN ALGUNA PARTE.

¿ENTONCES POR QUÉ NO TENEMOS NOTICIAS SUYAS? ¿¡NO TE PARECE RARO!?

¿EN LA LUNA? HOMBRE, PODRÍA SER...

EN LA LUNA, POR EJEMPLO.

¿SERÁ QUE NO DESEAN QUE LOS HUMANOS PISEMOS NUESTRO SATÉLITE?
ES POSIBLE...

PERO DOCTOR, NO ENTIENDO POR QUÉ DEMONIOS LOS HOTDOG IMPIDEN QUE LLEGUEN COHETES A LA LUNA.

UN CIENTÍFICO FUE A INVESTIGAR...

¿SABES QUE EN ARIZONA HAY UN GRAN CRÁTER, MOSTACHO?
ESE CRÁTER FUE CREADO POR EL IMPACTO DE UN GRAN METEORITO.

...Y ENCONTRÓ UN DIAMANTE.

LO PRESENTÓ EN UNA CONFERENCIA.
TAMPOCO...

¿ENTONCES LO LLEVÓ A UNA JOYERÍA?
PUES NO...
¿TE LO HAS CREÍDO?

SE DIRIGIÓ A LA CASA DE EMPEÑOS, Y...

ESTARÍA DENTRO DEL METEORITO, ¿NO?
¿TE IMAGINAS LA CAUSA?

SE DESATÓ UNA DISCUSIÓN SOBRE QUÉ HACÍA ESE DIAMANTE EN EL CRÁTER.

AHORA PIENSA EN LA LUNA.

DESDE HACE MUCHO TIEMPO, SE SABE QUE LOS NUMEROSOS CRÁTERES QUE ADORNAN SU SUPERFICIE FUERON CAUSADOS POR EL IMPACTO DE METEORITOS.

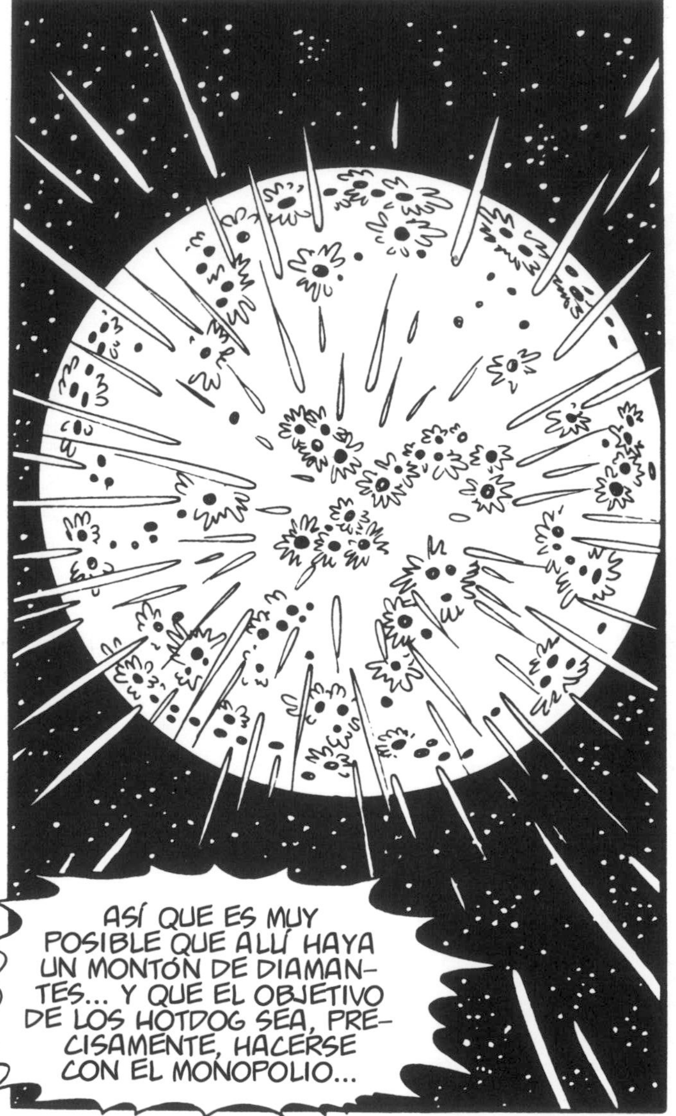

NO HAY MANERA DE PONERLO EN MARCHA.
IMPOSIBLE.

UFFF...

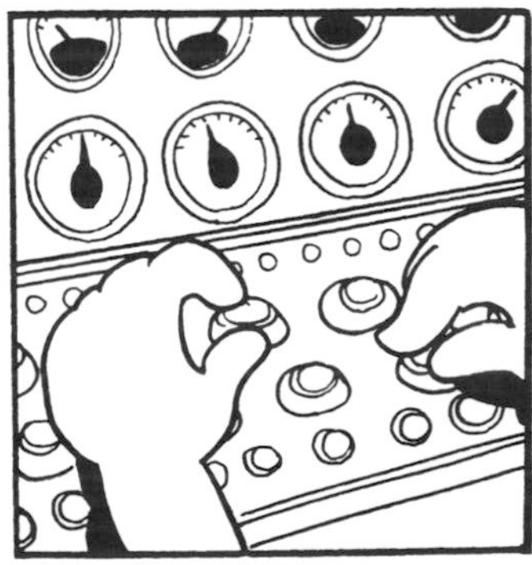

¿QUÉ PASA, ASTROBOY?
¿NO FUNCIONAN LOS MOTORES?

Y YA HACE UNA SEMANA QUE CAÍMOS A LA LUNA.

YA TE LO DIJE, JU, JU, JU... TÚ NUNCA LOGRARÁS QUE ARRANQUEN.
ARREGLARLOS ES MUCHO MÁS DIFÍCIL DE LO QUE CREÍA.

QUIERO VOLVER ...

ERES TESTARUDO, CHICO. DEBERÍAS MENTALIZARTE DE QUE NUNCA MÁS PODRÁS REGRESAR A LA TIERRA.

¡PUEDO MOVERME! ¡FÍJESE!

¡CAPITÁN!
ME SIENTO RARO.

¡CLARO! ¡EL EFECTO DEL GAS YA HA PASADO!

¡LA PARÁLISIS ACABA DE REMITIR!

¿QUÉ PASA AQUÍ?
¡VAYA, VAYA!

GRACIAS.
¡TENGA!

BIEN, CHICOS. TUMBÉMONOS EN EL MISMO SITIO DE ANTES.

¡PERFECTO!
¡ID INMEDIATAMENTE AL PLATILLO Y TRAED LAS PISTOLAS LÁSER!

ÉL PUEDE VOLAR Y ADEMÁS SU POTENCIA ES DE 100.000 CABALLOS: NO PODREMOS GANARLE SIN UNA ESTRATEGIA INTELIGENTE

¿POR QUÉ TENEMOS QUE TUMBARNOS SI YA ESTAMOS CURADOS?
HAY QUE FINGIR QUE NO PODEMOS MOVERNOS.

¡CADA UNO DE VOSOTROS AGARRARÁ UN BRAZO O UNA PIERNA DE ASTROBOY! ¿ENTENDIDO?

SUERTE QUE HE PODIDO ESCUCHAR-LO...

PIENSAN TENDERME UNA EMBOSCADA... ¡PUES ME ADELANTARÉ!

CUANDO SE ASUS-TAN, LOS PERROS...
...SUELEN QUEDAR-SE INMÓ-VILES.

VAMOS A VER SI ES VERDAD.

¡ALLÁ VA!

AHÍ VIENE... ¡FINJAMOS QUE NO PODEMOS MOVERNOS Y LEVANTÉMONOS CUANDO ESTÉ CERCA!

¡AY!

¡ESTÁN CONFUNDIDOS! ¡ES MI OPORTUNIDAD!

¿¡QUÉ TE HAS CREÍDO!? ¡CHÚPATE ESTA!

NO PODÉIS... TOMARME EL PELO... CHICOS...
¿QUÉ OS HA PARECIDO...?

¡JUUAAA!
ガッ

¡NO PODRÁS CONMI- GO!
¿¡PERO QUEEEE...!?

OH, PERO SI ...
NOS HEMOS CAÍDO POR UNA BRE- CHA ...

¡FÍJATE!

¡SON DIA-
MANTES!

DEJEMOS NUESTRAS DISPUTAS PARA MÁS TARDE. ¡FÍJATE QUÉ MONTÓN DE DIAMANTES!

ES LA PRIMERA VEZ QUE VEO DIAMANTES...
SON PRECIOSOS... PARA NOSOTROS NO TIENEN NINGÚN VALOR, PERO LOS HUMANOS PAGAN FORTUNAS POR ELLOS.

CREO QUE MÁS AL FONDO HABRÁ MÁS.

LA CIUDAD SELENITA DE LA MUERTE

HMM, QUÉ OJOS MÁS PRÁCTICOS.
ESTÁ OSCURO, ASÍ QUE ENCENDERÉ MIS FOCOS.

¡AH! MIRA CUÁNTO VAPOR...
SOLO CON EL CALOR DE LOS FOCOS, LAS ESTALACTITAS EMPIEZAN A DESHACERSE...

HMMM.
¡FÍJATE! ¡ES UNA PISTOLA!

¿QUÉ SERÁ?

¡OH! ¡AQUÍ HAY ALGO RARO!

MIRA ESTA ESCALERA: ES ARTIFICIAL.

¡CLARO! ¡PUEDE QUE HAYA HUMANOS Y QUE TODAVÍA NO NOS HAYAMOS DADO CUENTA!

PUES NO LO PARECE... ¿QUÉ HARÁ ESTO AQUÍ?
QUÉ EXTRAÑO.

¡AH! ¡INCREÍBLE!

¿ADÓNDE IRÁ ESTA PUERTA?

ESTO PARECEN LAS RUINAS DE UNA CIUDAD.

¡UAAH! ¡MIRA ESTO, Nº 44!

HE DESCUBIERTO ALGO INCREÍBLE.

MIRA QUÉ MONTÓN HAY...
¡ES UN ALMACÉN DE DIAMANTES!

DIRÍA QUE AQUÍ DENTRO HAY ALMACENADO ALGÚN RELATO O ALGO.

¿OYES EL SONIDO? SE OYE MUY LEVE, PERO SE OYE...

¡ES UNA GRABADORA!
¡YA SE PARA QUÉ SIRVE ESTO!

NO SÉ QUÉ IDIOMA ES ESTE, PERO MI CEREBRO ELECTRÓNICO PUEDE TRADUCIRLO.

SÍ, PARECE UNA CINTA.

DICE QUE SON SUS ÚLTIMAS PALABRAS.

PUES SÍ... DIRÍA QUE ES LA VOZ DE ALGÚN SER QUE VIVIÓ EN ESTA CIUDAD EN RUINAS HACE MUCHO TIEMPO.

¿ES DE ALGUIEN QUE VIVÍA AQUÍ?
DICE ALGO MUY EXTRAÑO.

ME LLAMO HOFFM Y SOY UN CIENTÍFICO DEL PAÍS DE FIDRA.

FIDRA ESTÁ AGONIZANDO, Y YO HE DECIDIDO GRABAR MIS ÚLTIMAS PALABRAS.

LA CULPA DE ELLO LA TIENEN... LOS DIA- MANTES.

FIDRA FUE UNA PRECIOSA NA- CIÓN SUBTERRA- NEA. OS PRE- GUNTARÉIS POR QUÉ ESTÁ AHORA AGONIZANDO...

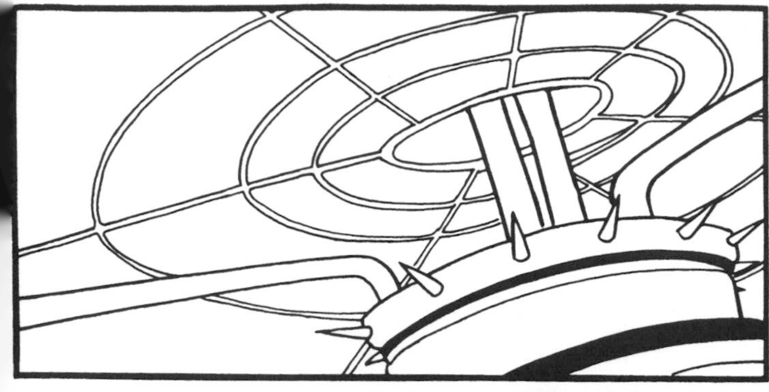

NOSOTROS UTILIZÁBAMOS A LOS DIAMANTES COMO NUESTRA MONEDA NACIONAL, POR ESO QUERÍAMOS CADA VEZ MÁS.

A ALGUIEN SE LE OCURRIÓ EL MODO DE CREAR DIAMANTES DE FORMA ARTIFICIAL.

...Y LES HICIÉRAMOS CHOCAR CONTRA LA SUPERFICIE, LA FUERZA DE LAS EXPLOSIONES HARÍA QUE SE CREARAN DIAMANTES. EL GOBIERNO ME PUSO AL MANDO DE LOS EXPERIMENTOS.

SIN EMBARGO, EN VEZ DE ATRAER A DOS O TRES ASTEROIDES, QUE HABRÍA SIDO LO IDEAL, HICIMOS QUE UNA INTENSA LLUVIA DE METEORITOS ARRASARA LA LUNA CON UNA VIOLENCIA INUSITADA.

PECAMOS DE EXCESIVA CODICIA. CUANDO COMPRENDÍ LO QUE HABÍAMOS HECHO, YA ERA DEMASIADO TARDE.

ASÍ QUE AHORA QUIERO DEJAR ESTE TESTIMONIO PARA LOS FUTUROS VISITANTES DE LA LUNA: NO OS DEJÉIS CEGAR POR LOS DIAMANTES, NO DEJÉIS QUE LA CODICIA OS DOMINE.

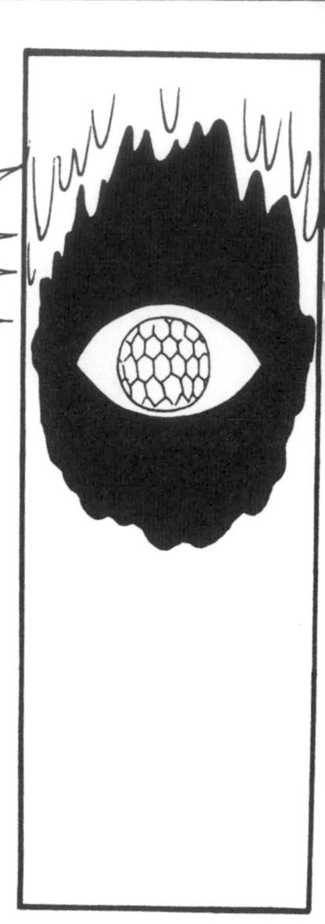

¡OH, NO! ¡NO ES MÁS QUE UN SER MECÁNICO QUE OBEDECE UNA PROGRAMACIÓN Y NO ES CAPAZ DE PENSAR!

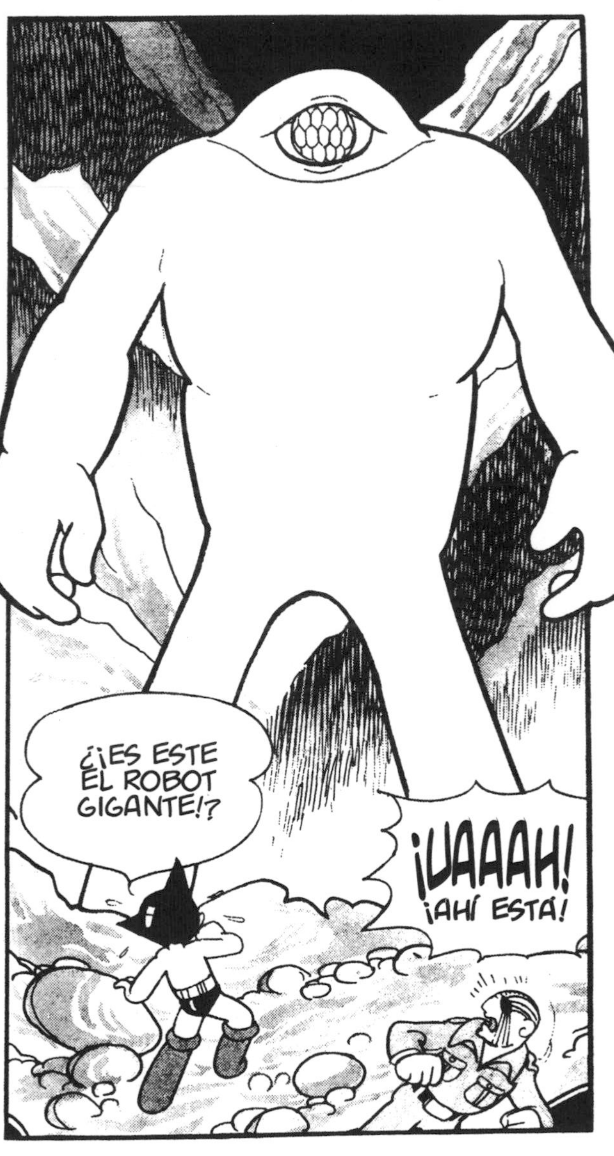

¡SE HA ENFADADO! ¡AL TOCAR TÚ LOS DIAMANTES, SE HA PUESTO FURIOSO!
¡GRAAR!

¡VÁMONOS, ASTROBOY! ¡HAY QUE SALIR DE ESTA CIUDAD SUBTERRÁNEA!

CORRAMOS EN DIRECCIONES OPUESTAS PARA DESPISTARLE.

ESTÁ CLARO QUE ESTE NO ES LUGAR PARA LOS HUMANOS ...

UN ROBOT GIGANTE Y UNA MONTAÑA DE DIAMANTES...

182

LAS DEMÁS NAVES ESTÁN DESTROZADAS.
ES EL PLATILLO DEL Nº 44.

DOCTOR PONKOTSU... TENEMOS UN PROBLEMA.
¿Y TÚ?

¡OH! ¿¡QUIÉN ES ESE!?

POR FIN HE LLEGADO A LA LUNA, DONDE DESCANSA MI MADRE...

EL CAPITÁN HA LUCHADO CON ÉL...
¡DAME MÁS DETALLES! ¿DÓNDE ESTÁ AHORA?

¿¡CÓMO!? ¿¡QUE ASTROBOY ESTÁ AQUÍ!?
ASTROBOY... TAMBIÉN SE ENCUENTRA EN LA LUNA...

¡ID TODOS AL FONDO DE LA GRIETA! ¡SI ASTROBOY SIGUE VIVO, TENDREMOS PROBLEMAS!

...Y AMBOS HAN CAÍDO POR UNA PROFUNDA GRIETA.

¡FÍJESE EN ESO!

QUÉ... ¿QUÉ SERÁN ESOS CRISTALES?

OH... ¡SI SON DIAMANTES!
¡SON GRANDES COMO HUEVOS DE GALLINA!

POR MUY PODEROSO QUE SEA ASTROBOY, SI LE ATACAMOS TODOS A LA VEZ PODREMOS CON ÉL.

¡BUSCAD MÁS HACIA EL FONDO!

¡ESTA CUE- VA ES ENORME!
INCREÍ- BLE...

¡DOCTOR! HAY UNA APERTURA POR AHÍ...

MIRE ESTO, DOC- TOR PONKOTSU... ES FANTÁSTICO, NO ENCUENTRO PALABRAS PARA DESCRIBIRLO...

MAMÁ... MIRA ESTA BANDERA...

¡SEGUID BUSCANDO! ¡AL FONDO PUEDE HABER MÁS!

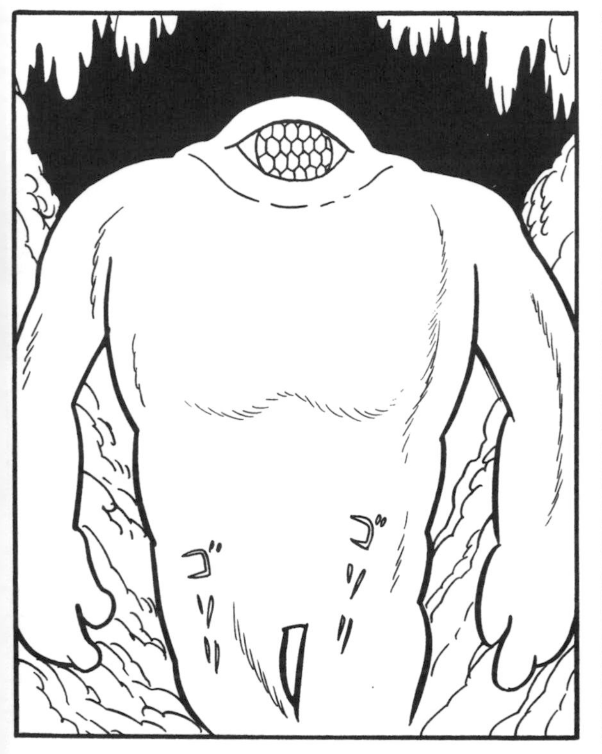
ゴ
ゴ

¡LA INSIGNIA DE ESTA BANDERA REPRESENTA EL HONOR DE NUESTRA FAMILIA ANTA MARIA! ¡MINYA MIHALOVNA ANTA MARIA, MADRE, NUESTRA FAMILIA HA CONQUISTADO LA LUNA!

¡¡NI SE LE OCURRA!!

¡POR LO TANTO, TODOS LOS DIAMANTES QUE HAYA SOBRE LA SUPERFICIE DE ESTE ASTRO PERTENECEN A MI FAMILIA!

¡NO DEBEMOS TOCAR ESTOS DIAMANTES PARA NADA!
¡NI SE LE OCURRA, GRAN DUQUESA!

Nº 44.
¿DÓNDE DEMONIOS TE HABÍAS METIDO?
GRAN DUQUESA ... N... NO LO HAGA ...

JO, JO, JO... ¿PERO QUÉ DICES? ¿TE HAS VUELTO LOCO?

ESTA ES LA ANTIGUA CAPITAL DE LA LUNA.
NINGÚN TERRES-TRE DEBERÍA HOLLAR-LA.

PERCIBO UN OLOR ACIAGO AQUÍ. PUEDE QUE SE TRATE DEL INSTINTO ANIMAL QUE DETECTA EL PELIGRO.
¡PERO LO SIENTO, PORQUE YO ERA UN PERRO!
¡NO! ¡SI FUERA UN ROBOT, NO ME QUEDARÍA MÁS REMEDIO QUE OBEDE-CERLA!

¿DICES QUE ANTES ERAS UN PERRO?
LO QUE ACABAS DE DECIR ES MUY INTERESANTE, Nº 44.

EXACTO. ¡TODOS LOS DEL REGIMIENTO HOTDOG SOMOS PERROS MODIFICADOS!

¡ME HABRÍA GUSTADO SEGUIR SIENDO UN PERRO NORMAL! ¡USTED ES UN MONSTRUO QUE UTILIZA A SERES VIVOS COMO COBAYAS PARA SUS EXPERIMENTOS!
¡USTED HIZO ALGO TERRIBLE...!
JU, JU, JU... TIENES RAZÓN...

¿PERO QUÉ DICES? DEBERÍAS ESTAR CONTENTO DE SER UN SOLDADO EN VEZ DE UN ANIMALUCHO.

¡¡ESTOY HARTO DE SER UN SOLDADO CÍBORG!!
¡QUIERO VOLVER A SER UN PERRO!

DEMASIADO TARDE... DESTROCÉ Y TIRÉ TODAS VUESTRAS ENTRAÑAS... LO ÚNICO QUE QUEDA SON LAS PIELES Y LOS CEREBROS.

POR LO MENOS QUIERO CONSEGUIR UN CUERPO DE PERRO.

IMPOSIBLE, TÚ ERES UN TRAIDOR. ¡EL CRIMEN DE DESOBEDECER LAS ÓRDENES DE LA GRAN DUQUESA SE CASTIGA CON LA MUERTE! ¡PREPÁRATE!

HUM... ESTO ES MUY RARO.

TODO LO QUE HAY AQUÍ PARECE COMO DERRETIDO...
...PERO ESO ES DISTINTO.

ES UNA PUERTA...

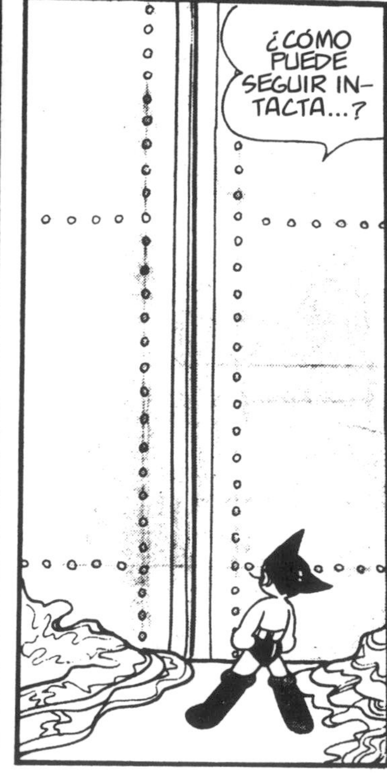
¿CÓMO PUEDE SEGUIR INTACTA...?

ES EL CENTRO NEURÁLGICO DE LA CIUDAD ABANDONADA, POR ESO SIGUE INTACTO.
VAYA, QUÉ SORPRESA...

SEGURO QUE LA ENERGÍA DEL ROBOT PROVIENE DE AQUÍ.

¡ES UN DISPOSITIVO CONTRA INTRUSOS!

¡UAAH!

TENGO QUE SALIR DE AQUÍ...

PE... ¿PERO QUÉ ES ESTO...?
¡ME ESTÁ DERRITIENDO!
¡SU FUNCIÓN ES LA DE FUNDIR A CUALQUIER INTRUSO!

VEO UNA LUZ TENUE... PUEDE QUE SEA LA FUENTE DE ENERGÍA.

¡TOMA! ¡A VER SI ASÍ SE PARA!

¡GRRR!

¡GRROOAARR!

¡KIAAANN! ¡KIAAAAN! ¡KIAAANNN!
¡FUEGO! ¡FUEGO A DISCRECIÓN, HOTDOG!
¡¡HUID, RÁPIDO!!
¡UAAGHH!
¡¡UUUG GHH!!

QU... ¿QUÉ LE HA PASADO?

¡UUHH!

¡KIAAAAAH!

パアッ!

ズズズズーン

LA CIUDAD SUBTERRÁNEA HA QUEDADO REDUCIDA A CENIZAS...
¡¡ASTROBOY!! QU... ¿QUÉ HA SIDO ESTA EXPLOSIÓN?

SOY UN ROBOT INÚTIL.
¿QUÉ VOY A HACER AHORA?

¿TAMBIÉN EL DOCTOR Y MIS HOMBRES HAN DESAPARECIDO JUNTO A LA CIUDAD?

SI CREES QUE CON TU CUERPO ACTUAL ERES INÚTIL, PUEDES TRATAR DE CONSEGUIR UN CUERPO CANINO.

...

¿POR QUÉ NO VIENES CONMIGO A LA TIERRA Y VUELVES A EMPEZAR?

¿EH?
PODRÁS VOLVER A SER UN PERRO, ¡Y VIVIRÁS JUNTO AL PROFESOR MOSTACHO DE NUEVO COMO INU!

SEGURO QUE EN EL MINISTERIO DE LA CIENCIA PODRÁN VOLVER A OPERARTE.

¿VOLVER A SER UN PERRO...? ¿ES ESO POSIBLE...?
SEGURO QUE SÍ.

TÚ ERES UN PERRO...

¡SALTA!

¿QUÉ OS PARECE, CHICOS? ¡ESTE ES EL Nº 44, QUE YA VUELVE A SER INU!

AUNQUE SEA UN CÍBORG, AL FIN Y AL CABO ES UN PERRO, PORQUE SU SISTEMA NERVIOSO ES DE CAN.

AUNQUE BUENO... EN REALIDAD AHORA ES UN PERRO CÍBORG QUE ANTES TENÍA FORMA HUMANA.

SIN EMBARGO, AL VER UN HUESO, NO PRETENDE COMERSELO, NI TAMPOCO MORDERLO... NI SIQUIERA BABEA...
ワォー
ワウォーー
ESO SÍ, TIENE UNA EXTRAÑA MANÍA... AL HACERSE DE NOCHE, INU SE PONE A AULLARLE TRISTEMENTE A LA LUNA... ¿EH? ¿INSTINTO CANINO, DECÍS? BUENO, YO CREO QUE NO...

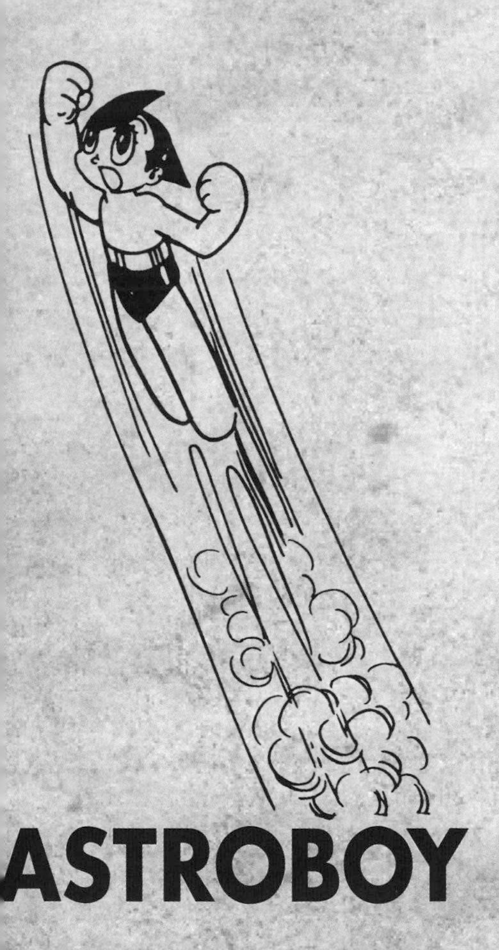
ASTROBOY

Capítulo 3:
EL CHICO PLANTA

*N. DE LOS T.: LOCK ES EL CHICO CUYO JERSEY TIENE UNA S.

¡UAAU, ESTO ES GENIAL!
¡JE, JE, JE, JE! ¡YO SOY EL MÁS RÁPIDO!
¡VE CON CUIDADO, SHIBU-GAKI!

¡UOOOOOPS!

¡AYAYAYAY, QUE NO PUE-DO PARAR!

¡HEEEY, ASTROBOY! ¡ESTO ES COSA TUYA!

ズボ

¡AH! MIRAD, HAY UNA FLOR...
¡JE, JE! TIENE UN MONTÓN DE NIEVE EN LA BOCA.
SE LA FUNDIRÉ CON EL MECHERO.

¡¡NO LO HAGÁAAAIS!!

NUNCA HABÍA VISTO UNA ASÍ. ¿NOS LA LLEVAMOS?
¡OOH! ¡QUÉ RARO QUE HAYA UNA FLOR ENTRE LA NIEVE!

JE, JE, JE... ¿ACASO CONOCES A ESTA FLOR?
¿QUÉ PASA, ASTROBOY? ¿POR QUÉ TE PONES ASÍ...?

¡NO LA ARRANQUÉIS! ¡DEJADLA EN PAZ!

SÍ. ESTA FLOR ES LO QUE QUEDA DE ALGO QUE PASÓ UN DÍA...

HABRÁ ALGUNA RAZÓN, ¿NO?
¿LA PLANTASTE TÚ?

HM... SÍ, CLARO QUE LA CONOZCO. YO LA PLANTÉ AQUÍ, PERO ES UN SECRETO.

TODO EMPEZÓ UN DÍA TAN FRÍO COMO EL DE HOY...

¡OH! ¡MIRE, PROFESOR!
¡ALGUIEN SE ACERCA AL HOTEL EN MEDIO DE LA TORMENTA!

¡SEGURO QUE SE HA PERDIDO!

¡OYE, VAMOS! ¡LEVANTA!

¡UAAH!

Y... YO... VENGO DE... ARSOA... 12... HE VENIDO... A ALERTAR...

POR FIN TE ATRAPAMOS, DESERTORA.
VOLVAMOS A LA NAVE.

TEN EN... CUENTA... A LA NAVE... DE ARSOA 12... TIENE UNA... X...

VAMOS, CAMINA.

LES HE PERDIDO...

¡HEEY! ¡ESPERAD!

HABÍA UN CHICO MUY RARO QUE DECÍA VENIR DE ARSOA 12.
¿ARSOA 12? ¿Y ESO QUÉ ES...?

¿A QUIÉN SE LE OCURRE DEJAR LA VENTANA ABIERTA? ¡CASI ME MUERO!

¡HOLA, ASTRO-BOY! ¿QUERÍAS ALGO?

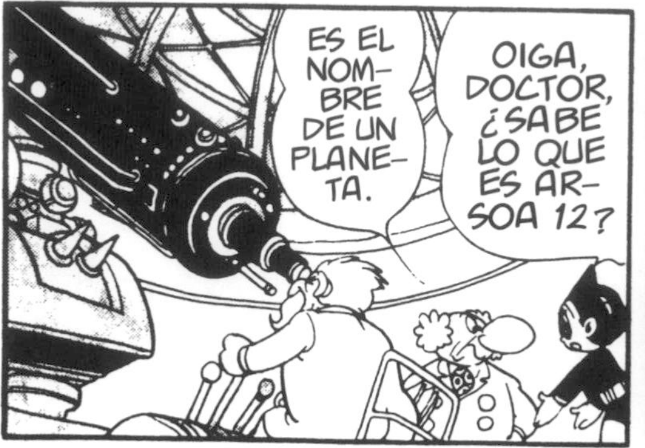
OIGA, DOCTOR, ¿SABE LO QUE ES AR-SOA 12?
ES EL NOM-BRE DE UN PLANE-TA.

PERO YA NO EXISTE.

EXPLOTÓ Y DE-SAPA-RECIÓ.
HACE MUY POCO.

VAYA... ERA UN PLANE-TA...

¡JIAAH!
¡MADRE MÍA! ¡MAAAADRE MÍAAAAA!

¡ESCUCHADMEE! ¡HA DESAPA-RECIDO TODA LA NIEVE DE LA MONTAÑA!

¿HABÉIS VISTO? ¡NO HAY NIEVE!
¡AH! PARECE TOTALMENTE RESECA...
¡HIAAH!
PARECE QUE LE HAYAN CHUPADO LA NIEVE...

¡HAY ALGUIEN AHÍ!

¡¡HUMANOS!!

VENIMOS DEL PLANETA ARSOA 12.
NUESTRO PLANETA ESTÁ A PUNTO DE DESAPARECER.

HAY MUY POCA AGUA, Y NO PODEMOS VIVIR.
ASÍ QUE DECIDIMOS VENIR A LA LEJANA TIERRA.

¡QUEREMOS AGUA!
NOS LLEVAREMOS LA MITAD DEL AGUA DE ESTE PLANETA.

QU... ¿QUÉ?
¡SI LO HACÉIS, LA TIERRA SE SECARÁ!

ESTAS MONTAÑAS SERÁN NUESTRA BASE. MARCHAOS DE AQUÍ.

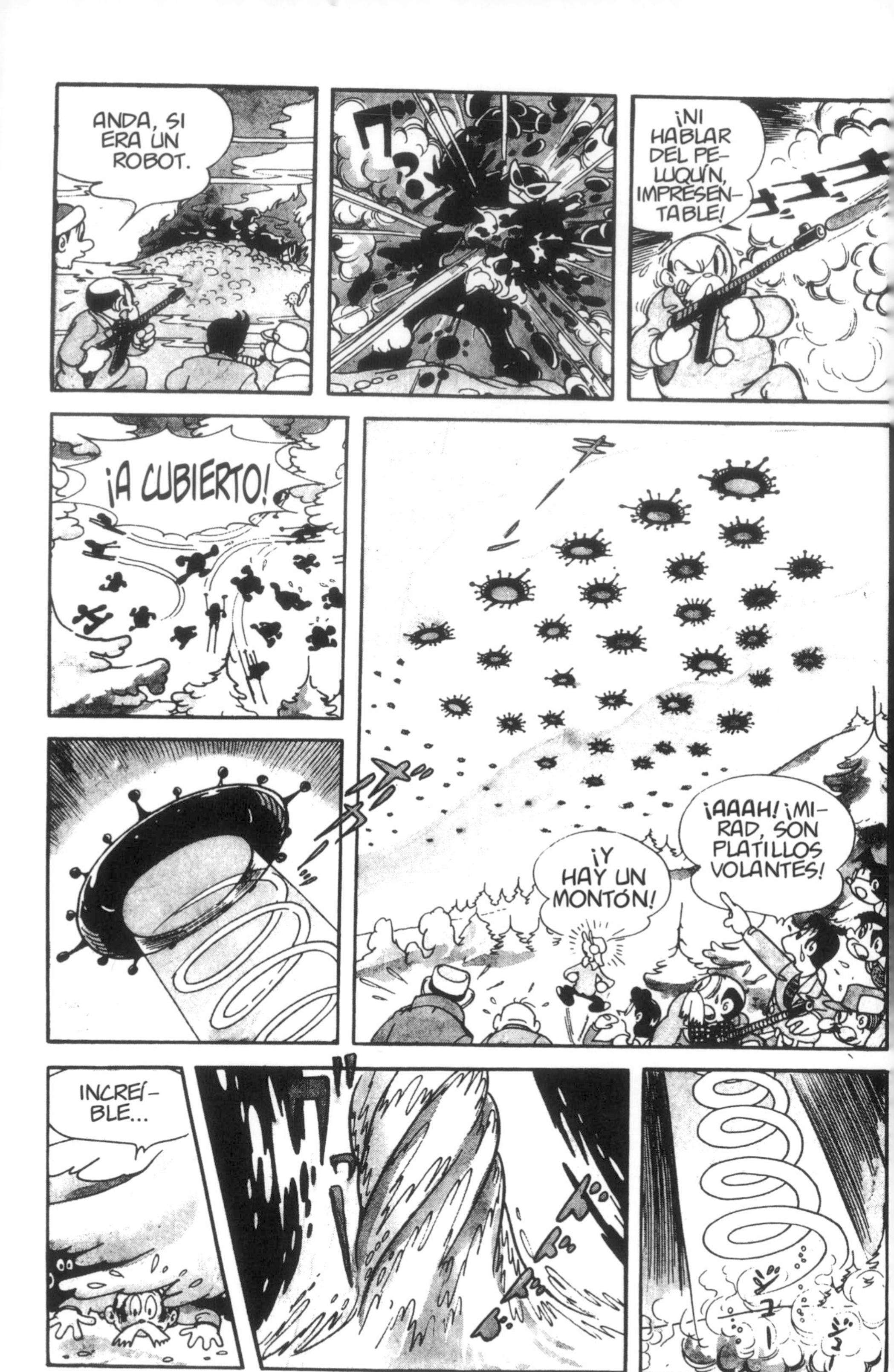
ANDA, SI ERA UN ROBOT.
¡NI HABLAR DEL PELUQUÍN, IMPRESENTABLE!
¡A CUBIERTO!
¡AAAH! ¡MIRAD, SON PLATILLOS VOLANTES!
¡Y HAY UN MONTÓN!
INCREÍBLE...

AAHH...
PERO SI...

¡HUID!

¡SERÁN PLATILLOS DE ARSOA 12!

ESTE PLATILLO
NO ES MÁS QUE
UN GRAN RECI-
PIENTE.

ME HAN
SUCCIO-
NADO.

¡UHH!

¡YA SÉ! ¡ESE
CHICO DIJO ALGO
DE UNA NAVE!
¡SEGURO QUE AHÍ
ESTÁ EL MANDO!

TIENE
QUE
HABER
ALGÚN
CONTROL
DE MANDO
A DISTAN-
CIA.

ESTÁN DE-
SIERTOS.
SOLO
SIRVEN
PARA AL-
MACENAR
AGUA.

¡UFF!

¡OH!

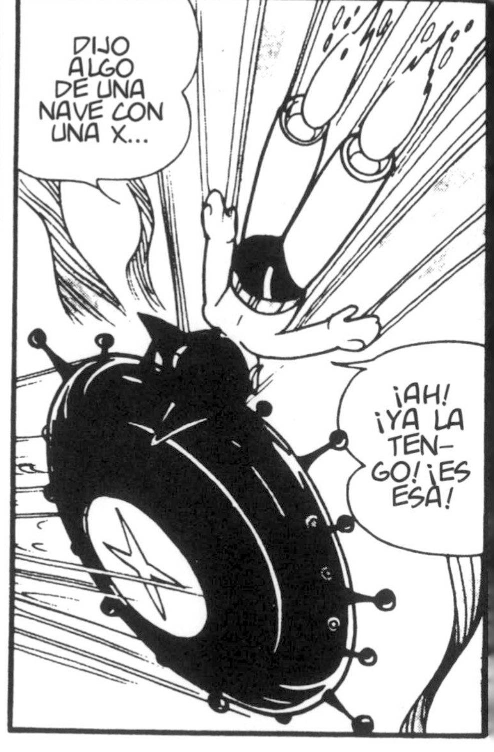
DIJO
ALGO
DE UNA
NAVE CON
UNA X...
¡AH!
¡YA LA
TEN-
GO! ¡ES
ESA!

¡OOOH!

PERO SI ERES...

¿TE HAN ATADO? VAYA...
SABÍA QUE VENDRIAS.

DIJISTE QUE ERAS DE ARSOA 12, ¿NO? ¡PERO SI TU PLANETA YA NO EXISTE!

LO SE...
ESTABA CLARO QUE ACABARIA ASI...

¿QUE LO SABES?
LO AVERIGÜÉ MIENTRAS NOS DIRIGIAMOS A LA TIERRA.

ENTONCES... ¿POR QUÉ...?
¿POR QUÉ ROBÁIS EL AGUA DE LA TIERRA?

EXCEPTO YO, TODOS LOS DEMÁS TRIPULANTES SON ROBOTS.

ESOS ROBOTS SOLO RECIBIERON ÓRDENES DE COGER EL AGUA DE LA TIERRA Y LLEVARLA A ARSOA 12...

NI SIQUIERA YO, EXPLICÁNDOLES LO QUE HA PASADO, PUDE HACER NADA POR HACERLES CAMBIAR DE IDEA.

¡YO ME ENCARGARÉ DE ESOS ROBOTS TESTARUDOS!
T... ¿TÚ TAMBIÉN ERES UN ROBOT...?

¡PUES SÍ! ¡FÍJATE!

HAY QUE DESTRUIR TODOS LOS PLATILLOS.
IMPOSIBLE.

¿IMPOSIBLE? ¿POR QUÉ...?
PORQUE AUNQUE LOS DESTRUYAS...

...ESTÁN PROGRAMADOS PARA RECONSTRUIRSE AUTOMÁTICAMENTE.
¿EH?

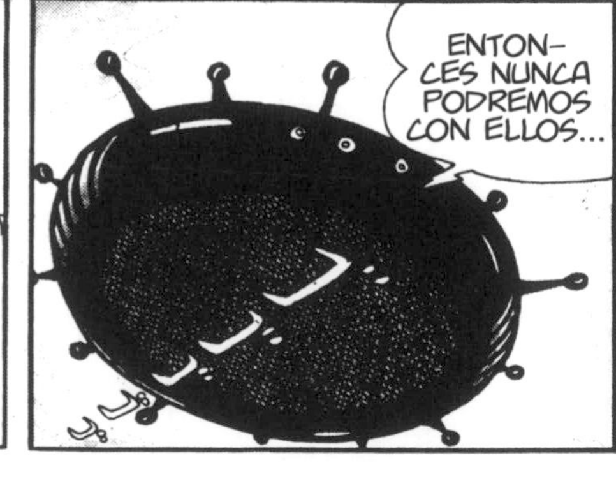
ENTONCES NUNCA PODREMOS CON ELLOS...

LA ÚNICA SOLUCION ES REDUCIRLOS A CENIZAS A TODOS A LA VEZ.
MALDITA SEA...

¡YA LO TENGO! ESOS PLATILLOS FUNDEN LA NIEVE Y LA ABSORBEN, ¿VERDAD? ¿DÓNDE ESTÁ EL DISPOSITIVO QUE LO HACE?

¿TE REFIERES AL DISPOSITIVO DE REGULACIÓN DE TEMPERATURA?

CON ESTO PUEDES CAMBIAR LA TEMPERATURA DE TODAS LAS NAVES.

VOLVERÉ A CONGELAR EL AGUA.

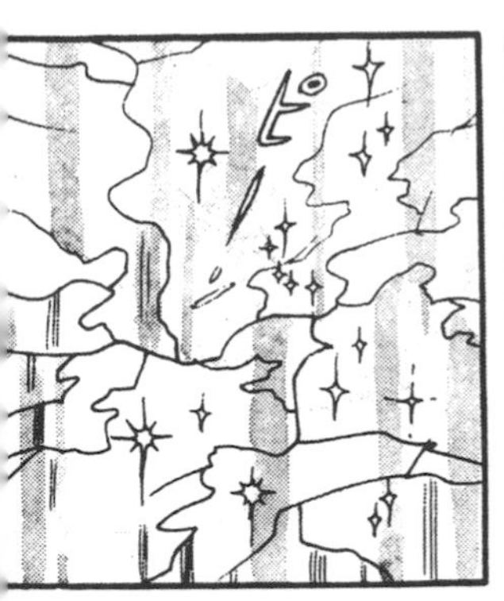

LOS TORNADOS SE HAN CONGELADO.
¡ANDAA!

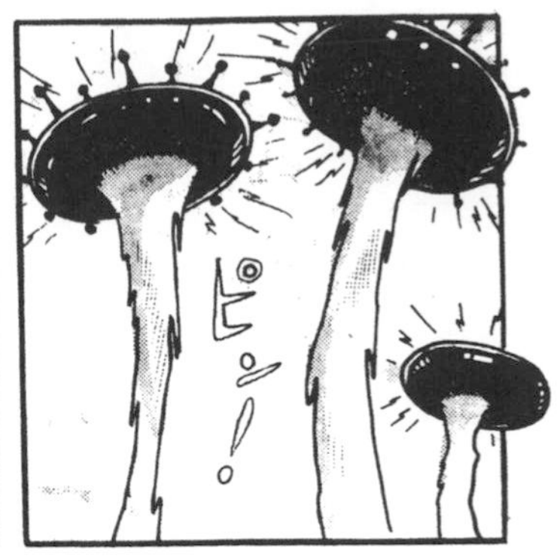

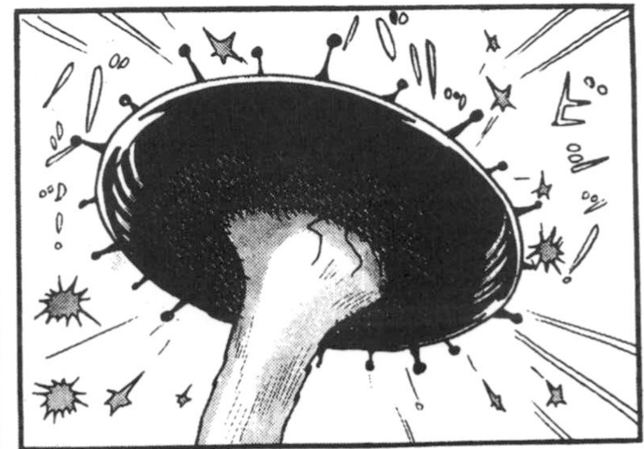

SE ESTÁN AGRIETANDO...

¡GRROOOAA!
¿QUIERES GUERRA?

¡JA, JA, JA, JA! ¡NO OS SERVIRÁ DE NADA RESISTIROS! ¡EL AGUA QUE HABÍA DENTRO DE LOS PLATILLOS SE HA CONGELADO, HA AUMENTADO DE VOLUMEN Y HA DESTROZADO LAS NAVES!

¡A TU ESPALDA!

HE CONSEGUIDO DESTRUIR LAS NAVES Y LOS ROBOTS.

AHORA TÚ ERES EL ÚNICO SUPERVIVIENTE DE ARSOA 12.

VAYA... TE HAS QUEDADO SIN UN LUGAR AL QUE VOLVER...

¡POR FAVOR! ¡DEJA QUE ME QUEDE EN LA TIERRA, TE LO RUEGO!

BUENO, POR MÍ DE ACUERDO... PERO SI TE DESCUBREN, PODRÍAS TENER PROBLE-MAS...

¡SE LE HA ABIERTO LA ESPALDA! ¡TIENE ALGO DENTRO!

¡AH!

PUEDO ADOPTAR UNA FORMA DISTINTA PARA NO DESTACAR EN LA TIERRA...

LA RECOGÍ Y LA PLANTÉ EN EL SUELO...

¡ENTONCES LOS HABITANTES DE ARSOA 12 ERAN VEGETALES!
ES UNA PLANTA... ¡SU APARIENCIA NO ERA MÁS QUE UNA CORAZA!

¡VÁMONOS! DEJEMOS TRANQUILO AL CHICO DE ARSOA 12.

ES ESTA FLOR.

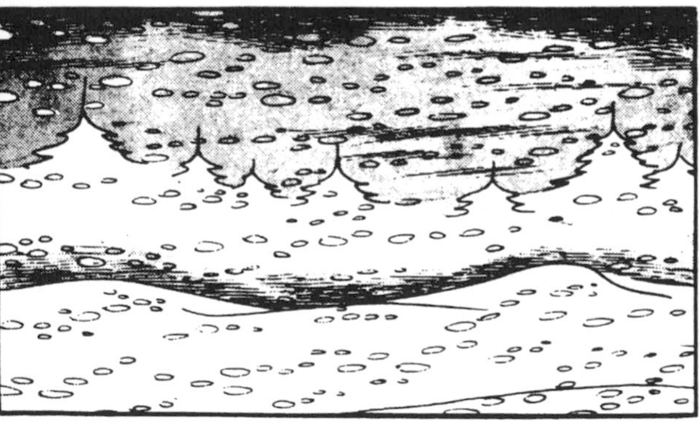

MUCHO MEJOR ASÍ.
CON LA TORMENTA, HE PERDIDO LA ORIENTACIÓN.

Capítulo 4:
SU ALTEZA DEADCROSS

EL DIBUJO DE LA DERECHA APARECE EN ALGUNA PARTE DE ESTE CÓMIC.

SEGURAMENTE TE PREGUNTARÁS POR QUÉ DESTACO ESTA VIÑETA...

ガチャーン

AL CABO DE POCO DE CREAR LA HISTORIA "SU ALTEZA DEADCROSS", UN PERIÓDICO USÓ ESTE DIBUJO PARA ILUSTRAR UN ARTÍCULO TITULADO "LOS DESPIADADOS COMICS PARA JÓVENES".

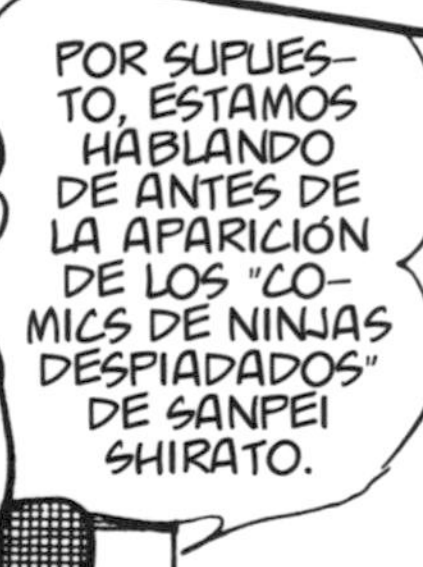
POR SUPUESTO, ESTAMOS HABLANDO DE ANTES DE LA APARICIÓN DE LOS "COMICS DE NINJAS DESPIADADOS" DE SANPEI SHIRATO.

SEGURAMENTE, AHORA A NADIE LE PARECE ESPECIALMENTE "DESPIADADO", PERO EN ESA ÉPOCA FUE BASTANTE OSADO PUBLICARLO.

DE FORMA PARECIDA, CUANDO FUIMOS A LOS ESTADOS UNIDOS A TRATAR DE VENDER LA SERIE DE TELEVISIÓN DE ASTROBOY, LOS AMERICANOS, AL VER UNA ESCENA EN LA QUE ASTROBOY DESTROZABA A UN ROBOT MALVADO, EXCLAMARON "¡ES UN ASESINO!".
OH, NO!

Y A PESAR DE QUE LOS AMERICANOS PARECEN MUY SENSIBLES A ESTOS TEMAS...

...QUE PARECE QUE CUANDO UN ROBOT DESTROZA A OTRO, SEA UN SER HUMANO EL QUE ESTÁ MATANDO A OTRO SER HUMANO.
ES DECIR, QUE ASTROBOY Y LOS ROBOTS DE LA SERIE RECUERDAN TANTO A LOS HUMANOS DE CARNE Y HUESO...

¿QUÉ SERÁ LA CRUELDAD? YO CREO COMICS CRUELES MIENTRAS REFLEXIONO SOBRE ESTOS TEMAS.

APARTE DE ESO, ¿CÓMO EXPLICAR QUE LO QUE HACE RELATIVAMENTE POCO TIEMPO NOS PARECÍA CRUEL, AHORA MISMO NOS PARECE CASI NORMAL?

¿...CÓMO SE EXPLICA QUE SE METIERAN EN UNA GUERRA EN VIETNAM MATANDO A TANTA GENTE CASI SIN INMUTARSE?

¡CON PERMISO!

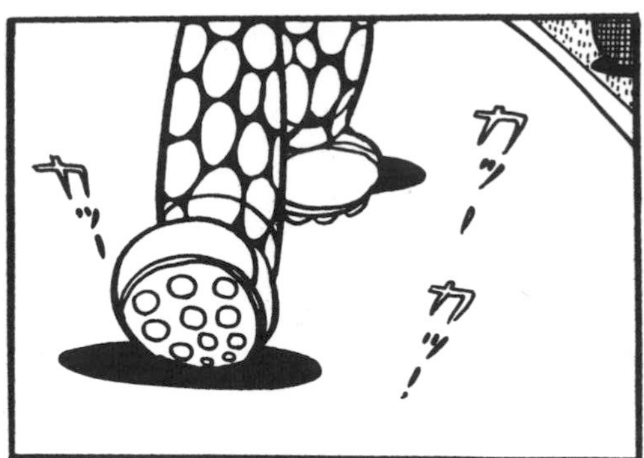
カッ
カッ! カッ!

¿ASTROBOY VIVE AQUÍ...?
PU... PUES SÍ...

LE LLEVARÉ UN POCO DE TÉ...

DISCÚLPENME...
...POR MI APARIENCIA. HE VENIDO A SOLICITAR LA AYUDA DE ASTROBOY... Y... BUENO, PUEDO EXPLICARLO TODO, POR SUPUESTO...

HERMANITO, HA VENIDO OTRO TIPO RARO.
SOLO TIENE PIERNAS.
NO ME DIGAS.

¿¡QUÉ HACES, TONTA!? ¡SI NO TIENE BOCA PARA BEBER!
ES QUE QUERÍA VER CÓMO SE LAS APAÑABA.

HOLA, SOY ASTROBOY... ¿QUERÍA ALGO DE MÍ?
¡AH, ASTROBOY! POR FAVOR, VEN CONMIGO A MI PAÍS, TE LO RUEGO.

PERO LA LEY ROBÓTICA NOS IMPIDE A LOS ROBOTS SALIR AL EXTRANJERO.

YO TENGO PERMISO, MIREN.
BUENO, PERO YO NO ...

¡DA IGUAL, PUEDES USARLO TÚ TAMBIÉN...!

AHORA PASAMOS POR UNO.
¡UFFH!

¿TIENE UNA GABARDINA O ALGO PARECIDO? CUALQUIER ABRIGO LARGO SERVIRÁ...

YA ESTÁ. ¿A QUE NO SE NOTA?
¡JE, JE, JE! ¡QUÉ RARO!

BUENO, ME MARCHO.
NO SE PREOCUPEN... CUIDARÉ DE ÉL.
NO LE RETENGA MUCHO, ¿DE ACUERDO?
¡QUE VAYA BIEN!

CARAY... ¿SERÁ DE LA AMPA?

BUENAS TARDES.
¡AH! BUENAS TARDES, PROFESOR.

¡ESTO ME HUELE MAL!

ESTO PERTENECE A UN ROBOT... Y ADEMÁS NO ES DE FABRICACIÓN JAPONESA, SEGURO QUE ES EXTRANJERO.

¡AH! ESTAS HUELLAS...

PUES NADA, TENDRÉ QUE HACER CASO DE MI...
...INSTINTO DETECTIVESCO.

NO TENÍA ALTERNATIVA. NOS ESTABA SIGUIENDO Y AHORA TENEMOS QUE IR DE INCÓGNITO.
¡AH! ¿¡POR QUÉ HAS PEGADO A MI PROFESOR!?

¡UGH!

NO PODEMOS RETRASARNOS ...

TENEMOS QUE IR AL AEROPUERTO Y SUBIR AL VUELO XX36.

¡PERO ES UN HUMANO! ¡LOS ROBOTS NO PODEMOS...!
LO SÉ PERFECTAMENTE, PERO NO PODÍA HACER NADA.

HHMM... HE OÍDO DOS VOCES.
Y UNA DE ELLAS ERA LA DE ASTRO-BOY.

¡TAXI! ¡AL AEROPUERTO, Y RÁPIDO!

BUENO, YA ESTAMOS EN EL AVIÓN. ¿ADÓNDE VAMOS?

AL PAÍS DE GRAVIA.
¿EH?

ESE ES EL PAÍS EN EL QUE HACE POCO UN ROBOT FUE NOMBRADO PRESIDENTE, ¿NO?

ESO ES... POR ESO ESTAMOS TENIENDO VARIOS PROBLEMAS.

EN BREVE LLEGAREMOS A GRAVIA.

KRS-L

HA LLEGADO EL VUELO XX36 DESDE JAPÓN.
CUANDO SALGAN, ACABAREMOS CON ELLOS.

AHÍ ESTÁ.

¡LÁNZALA, VAMOS!

¡AH!

¿QUIÉNES SON?
¡UGH! ¡HUYE, RÁPIDO!

¿¡QUIÉN NOS HA LANZADO UNA GRANADA!?

¡VAMOS, SUBE!

¡AHÍ ABAJO HAY UN COCHE!

¡OH, NO! ¡HAN HUI-
DO!

¡CONDUCE A TODA VELOCIDAD Y SIGUE MIS INDICA-
CIONES!

MALDITA SEA... ¡SE NOS ESTÁN ESCAPANDO!

¡HEY! ¡SIGA A ESE COCHE!

LO SIENTO, PERO TENDREMOS QUE LLEVARLE A OTRO LUGAR.

NO HACE FALTA, CRÉAME.

JU, JU, JU...
¡VAMOS, HOMBRE! ¡ACELERE, CARAMBA!

AQUÍ ES.

¿¡QUÉ PIENSA HACERME!?
JU, JU, JU... PRONTO LO AVERIGUARÁ.

VA A CONOCER A SU ALTEZA.
¿SU ALTEZA?

ESPERA EN ESTA SALA.

AQUÍ LLEGA.

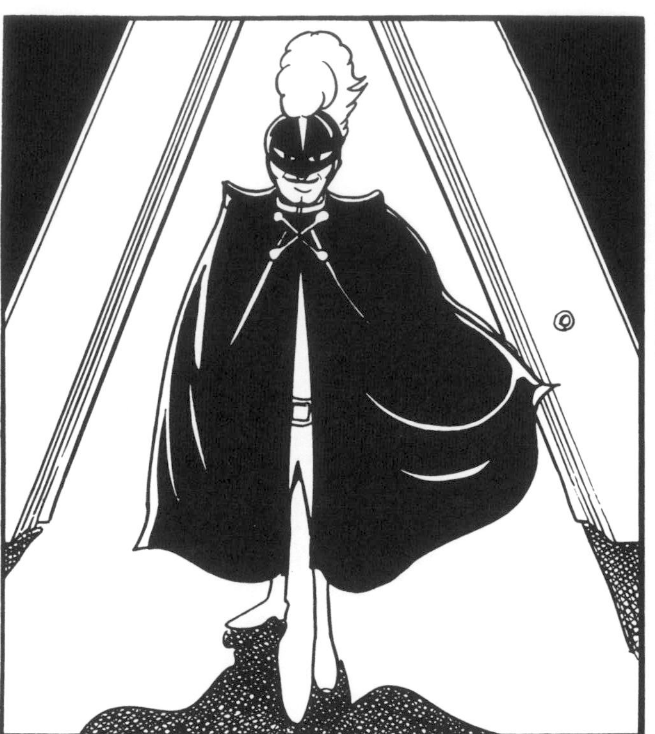

BUEN TRABAJO, Nº17. PUEDES IRTE.
¡SÍ! PERO ESTE HOMBRE...
NO TE PREOCUPES.

ME PRESENTARÉ. USARÉ EL APODO DE DEADCROSS...

TENGA, SON PUROS DE GRAVIA, ESPERO QUE SEAN DE SU AGRADO.

¡PUES ENTONCES, HARÉ LO MISMO! ¡MI APODO ES PROFESOR MOSTACHO!
¡Y MI NOMBRE AUTÉNTICO ES ILUSTREPROFESORDEESCUELA! ¿¡QUÉ LE PARECE!?

ME RESERVO EL DERECHO A REVELARLE MI NOMBRE AUTÉNTICO.

VAMOS, HABLE. ¿QUÉ QUIERE DE MÍ?

SERÉ CLARO: QUIERO SU CARA, SUS BRAZOS Y PIERNAS, Y SU CUERPO.

¿¡TODO ESOOO!?

Y... ¿Y PARA QUÉ LO QUIERE...?
PUES PORQUE TÚ ERES EL PROFESOR DE ASTROBOY.

¿¡DE ASTROBOY!?

ASTROBOY, PRIMERO CONOCERÁS AL PRESIDENTE.
¿AL PRESIDENTE?

AHÍ ESTÁ EL PALACIO PRESIDENCIAL.

¡AH!

¡OH, NO! ¡ESTA NOCHE TAMBIÉN LE ESTÁN ATACANDO!

¿QUÉ SON ESOS BICHOS TAN GRANDES?
¡SON ROBOTS QUE VAN TODAS LAS NOCHES A ATACAR AL PRESIDENTE!

¡¡TIENES QUE HACER ALGO, ASTROBOY!!
¡ESTÁ BIEN!

¡HYU HYU HYU
HYU HYU!

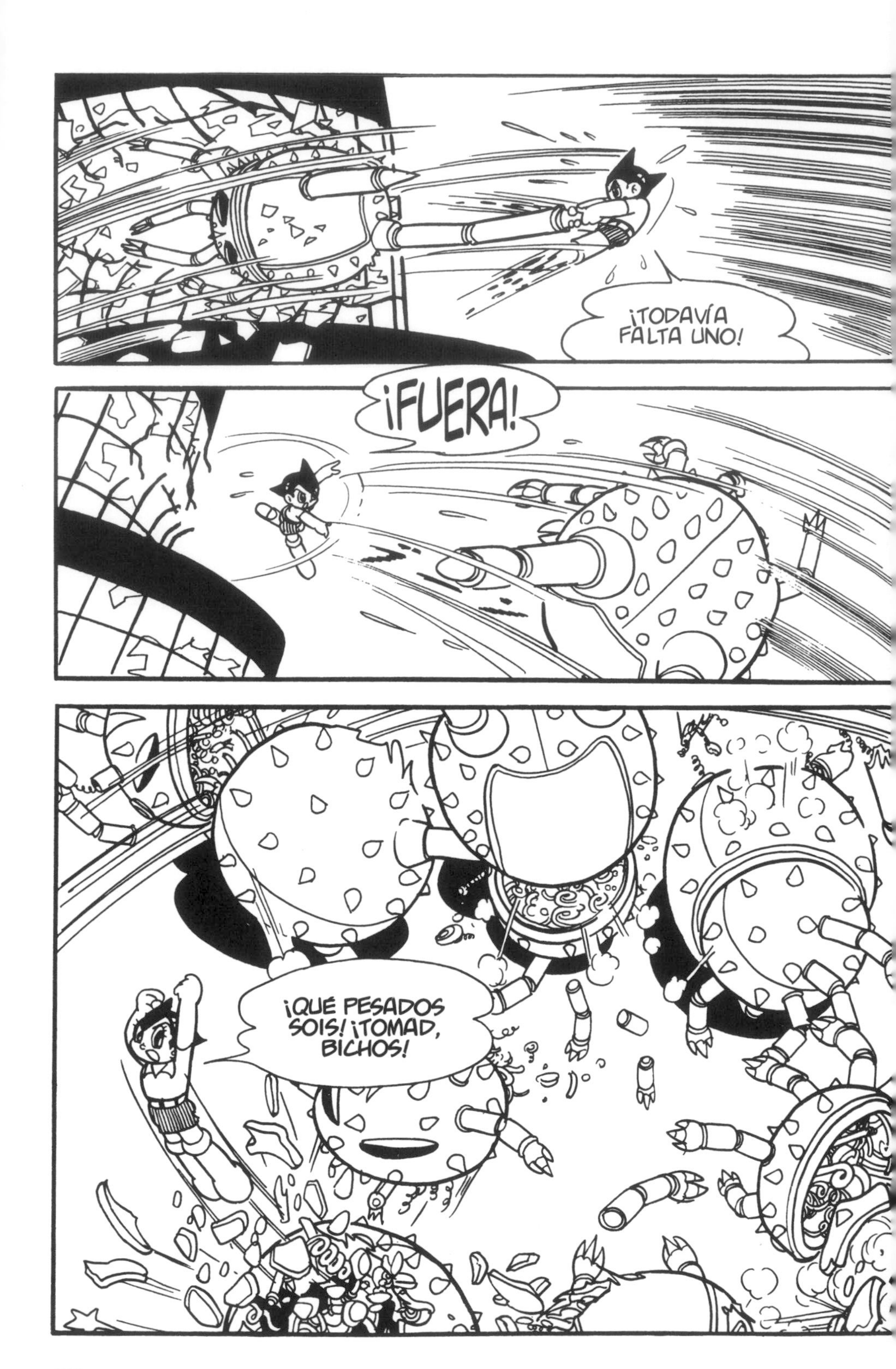
¡TODAVÍA FALTA UNO!
¡FUERA!
¡QUÉ PESADOS SOIS! ¡TOMAD, BICHOS!

¿ESTARÁ BIEN EL PRESIDENTE?
¡ERES INCREÍBLE! ¡INCREÍBLE!
¡OH, ASTRO-BOY!

ERAN SIMPLES ROBOTS CONTROLADOS A DISTANCIA...

ES... ¡ESPERA UN MOMENTO!

ENTREMOS A VER.

NADIE SE HA DADO CUENTA...

¡OH! ESTÁ A SALVO, MENOS MÁL...

VAYA... UFF... ME HAS VISTO EN UN MOMENTO COMPROMETIDO.

BUENO, PUES YA ESTÁ.

BU... BUENO, ME PRESENTARÉ DE NUEVO...
ME LLAMO CHOOT HAMPER. SOY EL SECRETARIO DEL PRESIDENTE, Y MINISTRO DE ESTADO.
VAYA... ¿ES USTED MINISTRO?

¡AH! ¡SEÑOR PRESIDENTE!

FUI A BUSCARTE SIGUIENDO ÓRDENES SECRETAS DEL PRESIDENTE... AL SER SECRETAS TUVE QUE DEJAR MI PARTE SUPERIOR EN EL DESPACHO E IR A BUSCARTE SOLAMENTE CON LAS PIERNAS.

SIGUIENDO SUS ÓRDENES, HE TRAÍDO A ASTROBOY.

OOH... CUÁNTO ME ALEGRO DE VERLE...

ME GUSTARÍA HABLAR CON ASTROBOY A SOLAS.
¡POR SUPUESTO!

BUEN TRABAJO... PUEDES IR A DESCANSAR: TÓMATE UNA BUENA RACIÓN DE ACEITE.

SIÉNTATE Y HABLEMOS.
SÍ, SEÑOR PRESIDENTE.

NO, HOMBRE. PUEDES TUTEARME: LLÁMAME RAG.
VALE, RAG.

VERÁS, TE HE LLAMADO PARA PEDIRTE UN FAVOR...

YO SOY EL PRIMER ROBOT DEL MUNDO QUE HA LLEGADO A PRESIDENTE.

ESO FUE GRACIAS A QUE TODOS LOS ROBOTS DEL PAÍS ME VOTARON.

CUANDO SALÍ ELEGIDO, TODOS LOS ROBOTS SE PUSIERON MUY CONTENTOS...

...PERO A ALGUNOS HUMANOS NO LES GUSTÓ LA IDEA.

DESDE ENTONCES, HE TENIDO ALGUNOS ACCIDENTES...
CADA VEZ HAY MÁS ATAQUES COMO EL DE HOY.

ESTÁ CLARO QUE ESTO ES COSA DE LOS HUMANOS, QUE QUIEREN MINAR MI VOLUNTAD...

EN ESE CASO, ¿POR QUÉ NO LES CASTIGAS?

TÚ ERES EL PRESIDENTE, ¿NO? ¡DEBES SER VALIENTE!

SI PIENSAS ASÍ, ENTONCES HABRÁ HUMANOS MALVADOS QUE CAMPARÁN A SUS ANCHAS POR EL PAÍS.

¿TÚ CREES QUE LOS ROBOTS PODEMOS ARRESTAR Y CASTIGAR A LOS HUMANOS?

¡POR FAVOR! ¡ESTOY ENTRE LA ESPADA Y LA PARED!
ASTROBOY, YO CONFÍO EN TU VALOR Y EN TU SENTIDO DE LA JUSTICIA. DAME FUERZAS PARA SEGUIR GOBERNANDO ESTE PAÍS, TE LO RUEGO.

SI POR UN DESCUIDO DAÑARA A UN HUMANO...
¡...SERÍA UN ESCÁNDALO!

¿SERÁS MI ALIADO? ¡GRACIAS, ASTROBOY!
HARÉ TODO LO QUE PUEDA POR AYUDARTE, RAG.

HMM... ¡ESE MALDITO ROBOTEJO PRESIDENTE!

YA LO HAS OÍDO, MOSTACHO. EL PRESIDENTE RAG HA LLAMADO A ASTROBOY PORQUE PRETENDE QUE ÉL LE PROTEJA. Y TU PAPEL SERÁ EL DE...

¡JE, JE, JE! ¿¡PRETENDES QUE VAYA Y LE DIGA A ASTROBOY QUE SE VUELVA A JAPÓN!?
¡HM! ¡NI HABLAR DEL PELUQUÍN! ¡SI LO QUE ÉL QUIERE ES PROTEGER AL PRESIDENTE, ME PARECE PERFECTO!
ENTONCES TE NIEGAS A COLABORAR, ¿NO?

¡CLARO! ¡SOY UN TIPO TESTARUDO! ¡PASO DE COLABORAR CON GUSANOS MALVADOS!
¿AH, SÍ...? PUES ENTONCES PASEMOS AL PLAN B...
¡TRAED LA CAJA!

JU, JU, JU... UN APARATO DE TORTURA QUE YO MISMO DISEÑÉ.

¿QUÉ ES ESTO...?

METEDLO DENTRO.

PUES NADA. Y LUEGO NO ME LLORES.

¿¡QUE CEDA!? ¡Y UN CUERNO! ¡NI HABLAR!

TE RECOMIENDO QUE CEDAS...
PRONTO ME SUPLICARÁS QUE TE SAQUE DE AHÍ...

¿EH? ¿QUIEREN AHOGARME? ¡PUES VAYA TORTURA!

YO NO ME RINDO HASTA QUE MI RIVAL ACABA CEDIENDO.
¡METED EL AGUA!

SON DE POLIÉSTER.

¡HEEEY! ¿¡QUÉ SON ESTAS BOLAS, SI PUEDE SABERSE!?

ANDA... ¡PERO SI ÉSTAS COSAS REDONDAS SE VAN HINCHANDO!

PO... PO... ¿¡POLIÉSTER!? Y... Y... Y... ¿Y ESO QUÉ ES?
ES UN MATERIAL QUE ABSORBE EL AGUA, COMO LAS ESPONJAS, Y SE HINCHA... LA CAJA ESTÁ LLENA DE ELLAS.

¡Y TE VAN A IR APLASTANDO POCO A POCO! ¡JU, JU, JU...!
¡HYUGH!

ES... ES CIERTO... CADA VEZ SON MÁS GRANDES...

YA ESTOY EN LO ALTO...

¡UUGHH! CO... CO... ¡CÓMO APRIETA!

× × ×
× × ×
× × ×

ES SUFICIENTE.

SACADLE DE AHÍ.
NO HAY QUE ESCATIMAR ESFUERZOS NI TIEMPO AL TORTURAR.

ESTÁ DESTROZADO.
ESTO ES UN MANGA, ASÍ QUE NO SERÁ GRAN COSA.

¡¡CHICOS!! ¡NUESTRA SOCIEDAD SECRETA DEADCROSS DESTROZARÁ A TODOS LOS ROBOTS Y A SUS ALIADOS SIN UN ÁPICE DE COMPASIÓN!

VAMOS A DEMOSTRARLE A ESE MALDITO ROBOTEJO DEL PRESIDENTE RAG QUE LOS HUMANOS SOMOS LOS VERDADEROS AMOS.

RESIDENCIA DEL PRESIDENTE RAG

HASTA HACE POCO, LOS ROBOTS ÉRAMOS ESCLAVOS DE LOS HUMANOS...

TENÍAMOS QUE OBEDECER SUS ÓRDENES SIN CHISTAR.

SIN EMBARGO, TAMBIÉN ES CIERTO QUE ELLOS FUERON LOS QUE NOS CONSTRUYERON.

PERO AHORA, EN EL MINISTERIO DE MÁQUINAS DE PRECISIÓN...

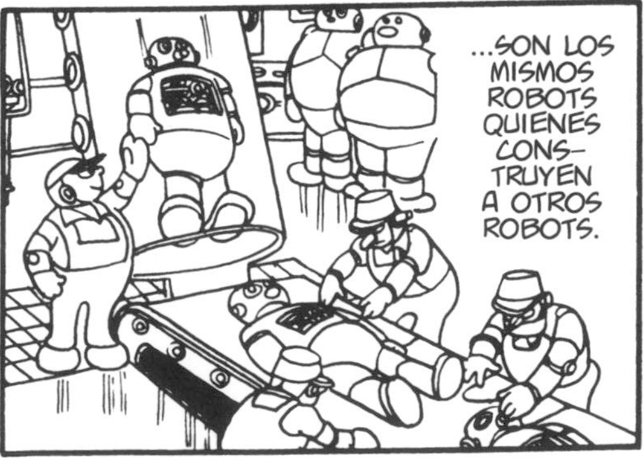
...SON LOS MISMOS ROBOTS QUIENES CONSTRUYEN A OTROS ROBOTS.

YA NO SOMOS ESCLAVOS.
SOMOS IGUALES QUE LOS HUMANOS. SOMOS SUS AMIGOS.
ESTOY DE ACUERDO.

PERO ALGUNOS HUMANOS ME GUARDAN RENCOR...
HAY QUE EMPEZAR...

...POR ENCONTRAR A ESE HOMBRE Y HABLAR CON ÉL.

¿Y CÓMO HACERLO?

RECONSTRUIRÉ A UNO Y LE PREGUNTARÉ DÓNDE ESTÁ.

¿SEGURO QUE PUEDE HABLAR?

SOLO NECESITA UNAS CUERDAS VOCALES.

ESTOS ROBOTS SON MUY SIMPLES. SOLO HAY QUE REPARARLO Y HABLARÁ.

ERES MUY HÁBIL.

LO QUE NO SÉ, LO APRENDO OBSERVANDO MI PROPIO CUERPO.

¡Hyu, hyu!

¡VAMOS, LEVANTA!

¡YA ESTÁ LISTO!

¡LO CONSEGUÍ, RAG! ¡ME OBEDECE!
¡ES-PERA! ¡YO TAMBIÉN VOY!

YO TE HE RE-PARADO, POR LO QUE ERES AHORA MI CRIADO.

LLÉVAME AL LUGAR DONDE ESTÁ EL HOMBRE QUE TE ORDE-NÓ VENIR AQUÍ.

¡TRANQUILO! ¡IRÉ EN MI ROBOCO-CHE!

¡NO! TÚ ERES EL PRESIDENTE, Y SI TE PASA ALGO...

¡AH! ¿ADÓNDE VA, PRESIDENTE...?
¡SUBE AL COCHE, ASTROBOY!
¡HEEEY! ¡PIERNAS, NO TAN DEPRISA!
¡TENGO EL DEBER DE ACOMPA-ÑARLE!
¡OH, NO! ¡YA NO LES VEO!
¡ES UN PROBLEMA QUE SE HAYAN ACOSTUMBRADO A IR SOLAS!
HMMM... ES MUY EXTRAÑO. ¡VE A VER QUÉ LE PASA!
QUÉ RARO... NO OBE-DECE LAS ÓRDENES...
¡ES AQUÍ!
¡AH! ¡HA VUELTO UNO DE LOS ROBOTS QUE MANDAMOS A ATACAR AL PRESI-DENTE!

¡TENEMOS QUE ESCONDERNOS!
¡CARAY! ¡SALE ALGUIEN!
HYUUUUU
JA, JA, JA... ESTE COCHE ESTÁ PREPARADO PARA EL CAMUFLAJE.
PARECE QUE EL CULPABLE SE ENCUENTRA AQUÍ, RAG.
UH... SE HA CUBIERTO DE HOJAS.

¿QUÉ TE PASA? ¡VEN, ANDA!
JO, NO ME OBEDECE.

PUES NO HAY NADIE POR AHÍ.
AQUÍ ESTÁN...

¡AY, AY!!

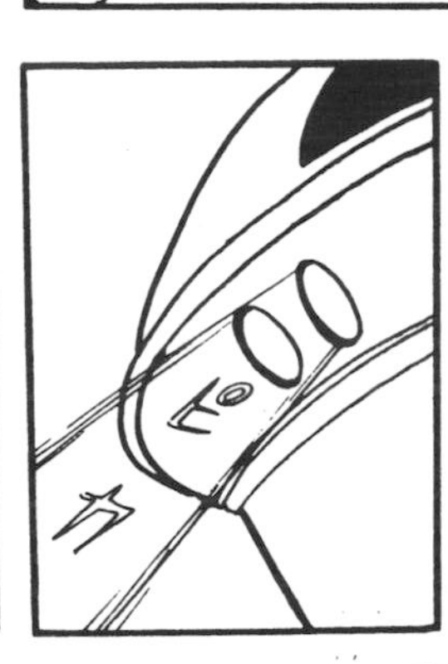

¡ESTE BICHO ESTÁ ESTROPEADO!

LO HAN DERRETIDO...

SOLO HAY QUE PULSAR UN BOTÓN Y EL ROBOCOCHE CAMBIA DE COLOR.

!
CUANDO SE HAGA DE NOCHE, ENTRAREMOS.

ENTRAREMOS POR AQUÍ.
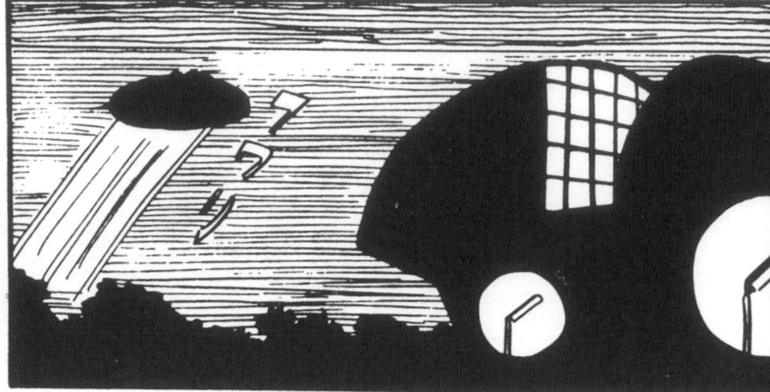

¡AH!

¡CHIST! EN SILENCIO...

¿POR QUÉ NO BAJAS CON TUS PROPULSORES A CHORRO?
PORQUE HACEN MUCHO RUIDO.

¡UAH! ¡HAY UNA CARA ENORME EN LA PARED!

¿¡SABÍAS QUE NOS HABÍAMOS METIDO EN LA CASA!?

JU, JU, JU... PUES CLARO. BIENVENIDO, PRESIDENTE.

YA QUE HABÉIS VENIDO, OS DARÉ UNA MUESTRA DE HOSPITALIDAD.

¡SI SON ROBOTS! ¿QUÉ LES HA PASADO?

¡JUAAA, JA, JA, JA! ¡YO ODIO A LOS ROBOTS, POR ESO LOS DESTRUÍ!
ERES CRUEL ...

¡JUAAA, JA, JA, JA, JA!
¿OS ASUSTA VER ESTO? ¿POR QUÉ NO DIMITÍS COMO PRESIDENTE?
¿¡QUE DIMITA!?

¡NI HABLAR! ¡YO ME PRESENTÉ A PRESIDENTE PARA SERVIR A LOS ROBOTS!

¿SORPRENDIDO? ¡MOSTACHO ES MI REHÉN!
¡SI QUIERES QUE SALGA CON VIDA DE ESTA, VETE A JAPÓN ENSEGUIDA!

¡AH! ¡¡PROFESOR MOSTACHO!!

¡PUES CLARO! ¿¡CREES QUE PODRÁS OBLIGARLE A DIMITIR CON SIMPLES AMENAZAS!?

TÚ ERES ASTROBOY, ¿NO...? FÍJATE EN ESTO, MOCOSO.

¡SOLO SI VUELVES A JA-PÓN PROMETO SOLTAR-LE!

JU, JU, JU... NO CONSEGUIRÁS RESCATAR A MOSTACHO, ASTROBOY.
¡UUH! PERO SI ERA UN TELEVISOR EN 3D.

ESE EDIFICIO SERÍA UN ROBOT, ¿NO?
¡AH! ¡HAY UN PAPEL EN EL SUELO!

¡AH! FÍJATE, RAG... LA CASA HA DESAPARECIDO...
¡NI HABLAR!

HA LLEGADO EL DÍA.

13 DE ABRIL
4.13
12.00

Señor presidente,
En el discurso del próximo 13 de abril vas a anunciar públicamente tu dimisión. Si no lo haces, prepárate a sufrir las consecuencias y a...

PERFECTAMENTE.
¿ESTÁS BIEN?

MIRA EL MONTÓN DE GENTE QUE SE HA REUNIDO A DARME APOYO...

PERO SEGURO QUE ENTRE TODOS ELLOS SE ENCUENTRAN ESBIRROS DE DEADCROSS.

ワァ
ワァ
ワァ

HA LLEGADO LA HORA DEL DISCURSO DEL PRESIDENTE RAG.

¿QUÉ DISCURSO NOS OFRECERÁ EL PRIMER PRESIDENTE ROBOT?

SE HAN REUNIDO 50.000 INDIVIDUOS PARA...

PRONTO EMPEZARÁ EL DISCURSO.

¿QUÉ TAL, Nº17?
YA VA A COMENZAR.

¿QUÉ DIRÁ EL PRESIDENTE RAG?
SI NO DICE LO QUE LE ORDENAMOS ...

...TENDREMOS QUE...
TODO ESTÁ PREVISTO.

¡EL PRESIDENTE RAG HA HECHO ACTO DE PRESENCIA EN EL BALCÓN!

A LOS 10 MILLONES DE ROBOTS DEL PAÍS...

...HASTA AHORA, NOSOTROS LOS ROBOTS ESTÁBAMOS...
...EN ESCASÍSIMA CONSIDERACIÓN.

¡SUFRÍAMOS SIENDO ESCLAVOS DE LOS HUMANOS!

PERO LA MITAD DE LA POBLACIÓN MUNDIAL ES AHORA ROBÓTICA.

CREO QUE LOS ROBOTS DEBEMOS SENTIRNOS ORGULLOSOS...

¡...Y HACER USO DE NUESTRO PODER!

MI DESEO ES EL DE CONVIVIR PACÍFICAMENTE CON LOS HUMANOS.

HUMANOS: NOSOTROS NO PODEMOS VIVIR SIN VOSOTROS.

PERO LO CONTRARIO TAMBIÉN ES CIERTO: LOS HUMANOS NO PODÉIS VIVIR YA SIN NOSOTROS.
¡Nº17!

HAY QUE PASAR A LA ACCIÓN.

ASÍ QUE PROPONGO QUE UNAMOS ESFUERZOS PARA...
EDIFICIO EN CONSTRUCCIÓN

¡SOY YO, EL PROFESOR BRUNBROU!
¡AH! ¿PROFESOR?

¿HABÉIS TERMINADO LAS OBRAS?
¡SÍ, TODO ESTÁ PREPARADO!

MUY BIEN. HAZLO EN CUANDO TE LO INDIQUE.
OK.
OK.

JU, JU, JU... AHORA VERÁS LO QUE ES BUENO, MALDITO RAG.

SIN EMBARGO, UN GRUPO SECRETO LLAMADO DEAD-CROSS PRETENDE IMPEDIRLO.

ME HAN AMENAZADO PARA QUE DIMITA DE MI CARGO.
?

POR SUPUESTO, NO PIENSO CEDER A TAL CHANTAJE.

YA ESTOY HARTO... ¡HAZLO!

¡VOY!

¡AH!
¡ESPERA!
¡UGHH!
¿¡QUÉ PENSABAIS HACERLE AL PRESIDENTE!?
¡AH! ¡HA SALIDO UN ROBOT ENORME DE ENTRE LAS RUINAS!
¡ESE EDIFICIO EN OBRAS HA EXPLOTADO!
AH... AH...

ズー

JU, JU, JU... ¿SORPRENDIDO? LLEGAS TARDE ...

¡HUYAMOS!
キー
キャー
ワァ

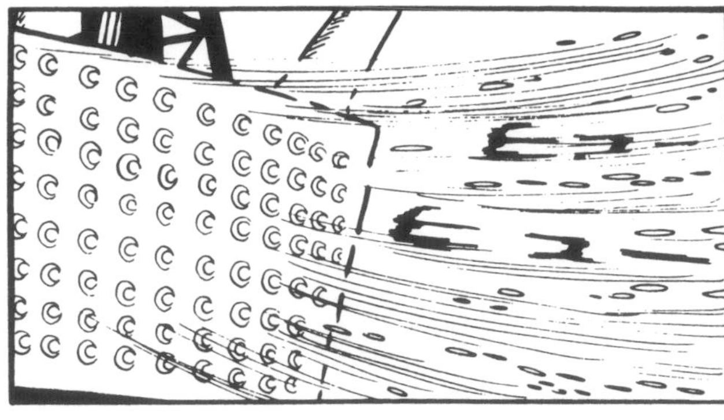

¡¡ANDA YA!!

IN... ¡INCREÍBLE!

¡ENTRA EN LA RESIDENCIA, RAG!
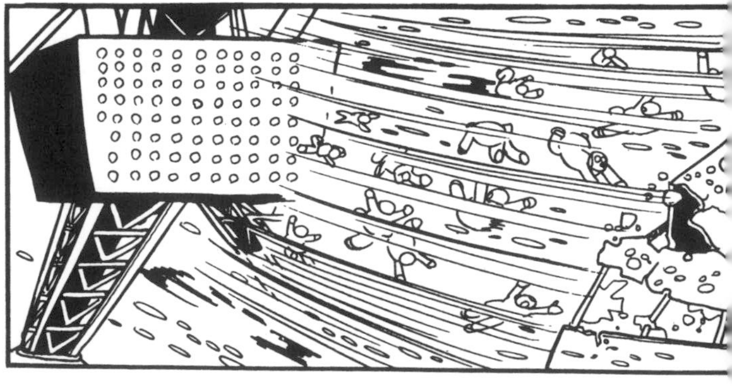

JUA, JA, JA... ¿RECONOCES MI VOZ, PRESIDENTE RAG?

¡DIMITE DE TU PUESTO!
SI NO LO HACES, DESTRUIRÉ LA RESIDENCIA ...

¡AH! ¡ES DEAD-CROSS!
¡...Y NO DEJARÉ NI LOS CIMIENTOS!

MMM... PRETENDE DESTROZARLA DE VERDAD ...

¿CUAL SERA EL PUNTO MÁS DÉBIL DE ESE ROBOT?

¡YA LO SÉ! ¡LA PIERNA!

SI LE PARTO UNA PIERNA, SE CAERA DE PLENO...

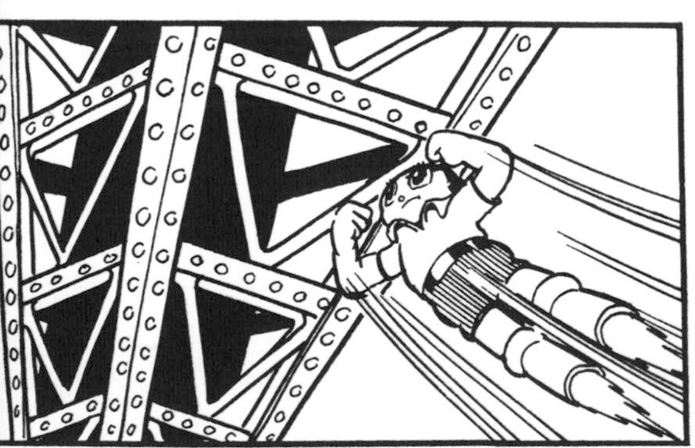

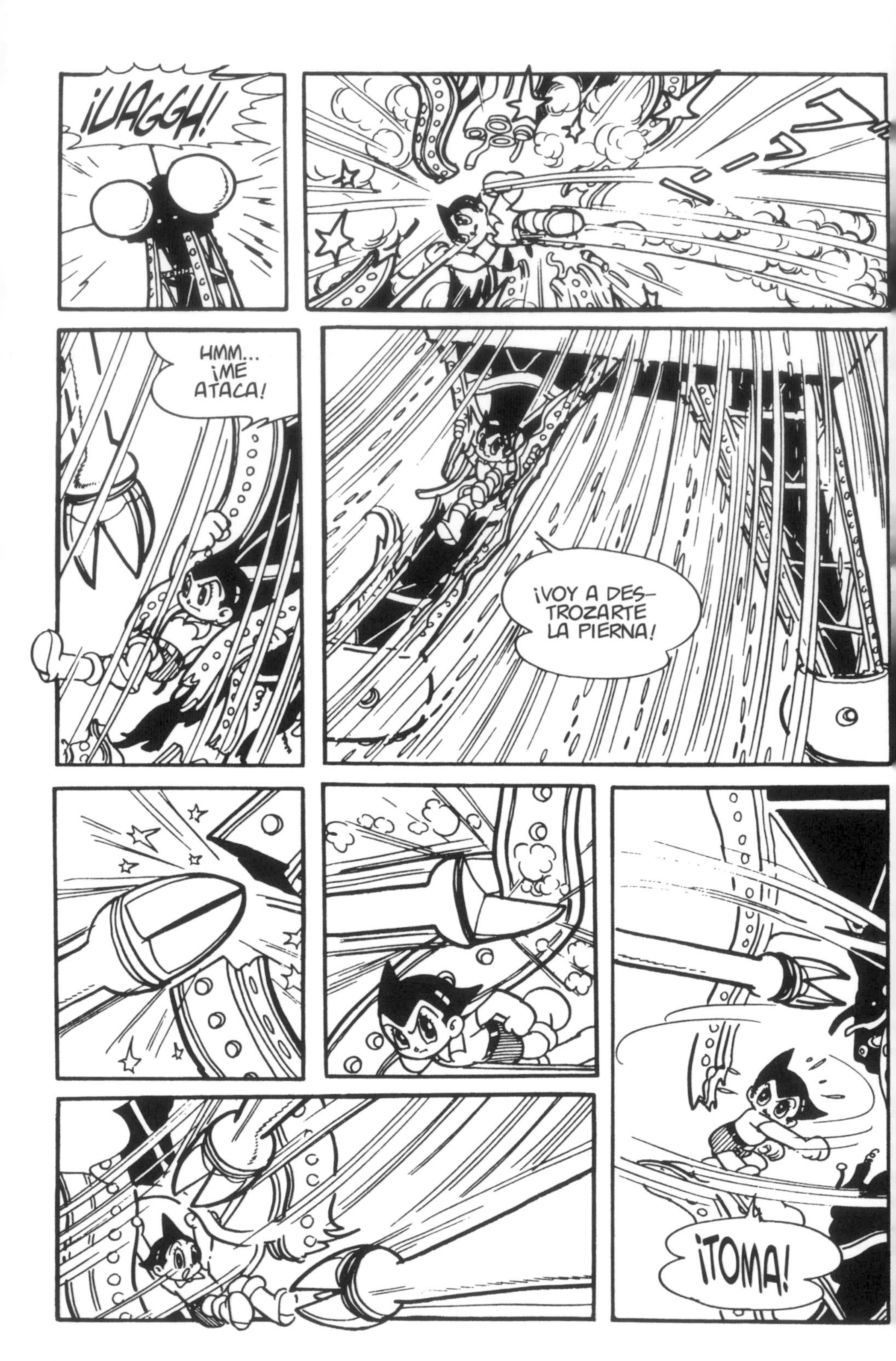
¡UAGGH!
HMM... ¡ME ATACA!
¡VOY A DES-TROZARTE LA PIERNA!
¡TOMA!

¡MUY BIEN! ¡A POR LA OTRA PIERNA!

¡UAAGHH!

¡BIEEN! ¡EL VIENTO QUE ÉL MISMO CREABA SE LO HA LLEVADO!

¡ASTROBOY! ¡EL PRESIDENTE HA SIDO...!

ME HE DESPISTADO LUCHANDO CON EL ROBOT.
HA SIDO VISTO Y NO VISTO.
¡ACABAN DE LLEVÁRSELO EN UN EXTRAÑO AVIÓN!
YO TENGO EL DEBER, COMO MINISTRO, DE IR TAMBIÉN. ¡DÉJAME IR CONTIGO, ASTROBOY!
¡VOY A RESCATARLE!
¡ASTROBOY!
¡SÍGAME CON EL ROBOCOCHE!
¡AH! ¡OTRA VEZ SE VAN MIS PIERNAS!

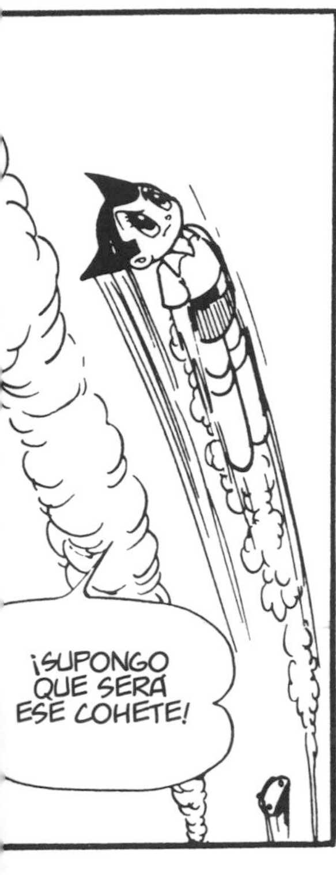
¡SUPONGO QUE SERÁ ESE COHETE!

VA HACIA EL MAR.

UFFF... MENUDO PROBLEMA.

HE GASTADO CASI TODA MI ENERGÍA...

VOY A CAER...

HE EMPLEADO DEMASIADA FUERZA Y NO HE CARGADO LAS BATERÍAS.

PUEDES TOMAR DE LA ENERGÍA ATÓMICA DEL ROBOCOCHE.
ME HE DEBILITADO POR LA FALTA DE ENERGÍA.

KA!

CAMUFLAREMOS AL ROBOCOCHE CON NIEBLA Y BAJAREMOS.
HAN ATERRIZADO EN ESTA ISLA.

VE CON CUIDADO, ASTROBOY: TIENES POCA ENERGÍA.
SÍ... SOLO USO MUCHA ENERGÍA EN SITUACIONES LÍMITES.

SEGURO QUE ESTA ES LA BASE DE DEADCROSS.

¡AAH! ¡PROFESOR MOSTACHO!

¡SOY YO, PROFESOR! ¡SOY ASTROBOY!

¡AH!
¡¡ESA VOZ ...!!

¡JUAA, JA, JA! ¡SI TE ACERCAS MÁS, ASTROBOY, MATARÉ A MOSTACHO!

HMM... ¡TÚ ERES DEADCROSS, ¿NO?!

LAS CUERDAS QUE ATAN A MOSTACHO A LA CRUZ SON LÍNEAS DE ALTA TENSIÓN. SI TE ACERCAS...
...LE DARÉ A LA CORRIENTE Y TU PROFESOR ACABARÁ FRITO.

¡UGGH! ¡MALDITO TRAIDOR!

TE LO REPETIRÉ: MÁRCHATE DE UNA VEZ A JAPÓN.

MUY BIEN, ASÍ ME GUSTA. VETE Y DEJA AL PRESIDENTE RAG EN PAZ.

SI LO HACES, SOLTARÉ A MOSTA- CHO.

¡¡HE PARTIDO LOS CABLES, ASÍ QUE AHORA NO PODRÁS DARLE A LA CORRIENTE!!

¡TOMA!

¿ACASO CREES QUE PODRÁS SALIR DE ESTA ISLA ILESO?

¡PRO- FESOR! ¡DES- PIERTE!

¡AH! ESTOS PÁJAROS...

NO PUEDO DETENERME A LUCHAR CON ELLOS.

¡SON ROBOTS!

¡QUÉ PESADOS! ¡VUELVEN A LAS ANDADAS!

OH, NO... SE ME ESTÁ TERMINANDO LA ENERGÍA...

ME QUEDA YA MUY POCA.

ES EL FIN... ADIÓS... PROFE-SOR...
¡EL ROBOCOCHE HA SIDO DE LO MÁS OPORTUNO!
COMO MÍNIMO TENGO QUE PONER AL PROFESOR A SALVO...
¡AHÍ VA! ¡ESTOY EN LAS ÚLTIMAS! ¡ESCAPEN, POR FAVOR!
¡MINIS-TRO! ¡COJA AL PRO-FESOR, POR FA-VOR!

¡MALDITO!

¡AH! A... ¡ASTROBOY!

SUPONGO QUE POR FIN VAS A CEDER, PRESIDENTE RAG...

POR MUCHOS CABALLOS DE POTENCIA QUE TENGA, UN ROBOT QUE SE QUEDA SIN ENERGÍA NO ES MÁS QUE UN MONTÓN DE CHATARRA.

ASTROBOY, ERAS UN GRAN HÉROE... TE ESTOY TAN AGRADECIDO POR TODO...

¡VAMOS! ¡RECIBE TU MERECIDO!

¡AUNQUE YO MUERA, DIEZ MILLONES DE ROBOTS NO VAN A PERDONARTE!

ME GUSTA LO QUE HAS DICHO... PERO BUENO, VOY A HACER PICADILLO TU CEREBRO ELECTRÓNICO.

¡DEADCROSS...!

YO VOY...

...A RE-
VIVIR.

HA LLEGADO TU FINAL, PRESIDENTE... JA, JA, JA... ¡NO ERES MÁS QUE UN MUÑECO INÚTIL!

ME OCUPARÉ DE QUE JAMÁS VUELVAS A LA VIDA.

¡TE ABRIRÉ EL CRÁNEO...!
¡...Y SACARÉ TU CEREBRO ELECTRÓNICO!

AHORA NUNCA JAMÁS PODRÁS VOLVER A SER EL QUE ERAS... ¡JUAAA, JA, JA, JA!

ESTE ES EL MEJOR CEREBRO ELECTRÓNICO DE TODO EL PAÍS.

¡LÍMPIAME LAS BOTAS!

¡AHORA OBEDECERÁS MIS ÓRDENES! ¡EN PIE!

Y AHORA...

...COLOCARE OTRO CEREBRO EN SU LUGAR.

MUY BIEN. ENCÁRGATE DE ESTA CHATARRA.

SÍ.
AHORA ERES MI CRIADO Y OBEDECERÁS MIS ÓRDENES.

AHORA RAG NO ES MÁS QUE UN ROBOT ESCLAVO.

PRONTO ME HARÉ CON EL CONTROL DE TODO.

¡¡OH, LA CARA DE DEAD-CROSS!! PERO SI ES...

ESE ES EL COHETE
DE DEADCROSS...
¿ADÓNDE IRÁ?

JA, JA, JA, JA...
¡PERO NOSOTROS
TENEMOS AL
ROBOCOCHE...!

SEÑOR MOSTACHO...
APROVECHEMOS
QUE DEADCROSS
SE HA MARCHADO
PARA BUSCAR AL
PRESIDENTE Y A
ASTROBOY...
MMM...
PERO SE-
GURAMEN-
TE HABRÁ
GUAR-
DIAS.

!
?

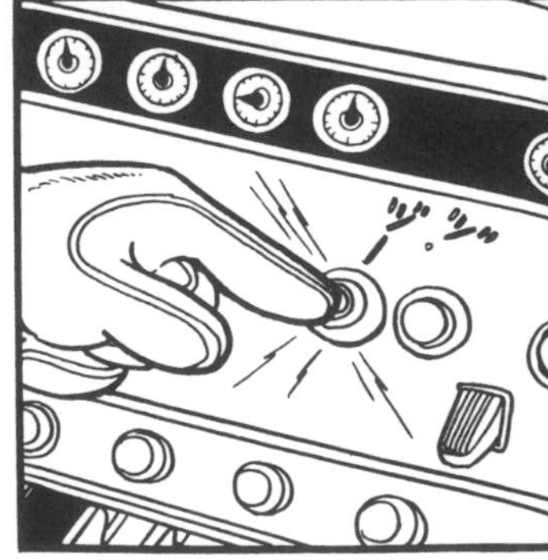

AHÍ ESTÁN LOS PÁJAROS-ROBOT.

¡CHASK!
HE VISTO ROCAS QUE CAEN DE ARRIBA ABAJO, PERO NUNCA ROCAS QUE VAYAN HACIA ARRIBA...

¿QUÉ HA PASADO AQUÍ? ¿CÓMO ES POSIBLE ESTO?
EL ROBOCOCHE PUEDE CAMUFLARSE ADOPTANDO FORMA DE PIEDRA.

GRIIIKK
GYAAAKK

ESOS PÁJAROS SON LOS GUARDIANES.

¡OS ESTÁ BIEN EMPLEADO, MALDITOS PÁJAROS-ROBOT!
SE HAN ENFADADO POR NO PODER PENETRAR LA CORAZA...

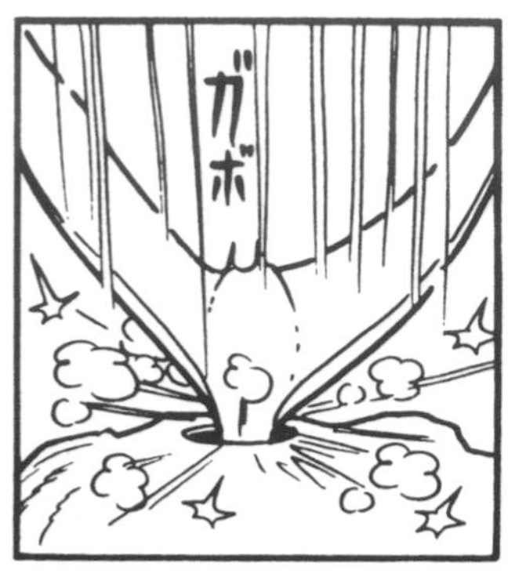
ガボ

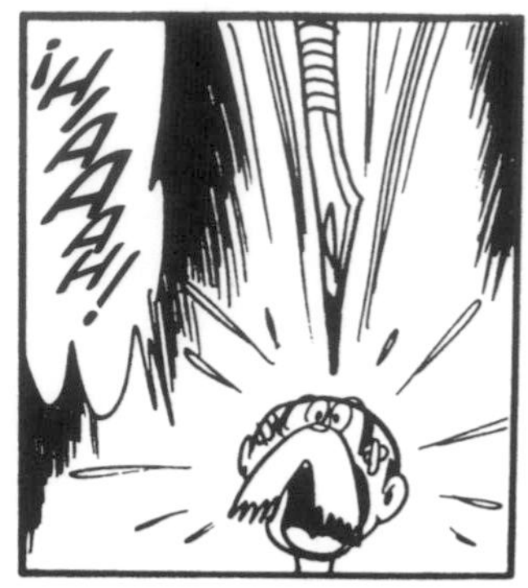
¡HAAAA!

UFFF... ¡QUÉ CALOR!

グシャ

¡MI MADRE!

EL ROBOCOCHE LO AVERIGUARÁ.
ニュッ

BUFFF... ¿SE PUEDE SABER DE DÓNDE SALEN ESTOS BICHOS?
QUÉ OBSTINADO...

¡ÁBRETE, SÉSAMO!
NO CREO QUE SE ABRA, SINCERAMENTE.

HMM... ESTA ROCA ES CLARAMENTE UNA PUERTA.

¡AH! ¡LA ENTRADA ESTÁ POR ESA ZONA!

¡ADENTRO, RÁPIDO!

¡SE HA ABIERTO!

¡HAN VUELTO LOS PÁJAROS-ROBOT!

DEBERÍA APRETARLE MÁS LOS TORNILLOS DE LAS PIERNAS, HOMBRE.

¡ESPERAA!

¡CHIST!

VAYA... PODEMOS IR POR EL TECHO CON ESTOS GUANTES-VENTOSA.

¿QUÉ ES ESO?

HAY QUE IR CON CUIDADO. ESTO ESTÁ INFESTADO DE GUARDIAS.

カタン

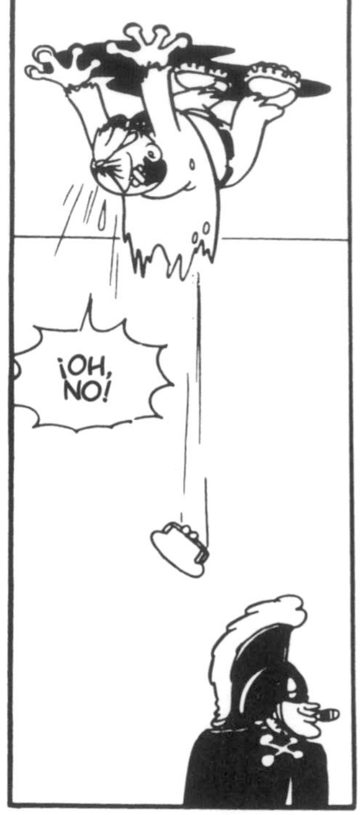
¡OH, NO!

SSHHT... HAY UN GUARDIA JUSTO DEBAJO. CON CUIDADO...

OOH...

¡UAAH!
¡LADRÓOON!

A VER SI CAE ALGO MÁS...

ME PONDRÉ ESTE CASCO.

UF, ESTOY HARTO DE JUGAR A NINJAS.

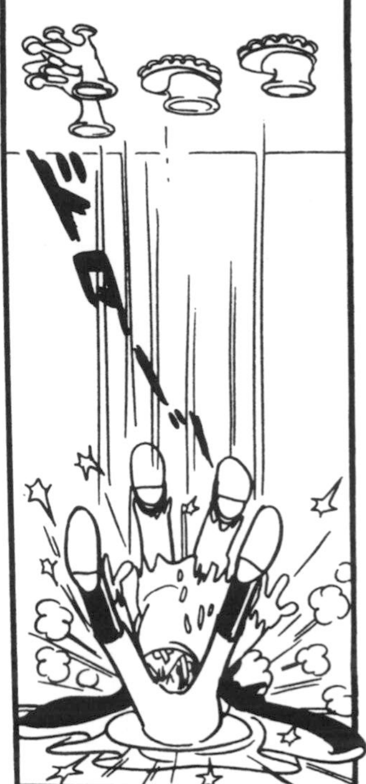

YO BUSCARÉ POR EL SUELO, ASÍ PODREMOS INVESTIGAR MEJOR.
USTED ENCÁRGUESE DEL TECHO, MINISTRO.

HMMM... UN ARCHIVO.

¡OH! ESTO TIENE QUE SER EL DESPACHO DEL JEFE.

¿Y ESTA FOTO?
SE PARECE AL PRESIDENTE RAG ...

¡AH! ¡ES EL DIARIO DE DEADCROSS!

EL DÍA X DEL MES Y ...

...CONSTRUÍ UN ROBOT.
¡TE LLAMARÁS RAG! ¡ERES EL ROBOT MÁS PERFECTO DE TODA LA NACIÓN!
¡SÍ!

TÚ ME AYUDARÁS A LLEGAR A PRESIDENTE.
SÍ.

TIENES QUE ESTUDIAR TODO LO QUE PUEDAS Y ALMACENAR CONOCIMIENTOS.
¡HAY QUE EMPEZAR CUANTO ANTES!

RAG SE PUSO A LEER LIBROS.
TON KOW
PARUTAI
MAMBOW
YORUTOKIRI
PSYCO
ZOKKI

ESTUDIABA 24 HORAS AL DÍA.

SU FABULOSO CEREBRO...

...PARECÍA QUE IBA A ESTALLAR CON TANTO CONOCIMIENTO.

PERO...
...DE REPENTE ...

...ALGO CAMBIÓ EN LA ACTITUD DE RAG.

DOCTOR, ¿CON QUÉ PROPÓSITO NACIMOS NOSOTROS LOS ROBOTS?
PARA TRABAJAR PARA LOS HUMANOS.

LOS ROBOTS NO SOMOS ESCLAVOS.
¡TONTERÍAS!

POR FAVOR... DEBEMOS DARLES LA FELICIDAD A LOS ROBOTS.
¡IMBÉCIL!

TÚ LO QUE TIENES QUE HACER ES OBEDECERME.

EL DÍA DE LAS ELECCIONES SE IBA ACERCANDO.

¡Y AL LLEGAR ESE DÍA, PEGUÉ UN SALTO DEL SUSTO!

HABÍA OTRO CANDIDATO A PRESIDENTE...

¡...Y ESE CANDIDATO ERA RAG!
RAG

¡¡EL MUY DESAGRADECIDO!!

¡ME VOLVÍ LOCO DE LA RABIA!

Y AL FINAL...

...FUE RAG EL QUE VENCIÓ EN LAS ELECCIONES.

EN ESE MOMENTO, JURÉ QUE IBA A ARRANCARLE DE SU PUESTO DE PRESIDENTE...

VAYA, VAYA... ASÍ QUE FUE DEADCROSS...
...EL QUE CONSTRUYÓ AL PRESIDENTE RAG.

¡AHORA YA LO SABES TODO, MOSTACHO!

DEJA ESE DIARIO EN SU SITIO Y ACÉRCATE.

DESPUÉS DE TODO LO QUE TE HEMOS HECHO, ¿CÓMO TIENES EL VALOR DE VOLVER? ¿ES QUE TE HAS QUEDADO CON GANAS DE MÁS?

¡AAAAY!
¿¡QUIÉN DEMONIOS NOS ATACA POR DETRÁS!?

SE... SE... ¡SEÑOR MOSTACHO! ¡HE ENCONTRADO A ASTROBOY!

¡UAAAH!

¡TOMAAAAAA!

¡DESGRACIADO!

¿¡QUÉ LES HABÉIS HECHO A ASTROBOY Y AL PRESIDENTE RAG!?

¡¡NO TENEMOS TIEMPO PARA ESTO, SEÑOR MOSTACHO!! ¡HAY QUE IR A POR ASTROBOY!
TOMA, TOMA, TOMA, TOMA, TOMA TOMA, TOMA, TOMA, TOMA, TOMA, TOMA...

SU... SU... SU ALTEZA SE HA... LLEVADO AL PRESIDENTE... VA A OBLIGARLE...

¿¡CÓMO!?
...A PRESENTAR SU DIMISIÓN... POR LA TELE...

¡ME ENCARGARÉ DE DETENERLES CON MI PARTE SUPERIOR! ¡HUYA!

¡MADRE MÍA!

¡CONFÍO EN TI, TÓRAX!

TENGO QUE GANAR TIEMPO...
ME JUGARÉ MI TÓRAX EN ESTO...

VAYA, VAYA. QUÉ LISTO, LO HA PUESTO EN MEDIO DE UNA PISCINA...
AHÍ ESTÁ... PERO ALGO TAN PESADO COMO UN ROBOT NUNCA PODRÍA HACER NADA POR ÉL...

¡PERO ESO NO ES NADA PARA MÍ! ¡SOY UN GENIO DE LA NATACIÓN! ¡INCLUSO ACARICIÉ LA IDEA DE PARTICIPAR EN LAS OLIMPIADAS!

SON... ¡SON PIRAÑAS!

¡AH!

¡AH! ¡AQUÍ HAY AGUA CALIENTE!

¡MENUDO LÍO!

¡AAAY, AAAY, AAY!

¡AY, AY, AY, AY, AY, AY!
¿LE HAN SOLTADO LOS PECES?

¡¡AAAGGHHH

¡YA ESTOY AQUÍ, ASTROBOY!

¡IDIOTA!
¡UN POCO MÁS Y ME MATAS, JOLINES!

¡HUY, QUE VIENEN!

¡HAY QUE DETENERLES COMO SEA!

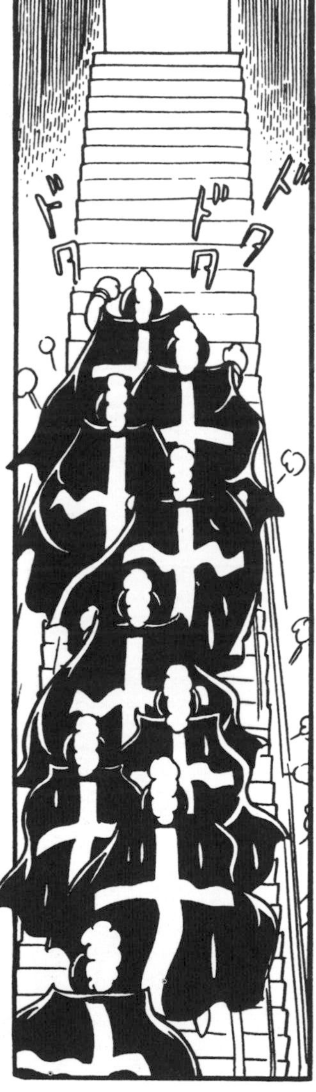

¡AH! ¡ESTO ES EL BAÑO!
CON PERMI-SO.

¡AH! ¡AUXILIOOO!

ME SABE MAL POR EL TÓRAX, PERO TENDREMOS QUE DEJARLO AHÍ... ESPERO QUE ESTÉ BIEN.

LE LLAMAN DESDE LA ISLA, ALTEZA.

DENTRO DE TRES HORAS, RAG, SALDRÁS POR TELEVISIÓN Y TE DIRIGIRÁS A TODO EL PAÍS.

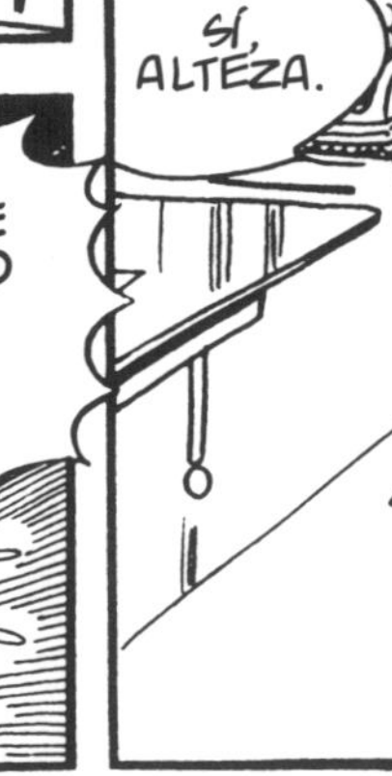
Y DIRÁS, CON VOZ BIEN CLARA: DIMITO DE MI CARGO DE PRESIDENTE PORQUE UN ROBOT NO TIENE MADERA DE LÍDER. ¡NO LO OLVIDES!
SÍ, ALTEZA.

¿¡CÓMO!? ¿¡QUE SE HAN LLEVADO A ASTROBOY!? ¡IMBÉCILES!

UFFF... COMO MÍNIMO MOSTACHO SE HA LLEVADO UN BUEN ESCARMIENTO...

¿SE PUEDE SABER PARA QUÉ ESTÁIS EN LA ISLA, INÚTILES?
¿¡QUÉ PASA SI ASTROBOY ES REPARADO Y SE VUELVE CONTRA NOSOTROS!?

SE NECESITAN DOS O TRES DÍAS PARA REPARAR-LO... JU, JU, JU...

SIN EMBARGO... EL CUERPO DE AS-TROBOY ESTABA BASTANTE MAL-TRECHO...

TÚ ERES RESPON-SABLE DE ESTO. MÁS TARDE RE-CIBIRÁS TU CASTIGO.

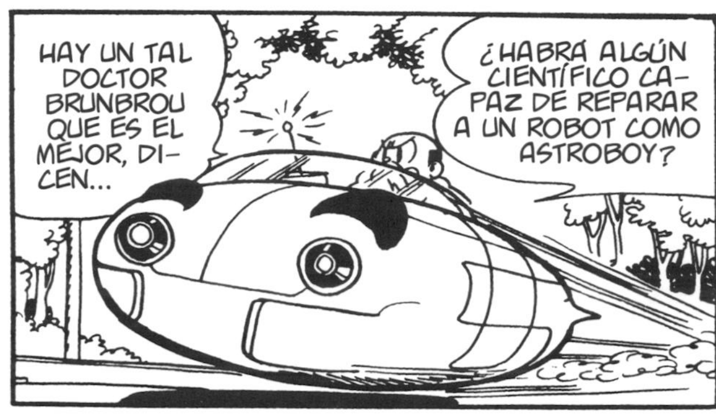
¿HABRÁ ALGÚN CIENTÍFICO CA-PAZ DE REPARAR A UN ROBOT COMO ASTROBOY?
HAY UN TAL DOCTOR BRUNBROU QUE ES EL MEJOR, DI-CEN...

PERO NO SÉ POR QUÉ, HAY RUMORES QUE NO HABLAN MUY BIEN DE ÉL.

EN FIN, MIENTRAS SEA BUENO, ME SERVI-RÁ.

¿ES EL DOCTOR BRUNBROU? ME GUSTARÍA QUE REPARARA A ESTE ROBOT LO ANTES POSIBLE.

DÉJELO EN MIS MANOS, YO ME ENCARGO DE REPARARLO... JU, JU, JU...

¡APRESÚRESE, EL TIEMPO SE NOS ECHA ENCIMA, CARAY!

DÉJEME FUMARME LA PIPA, QUE LAS PRISAS NO LLE-VAN A NINGUNA PARTE.

GLUPS.

¡SILENCIO! ¡SI NO SE CALLA, LE ECHO DE AQUÍ!

¡ESPABILE, HOMBRE!

¡VAYA SOR-PRESA! ¡MOSTA-CHO!
¡MILAGROOO! ¡DOCTOR OCHANOMIZU!

SOY EL DOCTOR OCHANOMIZU, DE JAPÓN... EL PADRE ADOPTIVO DE ASTROBOY.

¿QUIÉN ES USTED ...?

AHORA ENTIENDO POR QUÉ TEZUKA ME HA SACADO EN LA HISTO-RIA...
REPA-RE A ASTRO-BOY.

SI YO NO SALGO EN LA HISTORIA, MIS FANS SE ENFADAN, YA VES.

¡OYE, NI QUE FUERA UN FAN-TASMA!

ESTO NO
ME GUSTA
NADA.

¿CUÁNTO
TARDARÁ EN
ARREGLARLO?
UNA HORA
MÁS O
MENOS.

ME GUSTARÍA QUE
ME PRESTARA ESTA
SALA DURANTE UNA
HORITA, DOCTOR
BRUNBROU.
¡UGHH!

¿ALTEZA?
TENEMOS
UN PRO-
BLEMA.

¿¡CÓMO!? ¿QUE
ESTÁ AHÍ EL DOCTOR
OCHANOMIZU, EL
PADRE ADOPTIVO DE
ASTROBOY?

NO ENTIENDO
DE DÓNDE
DEMONIOS
HA SALIDO.
¡IDIOTA!
¡TIENES
QUE GANAR
TIEMPO
COMO SEA!

¡ESO ES!
¡SACA
A IGOR Y
ENCIÉRRA-
LOS!

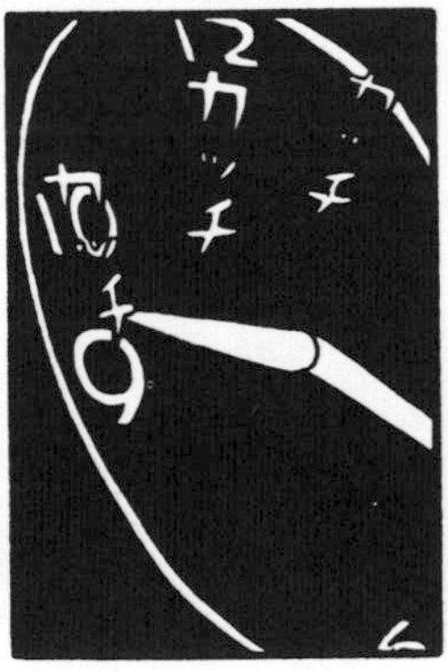

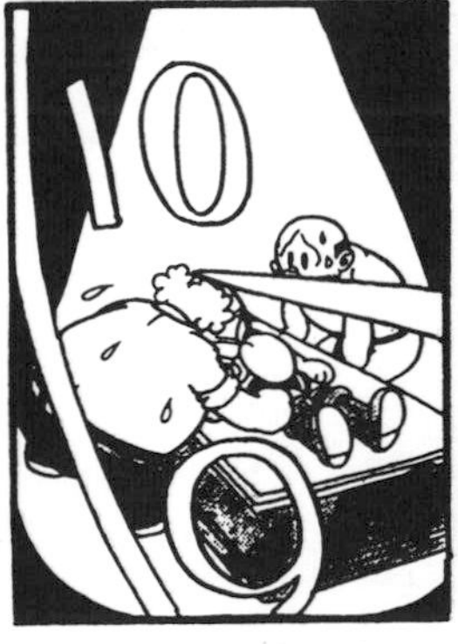

¡AAAH!
¿¡PERO QUÉ HACES!?

¡VAMOS, IGOR! ¡AGÁRRALOS Y ENCIÉRRALOS!
¡UAAAH!

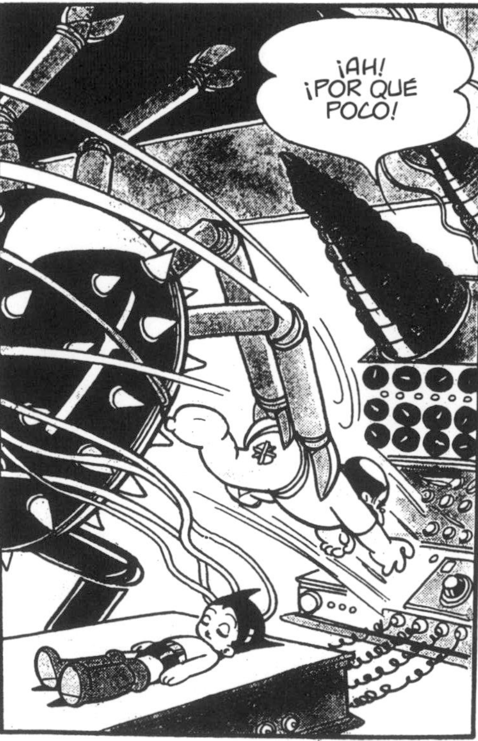
¡AH! ¡POR QUÉ POCO!

MO... MOSTACHO, APRIETA ESE BOTÓN... SIRVE PARA REVIVIR A ASTROBOY...

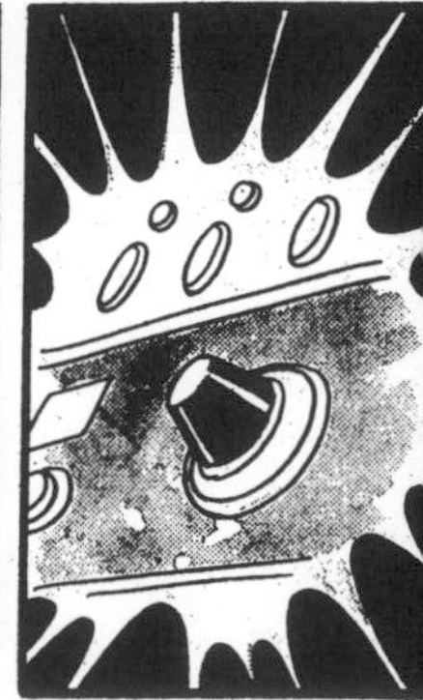

¡UAAAH! ¡SI TANTAS GANAS DE LANZARME TIENES, LÁNZAME ENCIMA DEL BOTÓN, CHICO!

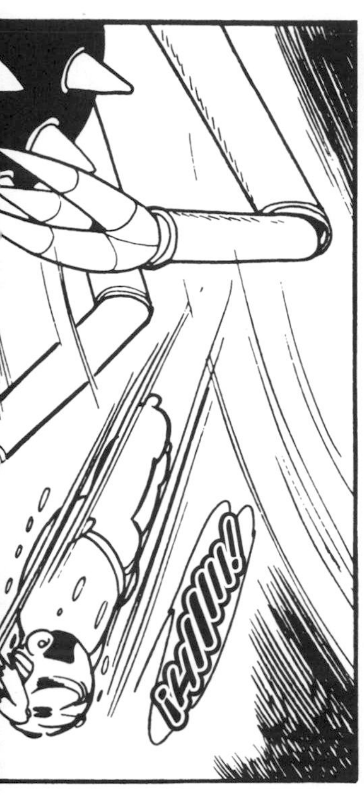

MU... MUY BIEN...

¡URRGHHH!

¡AH!

¡BIEEEN!

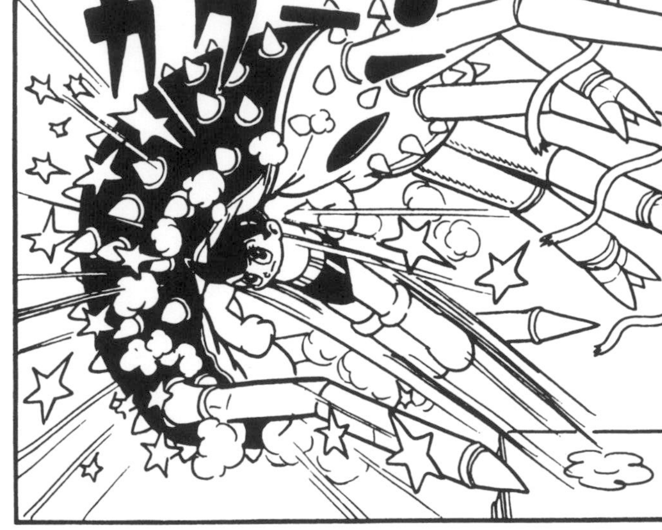
ガクーン!

¡OH, NO!

VAYA LÍO...

¡VOY A SACAR A MIS ROBOTS-FICHA!

¡AH!

¡AAGH! ¡CÓMO APRIE-TAAA!

¡UAAH!

¡VAYA MONTÓN DE ROBOTS RAROS!
ボカッ

¡ASTROBOY, ASÍ NO ACABARÁS NUNCA! ¡HAY QUE DESTRUIR EL PANEL DE CON-TROL!

UGGH...
¡QUE VIENE!
¡AH! ¡NO TOQUES ESO, CARAY!
¡TOMA, MALDITO!
¡MUERE!
OH...
¡JA, JA, JA! ¡MUY BIEN HE-CHO, ASTROBOY!
¡SÁCAME DE AQUÍ!

POR CIERTO, HAY ALGO QUE NO ME CUADRA. ¿CÓMO SE LE HA OCURRIDO VENIR?

ESTE TIPO ERA UN ESBIRRO DE DEADCROSS, ENTONCES, ¿NO?
¡GUSANO ESCURRIDIZO!

GRACIAS POR VENIR.
HAS CORRIDO UN GRAVE PELIGRO, CHICO.

¿EH?
¡RAG SALDRÁ POR LA TELE DENTRO DE UNA HORA!

¡AH! ¡NO TENEMOS MUCHO TIEMPO, SEÑORES!

JA, JA, JA... BUENO, CONFIESO QUE PUSE UN CICLONÓMETRO EN EL CUERPO DE ASTROBOY PARA PODER CONTROLAR SU UBICACIÓN.

¡RÁPIDO, PROFESOR! ¡SI EMPIEZA LA EMISIÓN, ESTAMOS PERDIDOS!

¡HEEEY! ¡NO TAN DEPRISA!
¡NO PODEMOS ENTRETENERNOS!

¿QUÉ QUIERES QUE HAGA? ¡NO PUEDO IR EN CUEROS POR EL MUNDO, ¿NO CREES?!

CIUDADANOS, ESTA NOCHE HAY QUE CELEBRAR LA ELECCIÓN DEL PRESIDENTE RAG.
¡VIVA EL PRESIDENTE RAG!
¡VIVA RAG!
¡VIVAN LOS ROBOTS!

¡DENTRO DE UNA HORA EMPEZARÁ EL DISCURSO DEL PRESIDENTE! ¡ESCUCHEN CON ATENCIÓN!

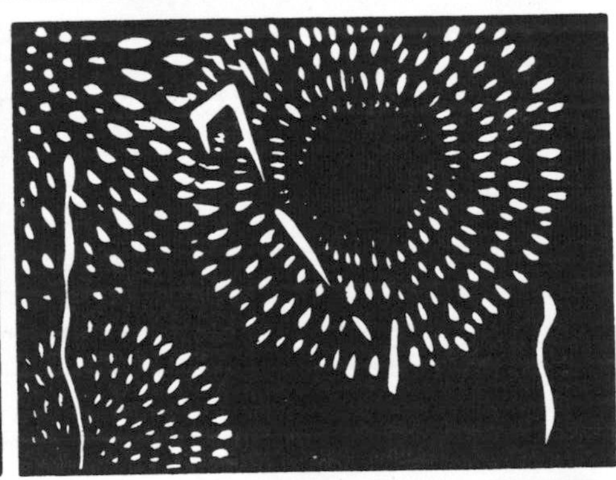

DENTRO DE UNA HORA TE TOCA SALIR.
SÍ.

COMO TE EQUIVOQUES, TE JURO QUE TE DESMANTELO.
LO DIRÉ CORRECTAMENTE.

*VIVAN LOS ROBOTS. VAYA BICHO MÁS GORDO

¡¿QUÉ!?
¡¿ASTRO-BOY!?
¡ALTEZA!
¡ACABA DE LLAMAR EL DOCTOR BRUNBROU Y DICE QUE ASTROBOY HA REVIVIDO...!

TE TOCA PRONUNCIAR TU DISCURSO, HONORABLE PRESIDENTE... HAZLO BIEN, JU, JU...

MALDITO ASTRO-BOY... VEN SI TIENES AGALLAS.

UH... FALTAN DIEZ MINUTOS.

¡SALID AL TEJADO Y VIGILAD EL CIELO!
¡APOSTAOS CADA DOS METROS EN DOS EN EL PASILLO!

¡TODOS EN GUARDIA!

¡AHÍ ESTÁ! ¡YA LE VEO!

¡BIEN! ¡CUANDO LANCEN MÁS COHETES, DISPARAD!

シュルシュル

AHÍ ESTÁ... ¡ES ÉL!

¡FUEGO!

LE HEMOS DADO.

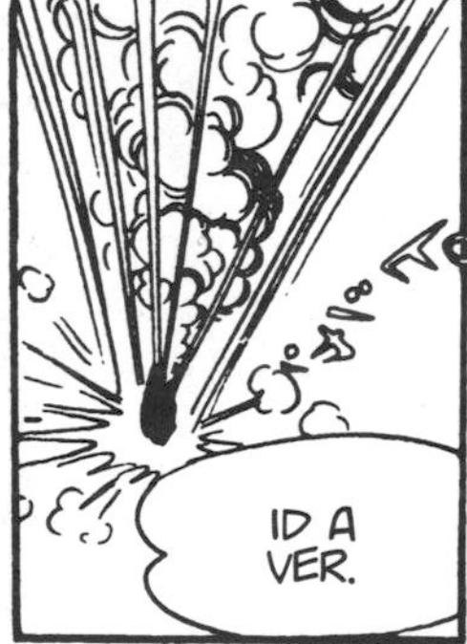
ID A VER.

¿QUÉ ES ESTO...?
ES UNO DE LOS JUGUETES QUE HABÍA DENTRO DE LOS COHETES, ¿NO?

JE, JE, JE... YA ES LA HORA.

¡LLÉVAME HASTA DONDE ESTÁ EL PRESIDENTE RAG! ¡NI SE TE OCURRA GRITAR O TE MATO!

MUY BUE-NAS.

DISIMULA Y DILE QUE YA HA LLEGADO LA HORA DEL DISCURSO.

YO ME ESCON-DERÉ DEBAJO DE TU CAPA. TÚ ANDA COMO SI NADA.

¡OH! ¿YA ES LA HORA?

¡UFFH!
MÁS RÁPIDO.

YO ME QUE-DARÉ AQUÍ VIENDO LA TELE... QUE VAYA BIEN. JU, JU...

DIRÍGETE AL PLATÓ, PRESIDENTE.

AH... LO SIENTO.
NO VEO QUE TE ESFUERCES MUCHO EN TUS LABORES... ESTÁS BASTANTE GORDO.

¡AH!

¡OYE, TÚ!

ANTES TENEMOS QUE MAQUILLARLE, SEÑOR...

SHHTT

¡UGH!
TÚ A DORMIR, AMIGO.

SIENTO HABERLAS ASUSTADO. CRÉANME, EL PRESIDENTE ESTÁ EN PELIGRO. HE VENIDO A SALVARLE.

AH, SOLO QUEDAN DOS MINUTOS ...

¡VAYA! ¡SEGURO QUE DEADCROSS LE HA QUITADO EL CEREBRO ELECTRÓNICO A RAG!

¡RAG! ¡OYE, RAG! ¡SOY YO! ¿NO ME CONOCES?

¡PRÉSTAME TU CARA, RAG!

NO SE PONGA ASÍ: MI CABEZA NO ES MÁS QUE UN ADORNO.

¡YA LO TENGO! ¡HAY UNA SOLUCIÓN!

DIEZ SEGUNDOS PARA EMPEZAR ...

VAYA, FUNCIONA.

PUES AL PLATÓ.

BUENO... POR FIN EMPIEZA EL DISCURSO.

SEÑORAS Y SEÑORES, EN UNOS INSTANTES EL PRESIDENTE RAG VA A DIRIGIRLES UNAS PALABRAS.

¡Y ENTONCES, YO ME HARÉ CON EL PODER!

RAG VA A DECIR LAS PALABRAS QUE YO MISMO LE HE HECHO MEMORIZAR.
JU, JU, JU... LOS TONTOS DE LOS CIUDADANOS NO SABEN QUE RAG NO ES MÁS QUE UNA MARIONETA.

YO SOY EL PRIMER ROBOT QUE LLEGA A PRESIDENTE Y PIENSO HACER DE ESTE UN BUEN PAÍS. ¡PERO VOY A NECESITAR VUESTRA AYUDA!
¡...QUEREMOS VIVIR EN PAZ, COLABORANDO CON LOS HUMANOS COMO BUENOS AMIGOS!
PE... ¿PERO QUÉ DEMONIOS ESTÁ PASANDO AQUÍ?

¡CIUDADANOS DE ESTE PAÍS! ¡MEJOR DICHO, CIUDADANOS DEL MUNDO! ¡NOSOTROS LOS ROBOTS...!
¿¡QUÉ!?

¡¡AHORA ESTÁ EN LA RESIDENCIA PRESIDENCIAL VIENDO LA TELEVISIÓN!! ¡SE LLAMA DEADCROSS!
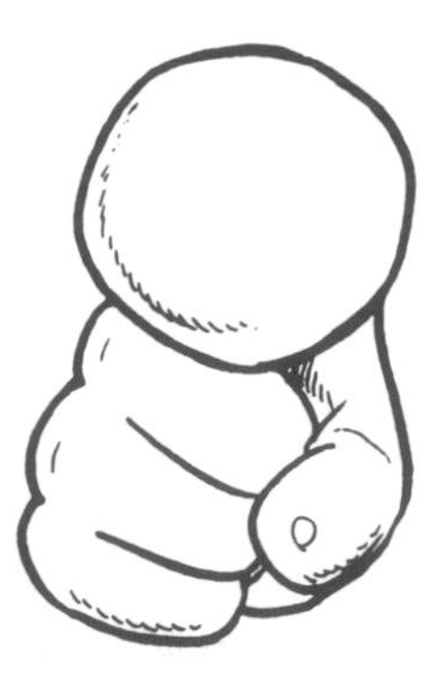

SIN EMBARGO, NOSOTROS LOS ROBOTS TENEMOS UN GRAN ENEMIGO: ¡ÉL!

¿CÓMO ES POSIBLE QUE HABLE ASÍ?
¡RAG! ¡PERO SI LE HABÍA QUITADO EL CEREBRO ELECTRÓNICO...!

¡MALDITO!

¡HAY QUE PARAR LA EMISIÓN!
¿¡DÓNDE ESTÁ RAG!?

¡¡POR FIN LE ENCONTRAMOS, PRESIDENTE RAG!! ¡MALDITO TRAIDOR!

JE, JE... BUENAS ...
¡AQUÍ ESTÁN, CIUDADANOS! ¡ESTOS SON DEL GRUPO DE DEADCROSS!
PE... ¿¡PERO QUÉ DICES!? ¡AHORA VERÁS, RAG!
¡¡DEMA-SIADO TARDE, DEAD-CROSS!!
¿QUÉ PASA AQUÍ? ¿CÓMO PUEDE VOLAR IGUAL QUE ASTROBOY?
UH... ESTE NO PARECE EL RAG DE SIEMPRE...
¡KIAAAAAH!
¡AAAAY!

¡¡CUIDA-
DO,
SEÑOR!!

¡ACER-
TASTE!

¡ERES A
TROBO
¿VERDA

¡UPS!

TE HARÉ PAGAR
POR TODO LO
QUE ME HICISTE...
¡DEADCROSS!
¡AHORA
VERÁS!

¡AH!

¡AL
SUE-
LO!

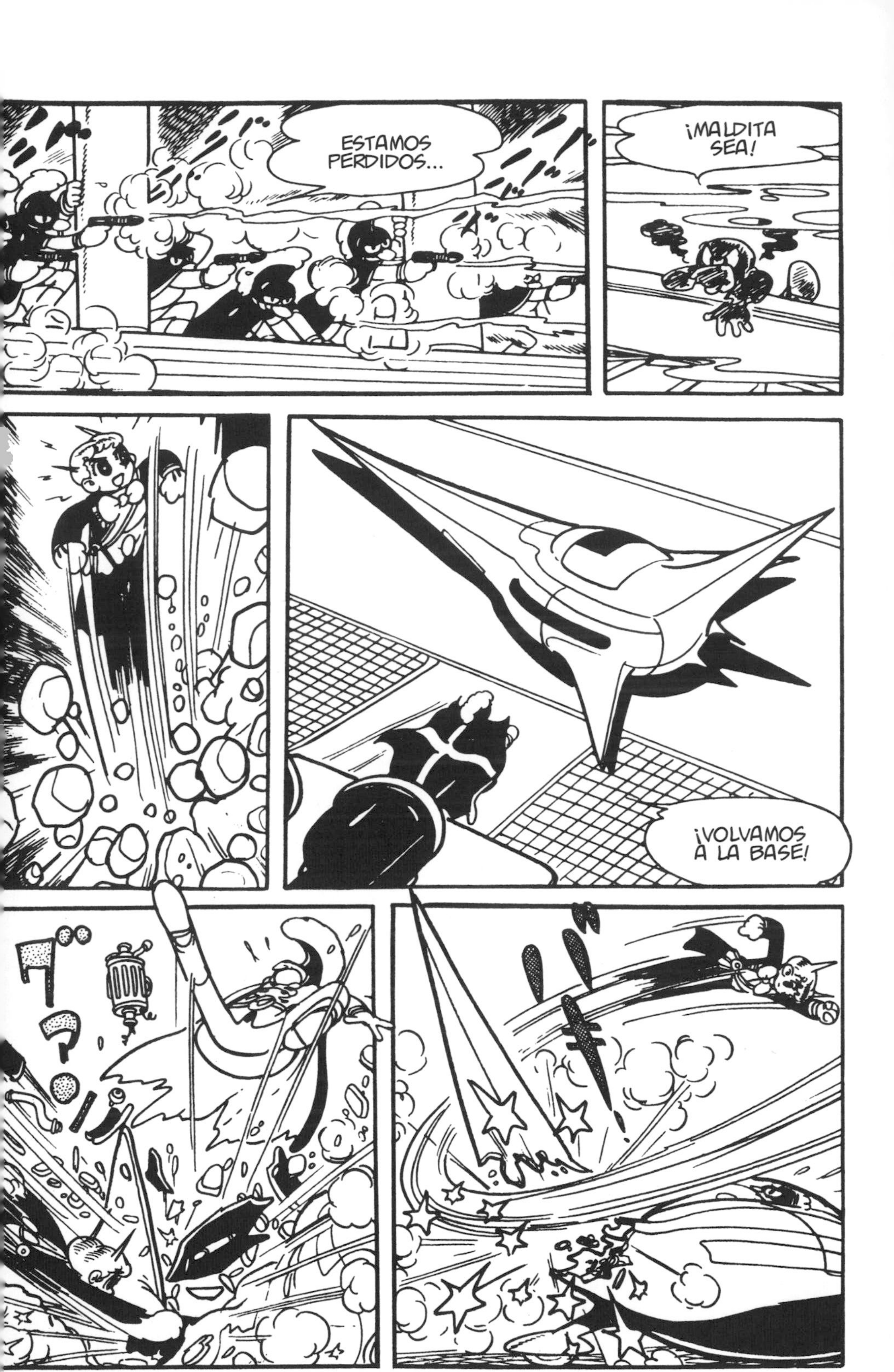
ESTAMOS PERDIDOS...
¡MALDITA SEA!
¡VOLVAMOS A LA BASE!

LA ÉPOCA EN LA QUE LOS ROBOTS ERAN DE LOS HUMANOS HA PASADO A LA HISTORIA.

¡AAAH!
¡DEADCROSS SE HA TIRADO!

¡ADIÓS, MUNDO CRUEL! ¡MORIRÉ Y EL SECRETO DEL PARADERO...!
¡...DEL CEREBRO DE RAG MORIRÁ CONMIGO!

¡JA! ¡DIGA LO QUE DIGA, MI ODIO POR RAG NO REMITI-RÁ!

¡BIEEEN! ¡GENIAL, ASTROBOY!

¡NOOO!

RECONOZCO MI DERROTA... EL CEREBRO ELECTRÓNICO DE RAG ESTÁ DENTRO DE MI CASCO...

SUPONGO QUE LLEVABA EL CASCO PORQUE POR CULPA DE LA VICTORIA DE RAG EN LAS ELECCIONES, NO PODÍA SALIR A LA CALLE SIN QUE LE CONFUNDIERAN.
ASÍ QUE DEADCROSS CONSTRUYÓ A RAG TOMÁNDOSE A SÍ MISMO COMO MODELO... PODEMOS DECIR QUE RAG ERA UNA COPIA DE DEADCROSS...
¡AH! ¡AQUÍ ESTÁ!
¡AH! ¡PERO SI...! ¡¡ES IDÉNTICO AL PRESIDENTE RAG!!

¡¡GRACIAS, ASTROBOY!! ¡TE PROMETO QUE DESEMPEÑARÉ MIS FUNCIONES COMO PRESIDENTE LO MEJOR QUE PUEDA!
¡YO TAMBIÉN ME ESFORZARÉ AL MÁXIMO! ¡ADIÓS, RAG!

ASTROBOY

Capítulo 5:
EL TERCER MAGO

¿CUÁNTOS AÑOS HARÁ DE ESO...? HUBO UN MAGO SOVIÉTICO LLAMADO EMIL KIO QUE VINO A JAPÓN CON SU *TROUPE* VARIAS VECES.
CREÉ ESTA HISTORIA, EL *TERCER MAGO*, EN ESA ÉPOCA.

AH, POR ESO EL MAGO DE ESTA HISTORIA SE LLAMA KINO, ¿VERDAD?
SÍ.

HABLANDO DE MAGIA ...
¿...POR QUÉ SEGÚN LA VIÑETA PARECE QUE ASTROBOY TENGA CUATRO O CINCO DEDOS?

MIRE, AHORA TIENE CUATRO.

Y AHORA SON CINCO.
¡QUÉ RARO!
HMMM... BUENO, SON COSAS MÍAS.

ES MUY LARGO DE EXPLICAR, PERO YO DE JOVEN ERA UN GRAN ADMIRADOR DE LAS PELÍCULAS DE ANIMACIÓN NORTEAMERICANAS.
Y TODOS LOS PERSONAJES IMPORTANTES DE LAS PELÍCULAS DE ENTONCES TENÍAN SOLO CUATRO DEDOS.

NO HAY NINGUNA RAZÓN EN ESPECIAL PARA ESO...

ALGUNOS DICEN QUE ES PORQUE SI DIBUJAS UNA MANO CON CINCO DEDOS Y LA ANIMAS DA LA SENSACIÓN DE QUE HAYA SEIS.

POR CIERTO, FÍJATE EN EL PELO DE ASTROBOY.
MIRES POR DONDE MIRES...

...SIEMPRE SE LE VEN DOS PINCHOS.
NO SE TAPAN NUNCA EL UNO AL OTRO.
TAMBIÉN ES COSA DE LOS NORTEAMERICANOS.

¿ENTONCES POR QUÉ ASTROBOY TIENE CINCO PESTAÑAS?
¿POR QUÉ SIEMPRE SE DIBUJA PUNTITOS EN LA NARIZOTA, MAESTRO?
¿QUÉ FUE ANTES, EL HUEVO O LA GALLINA?
¡CERRAD EL PICO, QUE ESTO VA A EMPEZAR! ¡SILENCIO!

SEÑORAS Y SEÑORES, LES PRESENTO AL GRAN MAGO KINO, FAMOSO EN EL MUNDO ENTERO. ¡UN APLAUSO, POR FAVOR!

¡¡SEÑORES Y SEÑORAS DE JAPÓN!!

¡CÁLLATE DE UNA VEZ Y ESCUCHA, CARAY!

¡ESE MAGO ES GENIAL! ¡DICEN QUE CONVIERTE A LA GENTE EN CERDOS, EN PATOS, Y...!
A PARTIR DE AHORA VAN A SER TESTIGOS DE MI MAGIA.

EMPECEMOS...
¡A BUSCAR!

¡TSK! ¡NO SÉ YO QUIÉN ES MÁS RUIDOSO AQUÍ!

A VER, EL CHAVAL SOBRE EL QUE SE HA POSADO LA PALOMA, QUE BAJE A LA PISTA, POR FAVOR.

BIEN... VAMOS ALLÁ...
¡VOY A CONVERTIR A ESTE CHICO EN CERDO!
¡HIIIII!

¡ALEHOP!

¡ADEN-
TRO!
¡NO!
¡NOO!

Y AHORA CONVERTIRÉ AL CERDO EN UN PLATO DE COCIDO... ¡ALEHOP!

¡AQUÍ ESTÁ!
OINK

¡¡SEÑOR KINO!!

¡ALEHOP! ¡AQUÍ ESTÁ LA TORTUGA! ¡A CONTINUACIÓN...!

EL SIGUIENTE PASO SERÁ UNA TORTUGA...

EL AUTÉNTICO TAMA ESTÁ AQUÍ.

JA, JA, ERES UN BUEN AMIGO. ME HAS IMPRESIONADO.

?
POR FAVOR, NO SE META CON TAMA... POBRECILLO.

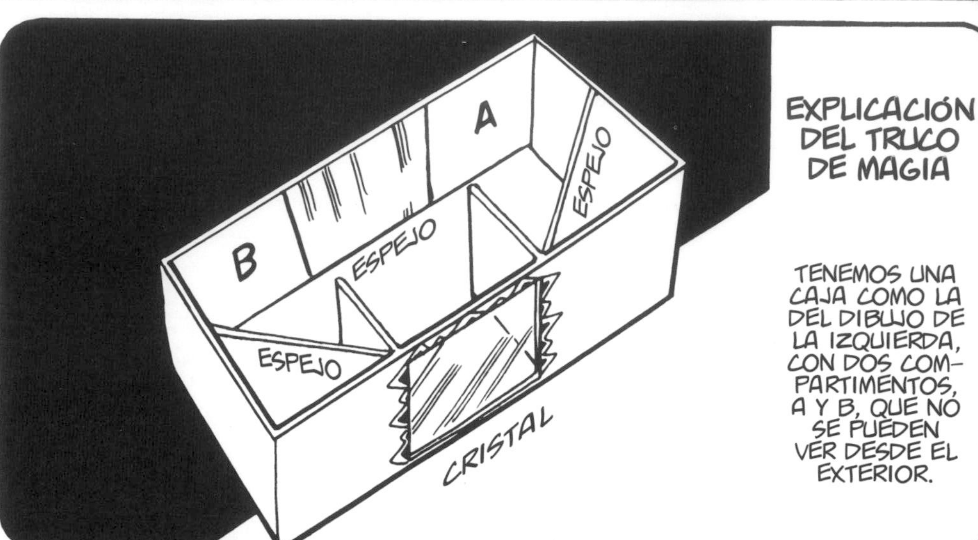

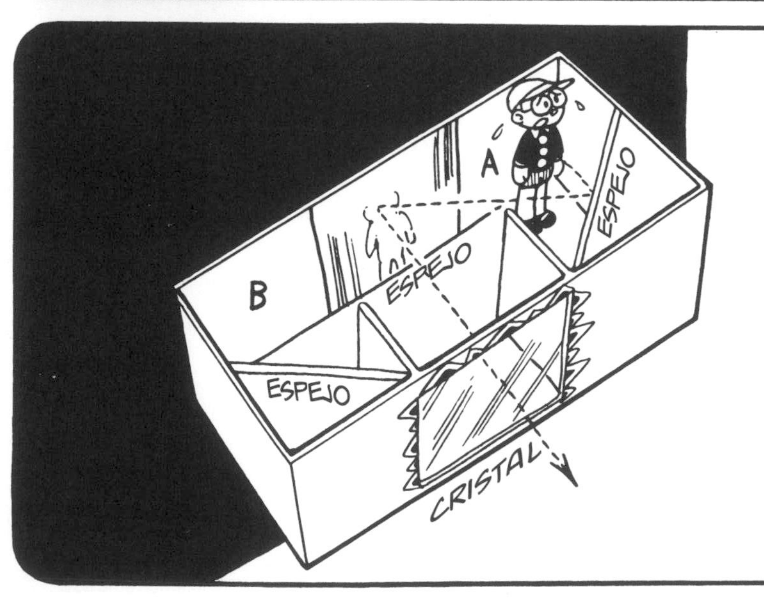

AL COLOCAR ALGO EN EL COMPARTIMENTO A, LOS ESPEJOS LO REFLEJAN DE MODO QUE PARECE QUE SE ENCUENTRA EN EL CENTRO.

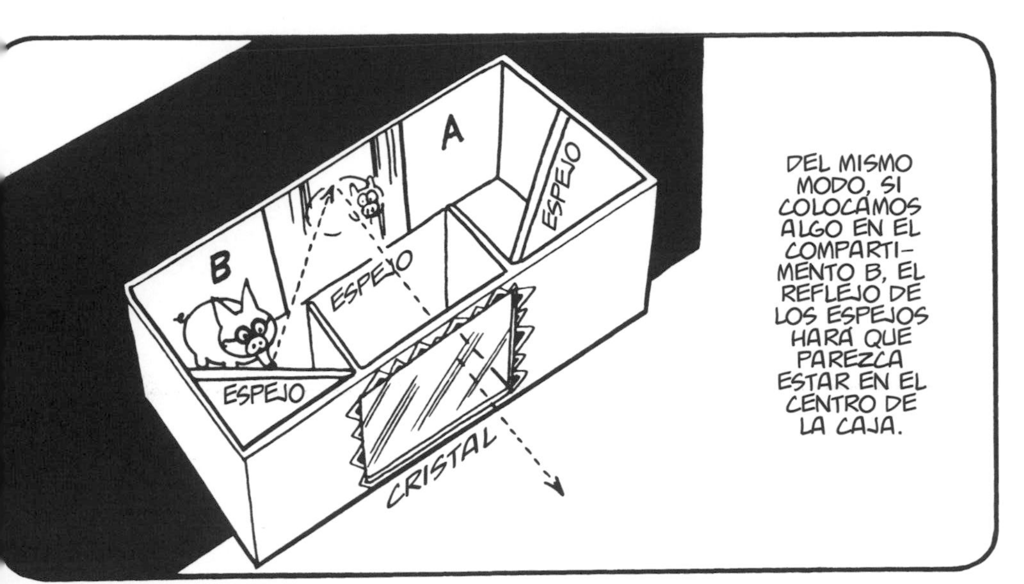
A
ESPEJO
B
ESPEJO
ESPEJO
CRISTAL
DEL MISMO MODO, SI COLOCAMOS ALGO EN EL COMPARTIMENTO B, EL REFLEJO DE LOS ESPEJOS HARÁ QUE PAREZCA ESTAR EN EL CENTRO DE LA CAJA.

ESPEJO
ESPEJO
CRISTAL
SI ILUMINAMOS Y OSCURECEMOS ALTERNATIVAMENTE LOS COMPARTIMENTOS A Y B, CON LO QUE SOLO SE REFLEJARÁ LO QUE ESTÉ EN EL COMPARTIMENTO ILUMINADO, CONSEGUIREMOS UN EFECTO SIMILAR A UNA TRANSFORMACIÓN. ¿LO HAS ENTENDIDO?
SI QUIERES JUGAR CON MÁS ELEMENTOS, PUEDES ESCONDERLOS AQUÍ DENTRO.

¡PASEMOS A LA MAGIA DE LA ERA ESPACIAL!
EL TRUCO DE AHORA ES MUY VIEJO Y ESTÁ PASADO DE MODA...

¡ALEHOP!

¡GRAVEDAD CERO!

¡OOOH!
¡UAAAAAH!

AQUÍ TENEMOS UNOS CUANTOS GLOBOS...

¡...QUE EN REALIDAD SON EXTRATERRESTRES DANZARINES!

POR SUPUESTO, ESTA MAGIA NO ES MÁGIA DE VERDAD, SON SIMPLES TRUCOS QUE YO MISMO HE DESARROLLADO.

¡ESTO ES RIDÍCULO!

ESTA NOCHE SE VA A ENTERAR.

HMM... ESE KINO NO ES MÁS QUE UN FANFARRÓN.

PARA TERMINAR, VAN A SER TESTIGOS DE MI NÚMERO MÁS DIFÍCIL: ¡LA PENETRACIÓN DE PARED!

ESTA PLANCHA DE METAL TIENE 50 CM DE GROSOR. COMO VEN, NO HAY AGUJERO ALGUNO.

¡TRATA DE APLASTARME, VAMOS!

¡ADELANTE!

¡AAAH!

¡AH!
¡OH!
¡HA ATRA-
VESADO LA
PLANCHA!
¡OH!

¡GENIAL!
¡AAY!
¡ME
HACES
DAÑO!
¡BIEN!

¡EL SEÑOR KINO YA SE HA MARCHADO!
Camerinos
¡UN AUTÓGRAFO!

¿VAMOS A PEDIRLE UN AUTÓGRAFO?
ME HE PEGADO UN SUSTO PORQUE PENSABA QUE LE APLASTARÍA.
HA SIDO GENIAL... EL ÚLTIMO NÚMERO, INCREÍBLE...

ME ALEGRA TENER UNOS FANS TAN FIELES, PERO YO PREFIERO ESTAR SOLO.

¡ANDA! ¿NO ESTÁ?
¡YA LES HE DICHO QUE SE HA MARCHADO!

¡COMO MÍNIMO PODRÍA CONCEDER UNA ENTREVISTA A LA PRENSA! ¡QUÉ ENGREÍDO...!

¡VAYA, SE HA PUESTO A LLOVER!

VAYA...
CADA VEZ LLUEVE MÁS FUERTE.

ASÍ ESTÁ MEJOR.

CARAMBA... MENUDA TORMENTA.
ASÍ NO PODRÉ VOLVER A CASA...
¡OH, QUÉ SUERTE, HAY UNA CASA! VOY A PEDIR QUE ME DEJEN REFUGIARME DE LA LLUVIA.

QUÉ CASA MÁS ANTIGUA...
ギギ...ギ
OH, SE HA ABIERTO SOLA.

HAY LUZ AHÍ ARRIBA.

¿HAY ALGUIEN EN CASA?

HOLA...

¿NO HAY NADIE?

BIENVENIDO, KINO. YO HE HECHO QUE LLOVIERA PRECISAMENTE PARA ATRAERTE AQUÍ.

QUÉ RARO... CON LO QUE ESTABA LLOVIENDO, Y AHORA NO CAE NI UNA GOTA...

パッ

スーッ

RELÁJATE... JA, JA, JA, JA...

SOY MAGO. ME LLAMO PERFECTO DESCONOCIDO.

AQUÍ ESTOY.

¿ES USTED MAGO? ¡DEJE YA DE METERSE CONMIGO, POR FAVOR!

¿QUÉ OCURRE? ¿ACASO LE DISGUSTA QUE UN ROBOT PUEDA TRABAJAR COMO MAGO?

Y TÚ ERES KINO, EL MAGO MÁS FAMOSO DEL MUNDO A PESAR DE SER UN SIMPLE ROBOT...
¡MUY IMPRESIONANTE, JA, JA, JA!

SÍ... CON LO BUENO QUE ERES...

¿LE ENTRISTECE?

NO, NO ME DISGUSTA EN ABSOLUTO... SOLO ME ENTRISTECE.

...Y TE LIMITAS A HACER ALARDE DE TUS TRUCOS.
NADA DE ESO.

YO MUESTRO MI MAGIA A LOS HUMANOS...
...Y LES DOY ALEGRÍA E ILUSIÓN. CON ESO ESTOY MÁS QUE SATISFECHO.
SI ALGÚN HUMANO USARA MI MAGIA, SEGURO QUE LA USARÍA PARA HACER EL MAL.

¡PUES CLARO, ESO ES! ¡TIENES QUE ENSEÑARME TU MAGIA!

ESA TÉCNICA DE PENETRACIÓN...
...YO LE DARÍA MEJORES USOS.

SERÍA GENIAL PODER ATRAVESAR LAS PAREDES.
SERVIRÍA PARA TANTAS COSAS... Y DARÍA TANTO DINERO...

LO SIENTO, PERO NO PUEDO HACERLO. ME MARCHO.

ESPERA.
¿YA TE VAS?

¡AH!

¡HAZLO SI PUEDES, CHICO!

NO TE SERÁ TAN FÁCIL.
¡UGH!

NO TE DEJARÉ MARCHAR HASTA QUE ME HAYAS ENSEÑADO ESA TÉCNICA.

¡PUES SI NO ME DEJA IR...!

¡...ESCAPARÉ CON MI TÉCNICA DE PENETRACIÓN!

¡UAAAH!

HE... HE CAÍDO...

Y LOS ROBOTS NO RESISTÍS LA ELECTRICIDAD... ¿POR QUÉ NO TE RINDES?

JUA, JA, JA, JA, ¿QUÉ TAL? ¿QUÉ TE PARECE MI MAGIA? ¡ESOS HILOS SON CABLES DE ALTA TENSIÓN!
TRA... TRAMPOSO...

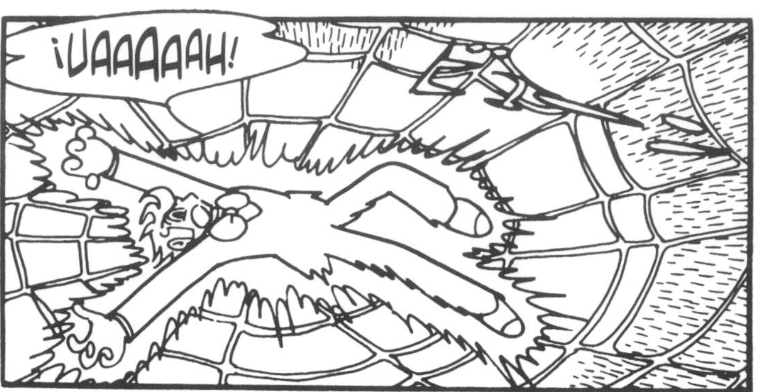
¡UAAAAAH!

¡NUNCA!

CHI... CHISTERA... VEN AQUÍ...

¡TOMA!

¡NO TE PASES DE LISTO, CHICO!

¡UGHH!
TU CHISTERA ESTÁ CONGELADA... ¡QUÉ PENA, ¿EH?!

QU... ¿¡QUÉ QUERÉIS!?

POR MUCHO QUE TE RESISTAS, SIGUES SIENDO UN ROBOT. ¡NUNCA PODRÁS CON UN HUMANO!

TSK... ¿Y AHORA QUIÉN SERÁ?
¡TOC, TOC!

¡AQUÍ NO HAY NINGÚN KINO! ¡MARCHAOS!

TSK, QUÉ ANTI-PÁTI-CO.
¡¡PAM!!

UN MO-MEN-TO.
¡A MÍ NO ME ENGAÑA!

UTILIZARÉ MI OÍDO PARA...
...COM-PRO-BAR SI ESTÁ.

¡SÍ QUE ESTÁ! ¡OIGO SU VOZ!
¡Y ESTÁ PI-DIENDO AYUDA!

¡NO PODÉIS VENIR AQUÍ, NIÑOS! ¡FUERA, MARCHAOS! ¡ESTA ES UNA MANSIÓN MÁGICA!
¿ES USTED EL MANAGER? VENIMOS A POR UNA FIRMA DEL SEÑOR KINO.

SEGURO QUE LE HA PASADO ALGO.
¡PUES ENTREMOS A LA FUERZA!
¡VALE!

¡ABAJO LA PUERTA DE UNA PATADA!

?
?

QU... ¿QUÉ LE PASA CON ESTA CASA? ¡HEMOS ENTRADO PERO ESTAMOS FUERA!
QUÉ RA- RO ...

UUUHHH

¡ESTA CASA ESTA ENCANTADA!
¿EH?

YA ME EXTRAÑABA A MÍ... ¡ESTO NO ES MÁS QUE UNA PANTALLA TRIDIMENSIONAL EN LA QUE SE EMITEN IMÁGENES DE UN BOSQUE!

ESTA MANSIÓN NO ESTÁ ENCANTADA, SINO LLENA DE TRUCOS.

¡FUERA DE EN MEDIO!

YA... YA NO QUI... QUIERO ESE... ESE AUTÓGRAFO... VA... VÁMONOS.
O... O... O... OYE, TAMA... ¡NO TE ME ACERQUES TANTO!

¡EL SUELO SE ME PEGA A LOS PIES!
¡OH, NOOO!

¡NO PUEDO LEVANTAR LOS PIES!
SÍ, VAMOS... ¡UAH...!

¿QUÉ OCURRE?

¡ASTROBOY!
¡AUXILIO!

HMMM... LA TEMPERATURA ESTÁ SUBIENDO.

¡VAMOS!
¡SÁCANOS DE AQUÍ!

¡ERA UN TRUCO!
¿QUÉ SE HA CREÍDO QUE SOMOS? ¿CRÍOS? ¡PUES VA MUY EQUIVOCADO!

AL SUELO NO LE PASA NADA...
ESTÁ HECHO DE UN MATERIAL QUE SE REBLANDECE CON SOLO CALENTARSE UN POCO...
SE HA REBLANDECIDO PORQUE ALGUIEN HA SUBIDO LA TEMPERATURA DE LA HABITACIÓN.

¿¡A QUIÉN SE LE OCURRE TRATAR DE ENGAÑARNOS CON ESTOS JUEGOS DE NIÑOS!?
¡UAAAH!

YO SOY UN ROBOT Y A MÍ NO ME AFECTAN ESTOS TRUCOS.

¡JU, JU, JU, JU! ERES MUY VALIENTE, CHAVAL.

TIENES RAZÓN: KINO SE ENCUENTRA EN ESTA CASA.

KINO OSÓ OPONERSE A MIS DESEOS, ASÍ QUE AHORA LO ESTOY REMODELANDO.
VOY A HACER QUE RENAZCA Y SEA DISTINTO... YA LO VERÁS...

PUES SOY PERFECTO DESCONOCIDO, EL AMO DE LA MANSIÓN.

¡JUAAA, JA, JA, JÁ...!

VOY A HACER DE ÉL UN GRAN LADRÓN MUNDIAL EN VEZ DEL PRESTIDIGITADOR DE PACOTILLA QUE ES AHORA.

¡SEÑOR KINO!

¿¡DÓNDE DEMONIOS LO TIENES!?

¡AH!

¡SEÑOR KINO!
AHORA NO ESTÁN ACTI-VADOS.

VAYA, ESTO NO ES UNA TELARAÑA, SINO CABLES DE ALTA TENSIÓN.

¡AH!
¡YO LE RESCATARÉ, SEÑOR KINO!

ALGUIEN LE HA ARRANCADO LA PIEL AL SEÑOR KINO... CARAMBA...

¡PERO SI ESTE CUERPO ESTÁ VA-CÍO!

¡ERES UN MALVADO!
¿¡DÓNDE ESTÁS!? ¿¡DÓNDE ESTÁ EL CUERPO DEL SEÑOR KINO!?

¡YA CAIGO! ¡DIJO QUE LE ESTABA REMODE-LANDO!

IGUAL ES AQUÍ DENTRO...

¿¡DÓNDE ESTÁ LA SALA DE CONTROL!?

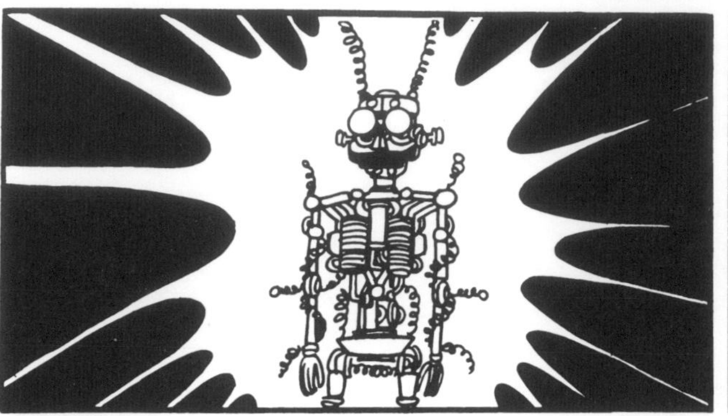

SE... ¿SEÑOR KINO?
¿¡QUIÉN ERES!?

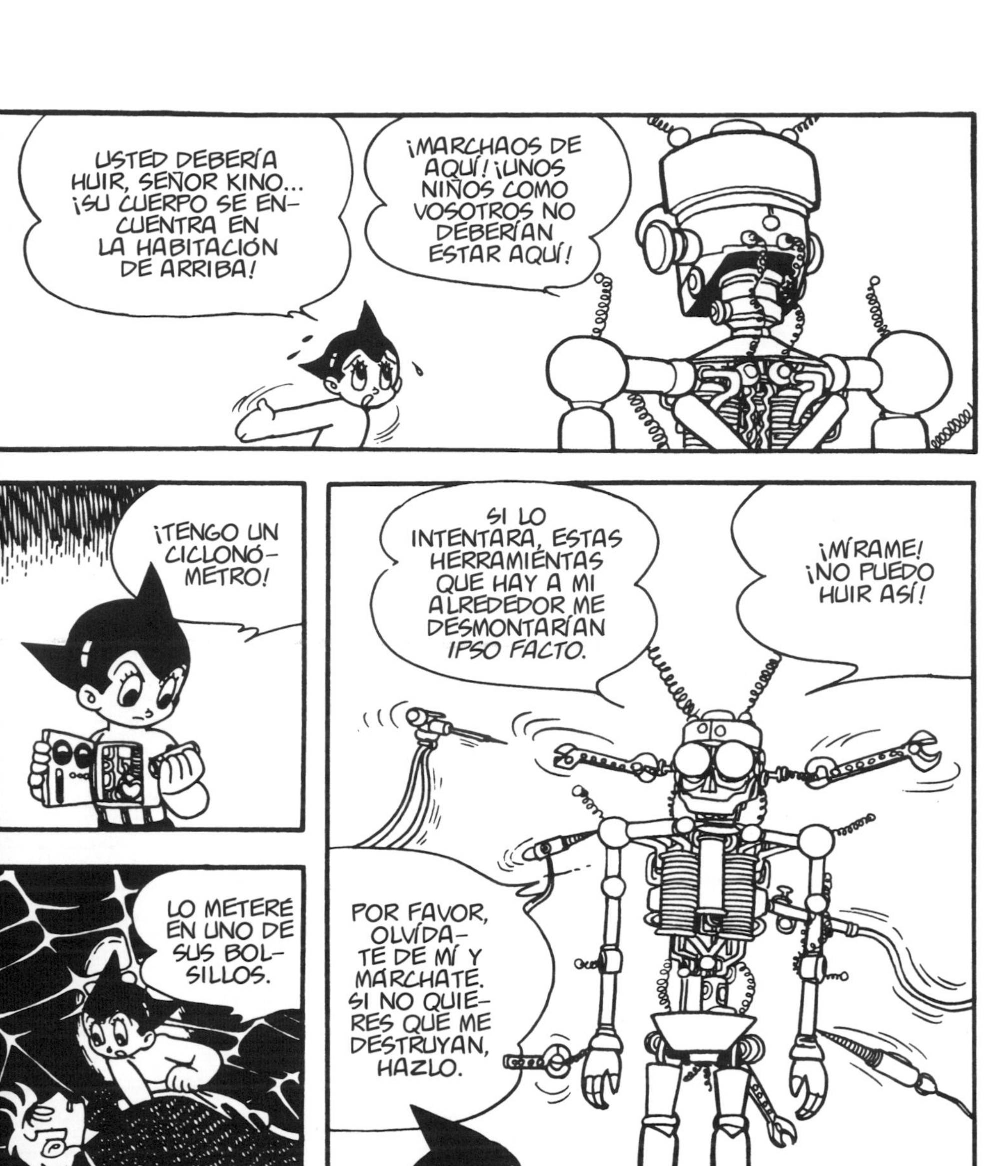
USTED DEBERÍA HUIR, SEÑOR KINO... ¡SU CUERPO SE ENCUENTRA EN LA HABITACIÓN DE ARRIBA!
¡MARCHAOS DE AQUÍ! ¡UNOS NIÑOS COMO VOSOTROS NO DEBERÍAN ESTAR AQUÍ!
¡MÍRAME! ¡NO PUEDO HUIR ASÍ!
SI LO INTENTARA, ESTAS HERRAMIENTAS QUE HAY A MI ALREDEDOR ME DESMONTARÍAN IPSO FACTO.
POR FAVOR, OLVÍDATE DE MÍ Y MÁRCHATE. SI NO QUIERES QUE ME DESTRUYAN, HAZLO.
¡TENGO UN CICLONÓMETRO!

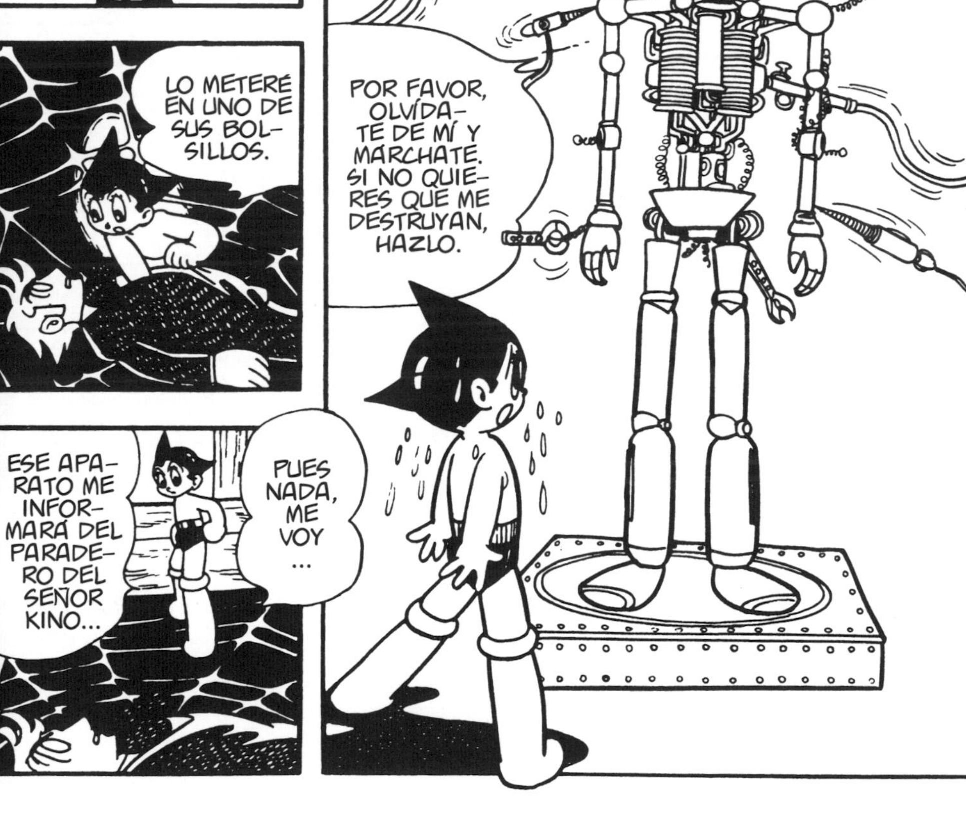
PUES NADA, ME VOY ...
LO METERÉ EN UNO DE SUS BOLSILLOS.
ESE APARATO ME INFORMARÁ DEL PARADERO DEL SEÑOR KINO...

AL CABO DE DOS O TRES DÍAS, LOS LECTORES DE PERIÓDICOS DE LA CIUDAD DE TOKIO RECIBIERON CON SORPRESA LA SIGUIENTE DECLARACIÓN EN TITULARES: CIUDADANOS DE TOKIO, SOY EL MEJOR MAGO DEL MUNDO, EL PRESTIDIGITADOR KINO, Y PROMETO SORPRENDERLES COMO NUNCA CON MI MAGIA.

¡ESTÉN ATENTOS EL DÍA 20 DE NOVIEMBRE A LAS 0 HORAS EN PUNTO! ¡VOY A ROBAR NI MÁS NI MENOS QUE CIEN DE LAS VALIOSAS PINTURAS DEL MUSEO NACIONAL DE ARTE!

POR MUCHOS POLICÍAS QUE PONGAN DE GUARDIA, POR MUCHOS CIENTÍFICOS QUE PRETENDAN DESTRUIRME, LOGRARÉ MI OBJETIVO.

VOY A CUMPLIR MI PROMESA CUESTE LO QUE CUESTE. ¡ESPERO NO DEFRAUDARLES!

¿ES ESTO CIERTO?
¿ESTARÁ KINO DE CACHONDEO?
NO, EN MI PERIÓDICO TAMBIÉN SALE, Y EN LETRA BIEN GRANDE.

POR SUPUESTO, LA JEFATURA DE POLICÍA SE PUSO FURIOSA...
¡TRAED A KINO INMEDIATAMENTE!

INSPECTOR TAWASHI, KINO ESTÁ EN PARADERO DESCONOCIDO DESDE AYER.
HOY NO HA REALIZADO SU FUNCIÓN EN EL CIRCO.
¿¡CÓMO!?
¡HAY QUE DAR CON KINO COMO SEA!
¡MULTIPLICAD LA GUARDIA DEL MUSEO DE ARTE POR DIEZ!

INSPECTOR TAWASHI, VENGO A INFORMARLE DE ALGO SOBRE EL SEÑOR KINO ...
¿QUÉ QUIERE, PROFESOR MOSTACHO?

UN SER HUMANO TIENE A KINO BAJO SU CONTROL...

HMMM... ¿Y QUIÉN ES?

PERFECTO DESCONOCIDO.
QUE QUIÉN ES, LE PREGUNTO.

¡¡PUES SI NO LO SABE, ENTONCES NO HABLE, JOLINES!!
¡PUES PERFECTO DESCONOCIDO!

YO OÍ SU VOZ EN UNA MANSIÓN SITUADA EN UN BOSQUE.

ANDA YA... NO EXISTE NINGÚN MAGO CON UN NOMBRE TAN RIDÍCULO.
¡LE ESTOY DICIENDO QUE ES UN HOMBRE LLAMADO PERFECTO DESCONOCIDO! ¡UN MAGO!

ALLÍ.

¿Y DÓNDE ESTÁ ESA MANSIÓN DEL BOSQUE?

¿ME TOMAS EL PELO? ¡FÍJATE BIEN!

HMMM... ¿ESO ES UNA MANSIÓN?
PUES SÍ ...

QUÉ RARO... LA MANSIÓN QUE HABÍA ALLÍ HA DESAPARECIDO ...
SÍ, CLA-RO.

W.C.

¡LA JEFATURA DE POLICÍA SE ENCARGARÁ DE ESTE ASUNTO! ¡TÚ NO METAS LA NARIZ, ASTROBOY!
¡PARA EMPEZAR, NUNCA HE OÍDO HABLAR DE NINGÚN MAGO LLAMADO PERFECTO DESCONOCIDO! ¡TÚ LO QUE PRETENDES ES CUBRIR A KINO!

¿APARECE-RÁ KINO TAL COMO PRO-METIÓ?

ME JUEGO TREINTA YENES A QUE LO CONSIGUE.

ES MÁS EXCITANTE APOSTAR A SI KINO LOGRARÁ O NO ROBAR ESE MUSEO QUE APOSTAR AL BÉISBOL.

¿CREE USTED QUE KINO LOGRARÁ SU PROPÓSITO?

OCTO
20
ESTABA A PUNTO DE LLEGAR EL DÍA 20...

TENEMOS QUE APRENDER DE KINO, HERMANO...

LOS DE LA POLICÍA SE LO HAN TOMADO A PECHO, ¿EH?
2a planta SEÑORAS

INSPECTOR TAWASHI, DE LA SECCIÓN 1 DE INVESTIGACIONES.
¿¡QUIÉN ERES!?
MUSEO DE ARTE

DISCULPE. ESTÁ CLARO QUE NO ES USTED UN IMPOSTOR.

¡ACHÚUUS! ¡ACHÍIIIIS! ¡ACHÁS!

POR SI ACASO ...

¿ESTÁN HECHOS LOS PREPARATIVOS QUE LES INDICAMOS DESDE LA JEFATURA?
SÍ.

CABE LA POSIBILIDAD DE QUE SE INFILTRE UN ROBOT DISFRAZADO...

SACADLOS DE AQUÍ.

¡AL CAMIÓN!

PARECE UNA MUDANZA, ¿EH?
ENSEGUIDA VENDRÁN LOS REEMPLAZOS.

COLOCAD LAS FALSIFICA-CIONES EN EL MISMO SITIO.

¡UGHH!

¡UN POCO MÁS!

BUENO, NOS LLEVAREMOS LOS VERDADEROS A LA JEFATURA.

ASÍ ME GUSTA...
JU, JU, JU ...
QUIEN LO IBA A DECIR, ESTOY DISFRU-TO CON ESTO...

¡ESTÁ AL RE-VÉS!

UFFFF... YA ESTÁ TODO LISTO.

ESCONDED-LOS DETRÁS DE LA PÁGINA.

LA POLICÍA HA MONTADO UNA GUARDIA IMPENETRABLE...
MILES DE MIRADAS SE POSAN EN ESTOS MOMENTOS SOBRE EL MUSEO.

¿APARECERÁ KINO?
SI NO VIENE, NO PODRÁ APARECER.

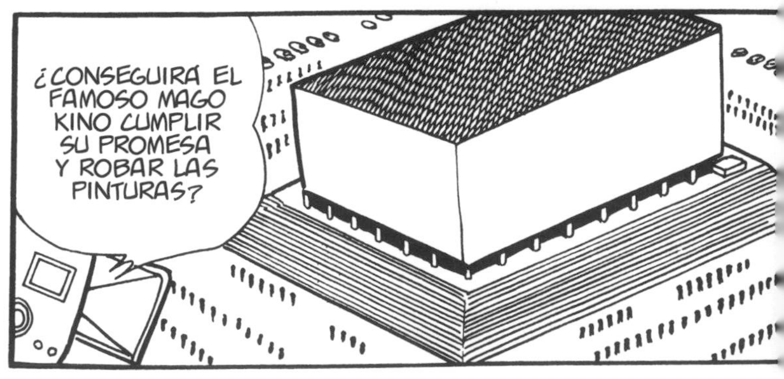
¿CONSEGUIRÁ EL FAMOSO MAGO KINO CUMPLIR SU PROMESA Y ROBAR LAS PINTURAS?

¡CHIST! ¡LOS VERDADEROS ESTÁN EN LA JEFATURA!
¿Y SI CONSIGUE ROBARNOS...?

AHORA MISMO TODO ESTÁ CONTROLADO... NO HAY NI UN ALMA...
FALTAN DOS HORAS ...

SÍ, TODO ESTÁ PERFECTO, LO TENEMOS CONTROLADO.

¿QUÉ TAL? ¿TODO BIEN?

VOY A LLAMAR A VER QUÉ TAL.
¿Y SI ROBAN ESOS?

¡MALDITA SEA!
AH! SE ESTÁN APAGANDO LAS LUCES.
¿QUÉ OCURRE?

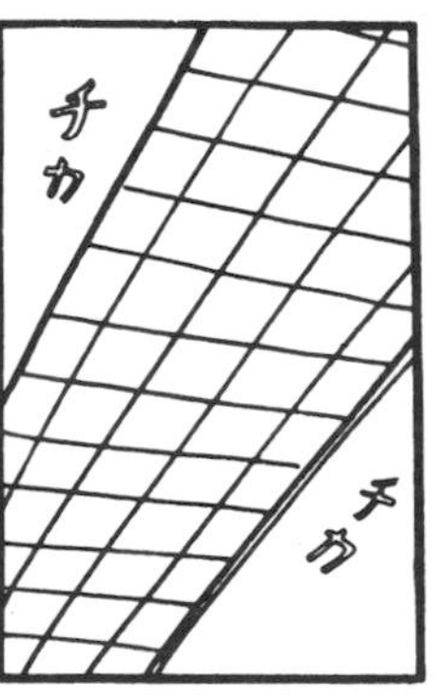
チカ
チカ

FALTAN 5 MINUTOS PARA LAS 12.

カチッ
12
11
10
9

¿Y LAS CERILLAS?
¡AY, QUÉ DAÑO!
¡DEPRISA!
¡PONED EN MARCHA EL GENERADOR!

¡AAAH! ¡SE HAN APAGADO!

¡Y NO HA VE-NIDO!
LAS 12 EN PUNTO.

UFF ...
¡AH! ¡YA ESTÁ!

?

EH...

¡JA, JA, JA, JA! ¡YA VES!

POR MUY BUEN MAGO QUE SEA...
...NO HAY QUIEN PUEDA CON UNA GUAR-DIA ASÍ.

¡ESTAS ETIQUETAS ES-TÁN EN TODOS LOS CUADROS!
Falso
Falso

¡GLUPS!
JU, JU, JU, JU, JU, JU...

UAAH... QU... ¿QUIÉN HA HECHO ESTO?
Falso
Falso

EXACTAMENTE. NO HACE FALTA QUE SE PONGA ASÍ, ESTÁ CLARO QUIÉN SOY.
TÚ... ¡TÚ ERES KINO!

YA SABE QUE DOMINO LA TÉCNICA DE ATRAVESAR PAREDES. HA SIDO MUY FÁCIL.
¿CÓMO HAS ENTRADO? ¿EH? ¿EH?
Falso
Falso
Falso
Falso
Falso

¿SEGURO? ¿POR QUÉ NO LLAMA Y SE ASEGURA?
PERO NO SABES DÓNDE ESTÁN LOS VERDADEROS... JUA, JA...

¡LOS CUADROS ESTÁN ARDIENDO! ¡Y NO SABEMOS CÓMO HA OCURRIDO!
ES... ¡ESTAMOS EN APUROS!

UFF... ¿OIGA?

¿EH?
LOS VERDADEROS ESTÁN A BUEN RECAUDO EN MI PODER.

NO SE PREOCUPE, AL FIN Y AL CABO SON TODOS FALSOS.
¡MADRE MÍA! ¡ECHAD AGUA!

ES... ES... ¡ESPERA!

ANOCHE, CUANDO USTEDES ESTABAN SACÁNDOLOS DE AQUÍ, HICE EL CAMBIAZO... QUE VAYA BIEN.

ガァー

ピッピキピ
ブプクブッ

ピーッ
ピリピリ
¡QUÉ DES-PISTE!

¡VAMOS!
¡QUE NO ESCAPE!
¡A POR ÉL!

ダッ ダッ ダッ

ZZZ
?

ムクリ

¡AH!

ピカッ

¡AHÍ ESTÁ!

¡MAR-
CHATE!
¡NO!

¡NO
HUIRÁS!

¡UGH!

¡ME HA ATRAPADO!

ダダダダ

¡AH! ¡ME HA TIRADO ALGO ENCIMA!

¡YA TE TENGO!

¿PERO QUÉ DICES, RENACUAJO?

¡ES USTED LA VERGÜENZA DE LOS ROBOTS!
¡SUS CIRCUITOS ESTÁN AVERIADOS!
¡VENGA CONMIGO AL MINISTERIO DE LA CIENCIA PARA QUE LE ARREGLEN!

¡ASÍ QUE USTED ESTABA DETRÁS DE TODO ESTO!
NUNCA CONSEGUIRÁS CONVENCER A KINO.

¡AH!
SOY PERFECTO DESCONOCIDO... ¿SORPRENDIDO?

FÍJATE EN ESTO.
¿DÓNDE ESTÁ EL TRUCO?

¡JA! ¡NO ME ASUSTAN TUS SIMPLES TRUCOS!

ADEMÁS...
SUÉLTALE, CHAVAL.
...VAS A SUFRIR.

JUAA, JA, JA...

¡AH! KINO...

¡HA ESCAPADO!

¡OH, NO!

¡NOS VEMOS, NIÑO!
DALE RECUERDOS A LOS POLIS DE MI PARTE.

...HABÍA SUFRIDO TAL HUMILLACIÓN.
Dimisión

NUNCA ANTES LA JEFATURA DE POLICÍA...

YO OPINO QUE TU RESPONSABILIDAD ES MÁS BIEN LA DE RECUPERAR LOS CUADROS ROBADOS.

¡ASUMO MI RESPONSABILIDAD Y PRESENTO LA DIMISIÓN!
¿LA DIMISIÓN?

OYE, TAWASHI, ¿NO CREES QUE ÚLTIMAMENTE PULULAN MUCHOS ROBOTS INÚTILES?
UF...

DEBERÍAS DECIDIR SI DIMITES O NO DESPUÉS DE ESO.
AH...

...ESE KINO ES UN ROBOT QUE FUE CONSTRUIDO PARA FANFARRONEAR Y MOSTRAR SUS TRUCOS DE MAGIA.

LOS ROBOTS SURGIERON PARA SERNOS DE UTILIDAD A LOS HUMANOS...
...PARA ESO LOS CONSTRUIMOS.
Y SIN EMBARGO...

...CREO QUE LA LEY ROBÓTICA ACTUAL ES INÚTIL.

TE PIDO QUE MANTENGAS ESTO EN SECRETO...
?

¡CARAY!
HAY DEMASIADOS ROBOTS INÚTILES.
SE ME HA OCURRIDO UN PLAN.

PEDIREMOS AL MINISTERIO QUE CAMBIE LA LEY ROBÓTICA.
ASÍ NOS AHORRAREMOS CRÍMENES COMETIDOS POR ROBOTS.

HAY QUE REBAJAR LA CAPACIDAD DE LOS CEREBROS ELECTRÓNICOS...
...PARA CONSEGUIR QUE VUELVAN A SER SIMPLES MÁQUINAS, COMO ANTES...

NO HAY QUE HACER EXCEPCIONES.
BUENO, NO PODRÍA ESTAR MÁS DE ACUERDO.
BIEN...

PERO ENTONCES HABRÍA QUE REMODELAR A TODOS LOS ROBOTS DEL PAÍS.
PUES CLARO.
¿TAMBIÉN A ASTROBOY?

¿POR QUÉ ME MIRAS ASÍ?
A... ASTROBOY... ¿QUÉ HACES AQUÍ?

¡ES HO-RRI-BLE!
¡ESO ES CRUEL!
ANDA YA.

¿PRETENDEN REMODELAR A TODOS LOS ROBOTS DEL PAÍS?
¿LO HAS OÍDO?

¡QUE TE CALLES!
¡UN MOMENTO, INSPECTOR!

¡NO ES JUSTO!

¡ESTO HA OCURRIDO PORQUE HAN SUR-GIDO DEMASIADOS ROBOTS MALVADOS!

ASTROBOY PUSO UN APARATO LLAMADO CICLONÓMETRO EN UNO DE LOS BOLSILLOS DE KINO. ESE APARATO NOS PERMITIRÁ DAR ENSEGUIDA CON SU PARADERO.

¿EH?
ASTROBOY HA VENIDO A DECIRLE ALGO MUY IMPORTANTE.

EL COCHE SIGUE LA SEÑAL.
NO SE PREOCUPE, INSPECTOR.
PERO...
ACABAREMOS ANTES SI NOS ACOMPAÑA.

¡AHÍ ESTÁ! ¡¡TIENE QUE ESTAR EN LO ALTO DE ESTA COLINA!!

HMMM... CREO QUE YA LE TENEMOS.

¡ARRIBA LAS MANOS! ¡NI SE TE OCURRA RESISTIRTE!
¡POR FIN TE PILLO, KINO!

¡YA LE VEO, DOCTOR!

¿¡QUÉ HACES AHÍ QUIETO...!? YO... ¡VOY A DISPARAR!

¡ASTROBOY, VEN AQUÍ Y FÍJATE!

¡OTRA VEZ ME HAS HECHO PASAR LA VERGÜENZA DE MI VIDA!

¡DESGRACIADO!

¿QUÉ HACE EL CICLONÓMETRO EN UN ESPANTAPÁJAROS, SI PUEDE SABERSE?

HMM, NO HACE FALTA... PRONTO LE DESMANTELARÁN.

¡TAWASHI, NO CULPE A ASTROBOY! ¡ANTES DE DISPARARLE A ÉL, DISPÁREME A MÍ!

POR CULPA DE KINO SE HAN ENFADADO CONMIGO... Y AHORA TODOS ODIAN A LOS ROBOTS... MENUDO LÍO...

¿QUÉ ESTARÁ PASANDO?

¡LOS ROBOTS MERECEMOS LIBERTAD Y DERECHOS!
No a la modificación de la ley robótica.
¡LOS ROBOTS NO SOMOS MARIONETAS!
¡VIVA LOS ROBOTS!
¡¡SÍ A LA LEY ROBÓTICA!!
¡¡SÍ A LA LEY ROBÓTICA!!
VIVA LA LEY ROBÓTICA

¡UNA MANIFESTACIÓN DE ROBOTS!

¡ESPERAD! ESCUCHADME, POR FAVOR...

¡NO DEBEMOS PRESIONAR MÁS A LOS HUMANOS!
DE ACUERDO, CHICO...
...PERO NO TENEMOS ELECCIÓN.
¡NO QUEREMOS QUE MODIFIQUEN LA LEY ROBÓTICA PARA PEOR!

¡NO! ¡NOO!

SI LOS HUMANOS RADICALES...
...VEN ESTO, SE PONDRÁN MÁS FURIOSOS.

IMPOSIBLE... NO QUIEREN HACERME CASO.

¡AH! ¡UN ENCONTRONAZO ENTRE LOS ROBOTS Y LOS POLICÍAS HUMANOS!

LA SITUACIÓN NO HACE MÁS QUE EMPEORAR.

¿QUIÉN ANDA AHÍ?

¡AH! ¡ES KINO!
¿¡CÓMO TIENES
LAS AGALLAS
DE VENIR!?

¡ESPERA!

¡ASTROBOY, ESPERA!
¡ESCÚCHAME,
POR FAVOR!

NO ME PEGUES...
¡YO NO SOY NIN-
GÚN LADRÓN!

¡NO
QUIERO
ESCU-
CHAR
EXCU-
SAS!

¿ES VERDAD ESO QUE DICES?
YO NUNCA HARÍA ALGO ASÍ. POR FAVOR, ESCUCHA LO QUE TENGO QUE DECIRTE.

¿DE VERAS CREES QUE YO ROBÉ LAS PINTURAS DEL MUSEO DE ARTE?
¡ESO NO ES CIERTO!

TÚ ENCONTRASTE MI CUERPO EXTERNO, ¿VERDAD...? FUI DESPOJADO DE MI PIEL...

¿EH? ¿UN IMPOSTOR?

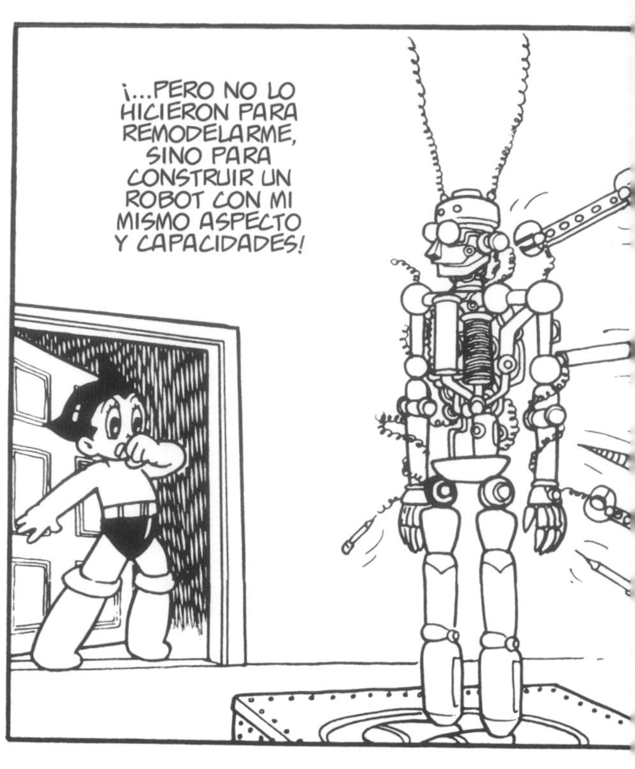
¡...PERO NO LO HICIERON PARA REMODELARME, SINO PARA CONSTRUIR UN ROBOT CON MI MISMO ASPECTO Y CAPACIDADES!

SÍ... TENGO UN DOBLE IMPOSTOR.

ENTONCES EL KINO QUE ROBÓ LOS CUADROS DEL MUSEO...
...NO ERAS TÚ, ¿VERDAD, KINO?

VAYA... NO SABÍA QUE HABÍA UN SEGUNDO MAGO KINO...

LA SITUACIÓN ES TODAVÍA MÁS GRAVE PORQUE PERFECTO DESCONOCIDO CONTROLA AL IMPOSTOR A VOLUNTAD.

TIENES QUE REPETIR ESAS PALABRAS DELANTE DE TODOS.
¡NO PUEDE SER!
¡NO!

¿CREES QUE PUEDO IR Y DAR LA CARA COMO SI NADA?

TODO EL MUNDO PIENSA QUE YO SOY EL CULPABLE.

NADIE ME CREERÁ.
¡YO TE CREO, KINO!

AHORA NO PUEDO HACERLO.

PERO VOY A PARARLES LOS PIES A PERFECTO DESCONOCIDO CUÉS-TE LO QUE CUESTE.
¡ASÍ RES-TAURARÉ MI HONOR!

DE ACUERDO, KINO. IRÉ CONTIGO.

¡ESTOY DE TU PARTE, KINO!

¿TIENES ALGUNA PISTA DE DÓNDE ESTÁ ESE IMPOSTOR?
NO...

¿CÓMO ES POSIBLE QUE EL IMPOSTOR TAMBIÉN DOMINE LA TÉCNICA DE LA PENETRACIÓN?

COMO TIENE TODAS MIS CARACTERÍSTICAS, PUEDE HACER LO MISMO QUE YO...

PORQUE ES UNA COPIA EXACTA DE MÍ.

PERFECTO DESCONOCIDO
ES UN LADRÓN QUE ME PIDIÓ INSISTENTEMENTE QUE LE ENSEÑARA LA TÉCNICA DE PENETRACIÓN. AL NEGARME, DECIDIÓ CONSTRUIR UN ROBOT IDÉNTICO A MÍ.

¡VAN A DISPARARNOS! ¡HAY QUE ATERRIZAR, ASTROBOY!
SÍ.

¡TE ACABAREMOS ACORRALANDO!
¡NO PODRÁS HUIR! ¡RÍNDETE, KINO!

¿EH?
VAS A SER TESTIGO DE MI TÉCNICA, ASTROBOY.

¡ESTAMOS RODEADOS, KINO! ¿QUÉ HACEMOS?

¡POR FIN TE TENGO, KINO! ¡Y ASTROBOY ESTÁ CONTIGO! ¿ASÍ QUE ERAIS CÓMPLICES?

MI PRESTIDIGITACIÓN NO ES MAGIA, SINO TRUCOS QUÉ SE BASAN EN HECHOS CIENTÍFICOS.

¿QUÉ ES ESTE HUMO?
¿ES GAS VENENOSO?
NO. ES UN GAS QUE SIRVE PARA DEBILITAR MOMENTÁNEAMENTE LA VISIÓN HUMANA.

ASTROBOY, LOS OJOS SON UNOS ÓRGANOS REALMENTE CURIOSOS.

MÍRAME FIJAMENTE Y LUEGO CIERRA LOS OJOS DE GOLPE.

TODAVÍA PUEDES VERME, ¿VERDAD? PERO MI IMAGEN SE VA DIFUMINANDO...

A ESTO SE LE LLAMA IMAGEN RESIDUAL.

¿¡SE PUEDE SABER QUÉ ESTÁIS MURMURANDO!?
ESTO DEMUESTRA QUE LO QUE VEN LOS OJOS NO DESAPARECE CON TANTA FACILIDAD.
ASÍ QUE PODEMOS SALTAR...
ESTE GAS DEBILITA LA VISIÓN, ASÍ QUE LO QUE VEN LOS OJOS SE DIFUMINA MÁS LENTAMENTE.
...Y, A OJOS DE LOS HUMANOS, ES COMO SI SIGUIÉRAMOS ESTANDO AHÍ...
A VER SI TU MAGIA TE PERMITE ESCAPAR, KINO. ¡VAMOS, INTÉNTALO!

AHORA EMPIEZA A DESAPARECER LA IMAGEN RESIDUAL.
AH... ESTÁN DESAPARECIEN-DO... ¡SE FUNDEN EN LA PARED!
JU...
¡HAN DESA-PARECIDOO! ¡QUÉ RABIAAA!
¡YA ESTOY HARTO!
NO PODEMOS HACER NADA CONTRA SU MAGIA.
¡OTRA VEZ SE HA ESCA-PADO!
¡¡ESTAMOS COMPLE-TAMENTE ATADOS!!
VÁMONOS.

LOS TRUCOS MÁGICOS NO PARECEN TAN COMPLICADOS CUANDO SABES CÓMO FUNCIONAN, ¿EH...?
Y QUE LO DIGAS. LOS TRUCOS DE PRESTIDIGITACIÓN SON ASOMBROSAMENTE SENCILLOS.

¿DÓNDE ESTÁ LA GUARIDA DEL IMPOSTOR Y DE PERFECTO DESCONOCIDO?
NO TENGO NI LA MENOR IDEA.

LO QUE MÁS ME ESCAMA ES QUE PARA ESCONDER TANTOS CUADROS HACE FALTA UN ESPACIO MUY GRANDE...

HMMM... ¿UN LUGAR GRANDE?

¡AH! PODRÍA SER QUE...

EN OKUTAMA HAY MUCHAS CUEVAS... ¿PODRÍA HABER USADO UNA?
¿CÓMO? ¿CUEVAS?

¡MUY BIEN PENSADO, ASTROBOY! ¡CREO QUE VALE LA PENA IR A VER!
¡SÍ!

ENTRADA
CUEVAS Y GRUTAS SUBTERRÁNEAS DE
OKUTAMA

COMPREN SU ENTRADA, SEÑORAS Y SEÑORAS.

¡BIEN! EMPEZAREMOS LA VISITA...
¡ATCHÍS! UFFF... QUÉ FRESQUITO HACE AQUÍ ...
COJAN UNA VELA CADA UNO, POR FAVOR.

CUIDADO NO VAYAN A TROPEZAR...

ANDAREMOS 50 METROS POR ESTE PASILLO ESTRECHO.
¡UH! ¿VELAS? QUÉ ANTICUADO...

BUENO, EL PASILLO ES ESTRECHO, PERO SE PUEDEN PASAR CUADROS BASTANTE GRANDES POR ÉL...

ESTA ES LA PRIMERA GRUTA.

¡INCREÍBLE!
ESTA CUEVA TIENE MÁS DE 200 METROS DE ALTURA.

QU... ¿QUÉ HA-CES?

ES QUE ASÍ VEO MEJOR...
¡PUES LE QUITAS TODA LA GRACIA!

¡LO MEJOR ES VER ESTAS GRUTAS A LA TENUE LUZ DE LAS VELAS!
AH... SI USTED LO DICE...

SÍGANME, POR FAVOR. NO SE DESPISTEN.

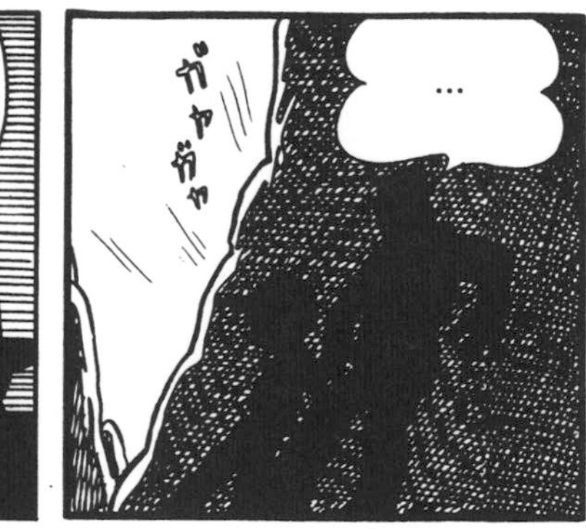
ガャガャ
...

AHORA: ENCIEN-DE LOS FOCOS, VAMOS.

¡KINO!

HAY QUE MIRAR EN CADA GRUTA, POR PEQUEÑA QUE SEA.

¡EN ESA PARTE NO HAY ES-TALACTITAS! SEGURO QUE...

MIRE ESTO...

QUÉ RARO... EL CAMINO DA A ESTE ESTANQUE SUBTERRÁNEO.

...LAS ROMPIERON AL PASAR ALGO GRAN-DE POR UN ESPACIO TAN ESTRECHO.

IGUAL SÍ.
COMO LOS MARCOS DE UNAS PINTURAS.

NO CREO QUE LAS HAYAN ESCONDIDO EN EL AGUA...

¡MIRA, HAY UN BOTÓN!

HMMM... MUY ASTUTO.

AH... ¡INCREÍ-BLE!

¿QUÉ TE PARECE? INTERESANTE, ¿VERDAD?

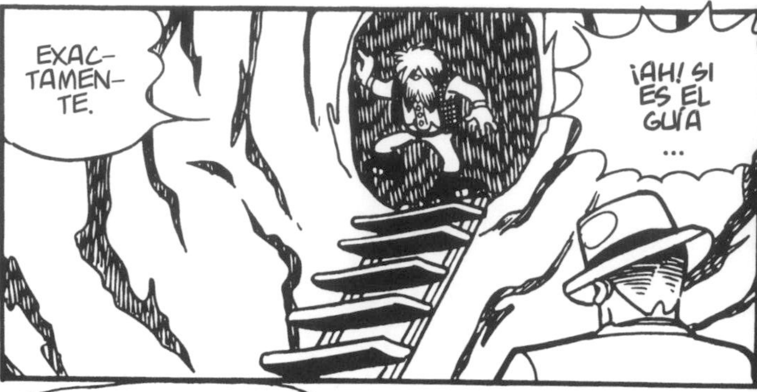
¡AH! SI ES EL GUÍA ...
EXACTAMENTE.

TAMBIÉN PUEDES LLAMARME PERFECTO DESCONOCIDO.

YA QUE ESTAMOS, TE PRESENTARÉ A TU SUSTITUTO.

¡AH!

ニヤリ

ES UNA COPIA PERFECTA DE TI, KINO... MEJOR DICHO, ES TU OTRO YO...
AUNQUE ES MUY DIFERENTE A TI.

ESTE ROBOT TIENE MUCHOS MENOS ESCRÚPULOS QUE TÚ Y NO LE IMPORTA EN ABSOLUTO QUEBRANTAR LA LEY.

¡VOY A DESTRUIR A ESE MALVADO!

¿DESTRUIRLE? CREO QUE VAIS A SER VOSOTROS LOS QUE ACABÉIS HECHOS CHATARRA.

PORQUE SI TÚ, EL AUTÉNTICO KINO, DESAPARECES... ¡EL IMPOSTOR PASARÁ A SER EL DE VERDAD!

Y NO PODRÉIS HUIR POR MUCHO QUE LO INTENTÉIS... ¡JUAAA, JA, JA, JA,JA!

¡AAH!

¡ASTROBOY, NO TENEMOS MÁS REMEDIO QUE LUCHAR!

¡TÚ ENCÁRGATE DEL IMPOSTOR, Y YO DE LA ARAÑA!

¡MALDITO IMPOSTOR!

¡ASÍ NO ACABAREMOS NUNCA!

OH, NO... AL SER UNA COPIA PERFECTA DE MÍ, TIENE LAS MISMAS CAPACIDADES Y PODER QUE YO.

¡ASTRO-BOY! ¡CAMBIEMOS DE LUGAR!

¡SHAAA!

¡TOMA!

AL FIN HE ACABADO CON LA ARAÑA.

¿DÓNDE ESTÁ EL IMPOSTOR, KINO?
ACABA DE HUIR.

¿POR DÓNDE?
POR ESE AGUJERO.

AGUJERO... ¿CUÁL? QUÉ RARO...

ピカッ!

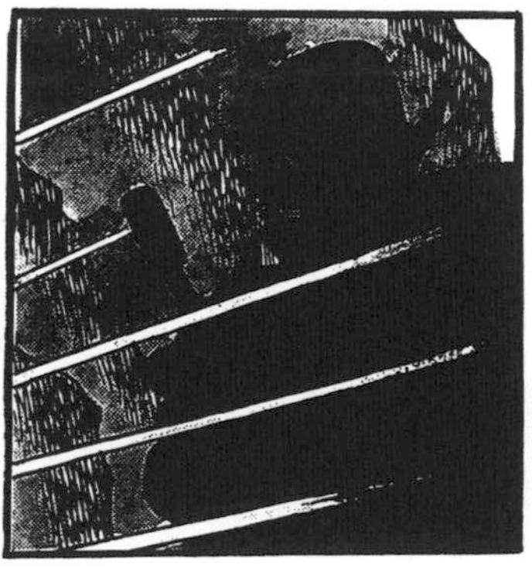

ボロボロ…ッ

¡ESTA VEZ NO VA A ENGAÑARME!
¡HA VUELTO A USAR EL TRUCO ESE!

¡SE HA METIDO AQUÍ DENTRO!

AHORA YA SÉ CÓMO FUNCIONA EL TRUCO.
¡POR ESE AGUJERO!

¿¡ASÍ QUE ESTABAS AQUÍ!? ¡ERES UN TRAMPOSO!

UN ROBOT COMO TÚ...
¡...ES UNA VERGÜENZA PARA TODOS!

¡ESPERA!

¿¡QUÉ ME DICES AHORA!?

VOY A DESTROZARTE EL CUELLO PARA QUE DEJES DE MOVERTE.

AUNQUE SEA UN IMPOSTOR...
...ES COMO SI FUERA MI HERMANO.

¿POR QUÉ?
¡NO LO DESTROCES, ASTROBOY, POR FAVOR!

TSK
BUENO, SI ME LO PIDES ASÍ...

¿CÓMO DECÍRTELO...? POR FAVOR, CONFÍA EN MÍ Y SUÉLTALE...

PERO SI ESTE ROBOT ES MALVADO Y NO TIENE ESCRÚPULOS.

...Y SE VOLVERÁ UN ROBOT DECENTE.
¡SE CONVERTIRÁ EN UN DISCÍPULO Y COMPAÑERO IDEAL PARA MÍ!

SOLO HACE FALTA ARREGLARLE EL CEREBRO ELECTRÓNICO...

VOY A REMODELARLE.
GRACIAS, ASTROBOY. YO ME ENCARGARÉ DE ÉL.

¿ESTABAS AQUÍ? ¿YA HAS ACABADO CON ESOS DOS?

¿DÓNDE SE HABRÁ METIDO ESE INÚTIL DEL IMPOSTOR!?

¿¡EL DE VER-DAD!?
¿EH?

JU, JU... YO SOY EL DE VERDAD.

¿DÓN-DE ESTÁ EL AU-TÉN-TICO KINO?

YA LE TENEMOS, ASTRO-BOY.

¡ADENTRO!
¡UGH!

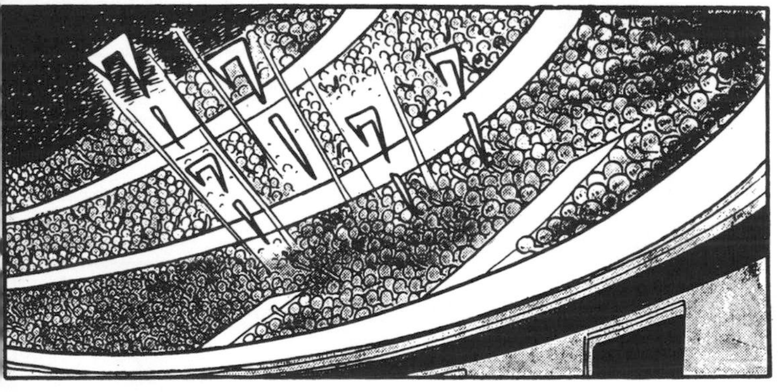

SÍ... AYER REPAR-TIERON ESTOS PANFLE-TOS.
¿ES CIERTO ESO QUE DICEN QUE KINO VA A ACTUAR EN ESTE CIRCO A PESAR DE ESTAR PERSEGUIDO...?

NO, HOMBRE, NO. KINO DICE QUE QUIERE DECIR ALGO IMPORTANTE.

¡...QUÉ CARADURA LLEGA A SER!
HMMM... ESE LADRÓN DE KINO...

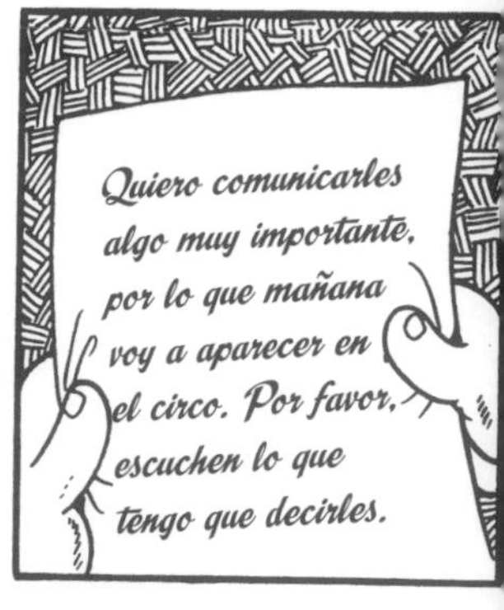
Quiero comunicarles algo muy importante, por lo que mañana voy a aparecer en el circo. Por favor, escuchen lo que tengo que decirles.

¡SI SE LE OCURRE SALIR, DISPARAD!

YO ESTOY AQUÍ DESDE ESTA MAÑANA.
¿SEGURO QUE VENDRÁ?

BAH... ¿Y A MÍ QUÉ?

¡AHÍ ESTÁ! ¿PREPARADOS?

TRANQUILÍCENSE, SEÑORAS Y SEÑORES, Y ESCUCHEN MIS PALABRAS... YO SOY EL KINO DE VERDAD...
COMO LO HA ATADO CON UN CORDEL, NO PASA NADA PORQUE LUEGO LO RECUPERA.

¡QUÉ CARA LLEGAS A TENER!
¡FUERA! ¡LADRÓN! ¡TIMADOR, FARSANTE!

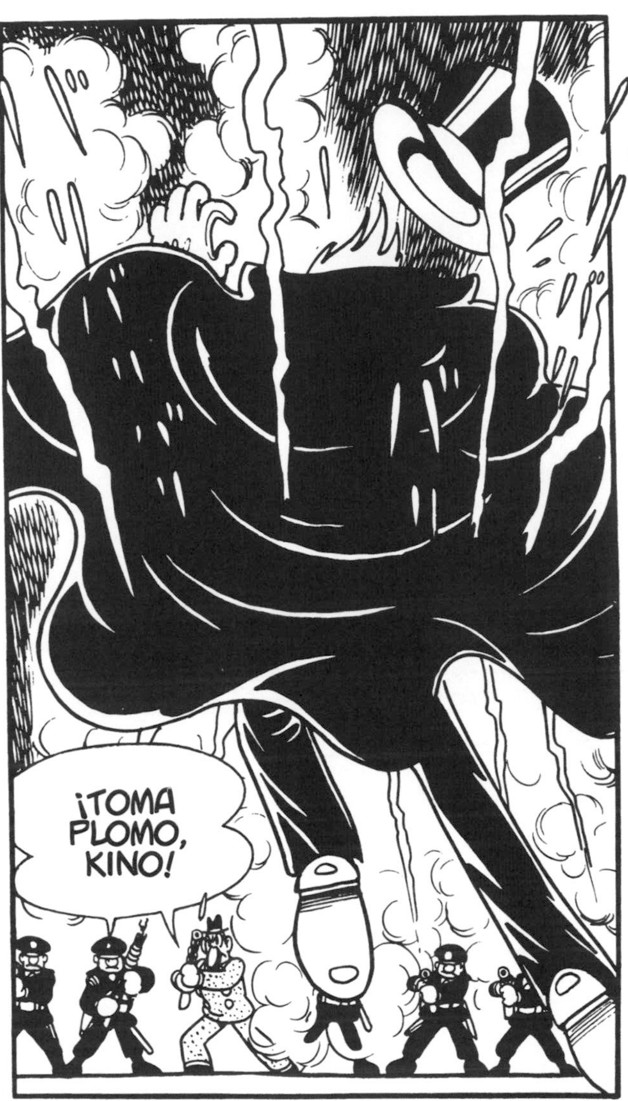
¡TOMA PLOMO, KINO!

¿QUÉ ME DICES AHORA? ¡ESTÁS ACABADO! ¡VAMOS, CONFIESA: ¿DÓNDE ESTÁN LOS CUADROS?!
SUPONGO QUE HAS VENIDO AL COMPRENDER QUE ERA INÚTIL SEGUIR RESISTIÉNDOTE, ¿NO?
MODELO DE 1962
MODELO DE 1762

ME QUEDAN UNOS DIEZ MINUTOS DE VIDA... MI TUBO DE VACÍO ESTÁ ROTO... VOY A ESTROPEARME.
ESPERE, SEÑOR INSPECTOR...

¡QUIERO QUE SEAN TESTIGOS DE LA ÚLTIMA DEMOSTRACIÓN MÁGICA...!
¡...DEL GRAN MAGO KINO, ANTES DE QUE MUERA!

¡ALEHOP!

SHHH
SHHH
SHH

HMM... ¡NO VAS A ENGAÑARME OTRA VEZ!

LES PRESENTO AL
MAGO PERFECTO DESCO-
NOCIDO... ¡EL AUTÉNTICO
LADRÓN DE LAS OBRAS
DEL MUSEO NACIONAL
DE ARTE!

¿CREES
QUE PODRÁS
ESCAPAR?

¡MUY BIEN! ¡ES GENIAL!
¡GENIAL, GENIAL!

¡VOY A QUITARME LA ROPA! ¡Y TÚ CAERÁS JUNTO A ELLA!

¡OH, NO! ¡ME HE QUITADO DEMASIADA!

¡TUS TRUCOS NO FUNCIONARÁN CONMIGO!

ENSEGUIDA LES PRESENTO A UN TERCER MAGO.

SE TRATA DEL FALSO MAGO KINO... ¡UN DOBLE MÍO QUE FUE OBLIGADO POR PERFECTO DESCONOCIDO A ROBAR LOS CUADROS!
MUY BUENAS.
?
?
?
?

¡DOCTOR OCHANOMIZU! ¿QUÉ SIGNIFICA TODO ESTO?

ポカ〜ン

PUES QUE EL MALVADO PERFECTO DESCONOCIDO SECUESTRÓ A KINO PARA INVESTIGAR SU CUERPO Y PARA...
...CONSTRUIR UN ROBOT A SU SEMEJANZA, AL QUE PODER CONTROLAR A VOLUNTAD. ¡ESO HIZO QUE HUBIERA DOS KINOS Y QUE UNO FUERA UN LADRÓN!

COMO PUE-DEN VER, DEVUELVO LOS CUA-DROS QUE FUERON ROBADOS.

ANOCHE, KINO ME LLEVÓ SU IMPOSTOR A CASA. YO LE REMO-DELÉ Y LE CONVERTÍ EN UN ROBOT SIN NINGÚN TIPO DE DE-FECTO.

AHORA ES IDÉNTICO A MÍ, Y SABE HACER LO MISMO QUE YO. A PARTIR DE AHO-RA, ÉL SERÁ EL MAGO KINO.

...SE... ACA... BÓ...

BIEN... CON ESTO... TERMINA MI NÚMERO DE HOY...

AGUANTA, POR FAVOR... EL DOCTOR OCHANOMIZU TE REPARARÁ.
JA, JA... EL MAGO KINO ES INMORTAL.

¡KINO!

ガチャリ

MIRA... AHÍ ESTOY ...

LO SIENTO MUCHO, ASTROBOY. VOLVERÉ ENSEGUIDA A LA JEFATURA...
...E INFORMARÉ AL DIRECTOR. VOY A PEDIRLE QUE EXPLIQUE TODO ESTO ANTE EL PARLAMENTO.

PUEDES ESTAR TRANQUILO. HARÉ TODO LO POSIBLE POR QUE TODO SIGA IGUAL.
¿ENTONCES LA LEY ROBÓTICA NO VA A SUFRIR CAMBIOS?

¡SEÑORAS Y CABALLEROS! ¡AHORA, KINO II TOMARÁ LA BATUTA DE SU PREDECESOR KINO Y NOS MOSTRARÁ SU FABULOSA MAGIA...!

Capítulo 6:
PLANETA BLANCO

ドカ
ドカ ドカ ドカ

¡AHÍ ESTÁ!
¡HAY QUE HACERLO DE-PRISA!

VAMOS A VER... ESTE COCHE, PLANETA BLANCO, HA VENIDO GANANDO CONSECUTI-VAMENTE EN LAS CINCO ÚLTIMAS EDICIONES DEL GRAN PREMIO DEL ECUADOR, PERO ESTE AÑO NO VOY A PERMITIR QUE VUELVA A PASARNOS LA MANO POR LA CARA.

¿¡QUIÉ-
NES
SOIS!?

¿QUÉ LE
HACÉIS A
MI PLANETA
BLANCO?

BANG!
BANG
CRUSH!

ボスッ

¡JA, JA, JA, JA, JA!
¡JA, JA, JA, JA, JA...!

ES EL FIN DE PLANETA BLANCO. YA ERA HORA.

¡KOICHI!
¡KOAAAH!
¿¡QUÉ TE HA PASADO!?
AH... MITSUKO ...
¡BUAAAAAAHHH!
¡¡PLANETA BLANCO HA MUERTO!!
ERA MI AMIGO DESDE QUE ERA UN BEBÉ...
¡ERA EL MEJOR ROBOCOCHE DEL MUNDO!
¿SEGURO QUE NO SE PUEDE ARREGLAR...?
MÍRALO BIEN... ¿CREES HAY REMEDIO?
¡DEVOLVEDME A PLANETA BLANCO! ¡DEVOLVÉDMELO, MALDITA SEA!
¿QUIÉNES DEMONIOS SOIS? ¿POR QUÉ LE TENÉIS TANTA ENVIDIA A MI COCHE?

AL FIN Y AL CABO, TÚ ERES MÁS IMPORTANTE QUE EL COCHE, Y AUNQUE NO SÉ PUEDA...

¡IMPOSIBLE! QUIZÁS PUEDA ARREGLARLO, PERO NUNCA MÁS VOLVERÁ A SER EL MEJOR DEL MUNDO.

TODAVÍA QUEDA UNA SEMANA PARA LA CARRERA. SI SE LO PEDIMOS AL DOCTOR OCHANOMIZU IGUAL LO ARRE-GLA.

¡IDIOTA!

KOICHI (5 AÑOS)
FOTO POR PAPÁ

GANADOR DEL PRIMER PREMIO

¡MITSUKO! ¿ES QUE NO SABES CUÁNTO AMO YO A ESTE COCHE?

¿ESTE COCHE LO DESARROLLÓ TU DIFUNTO PADRE?
EXACTO, ESO ES.

YO QUIERO TANTO A ESTE COCHE COMO A UN HERMANO, TANTO COMO A MITSUKO.

Y EN ESTOS MOMENTOS, NO TENEMOS CIRCUITOS ASÍ EN EL MINISTERIO...
ES DESOLADOR.

PARA PODER ARREGLARLO NECESITAREMOS UNOS CIRCUITOS DE CEREBRO ELECTRÓNICO TAN PRECISOS COMO LOS DEL CEREBRO HUMANO.

NO CREO QUE HAYA NINGUNO CON...
¡HAY UNO!

PODEMOS TRASPLANTARLE EL CEREBRO DE UN BUEN ROBOT.

¡UN MOMENTO, KOICHI! ¡TODAVÍA NO SÉ SI ES POSIBLE, PERO EXISTE UNA MANERA!

¡AHORA YA LO SABES...!
¡PRÉSTANOSLO PARA EL GP DEL ECUADOR!
¿ME CONVERTIRÉ EN COCHE?

¡ASTROBOY!
¿PODRÍAS PRESTARME TU CEREBRO ELECTRÓNICO?

¿QUIÉN ANDA AHÍ? ¡NO SE PUEDE ENTRAR!
SOY MITSUKO. QUIERO DECIRLE ALGO, DOCTOR.
¡OOH...! ¡ESTA ARREGLADO...! ¡GRACIAS, ASTROBOY! ¡GRACIAS!
HA ENCAJADO PERFECTAMENTE, COMO SI ESTUVIERA HECHO A MEDIDA.

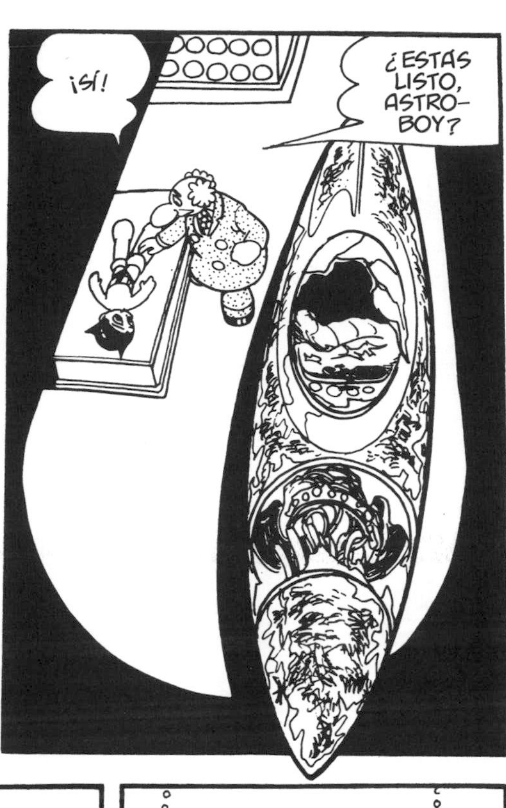
¿ESTAS LISTO, ASTROBOY?
¡SÍ!

¡KOICHI! ¡YA ESTÁ ARREGLADO! ¿QUIERES PROBARLO?

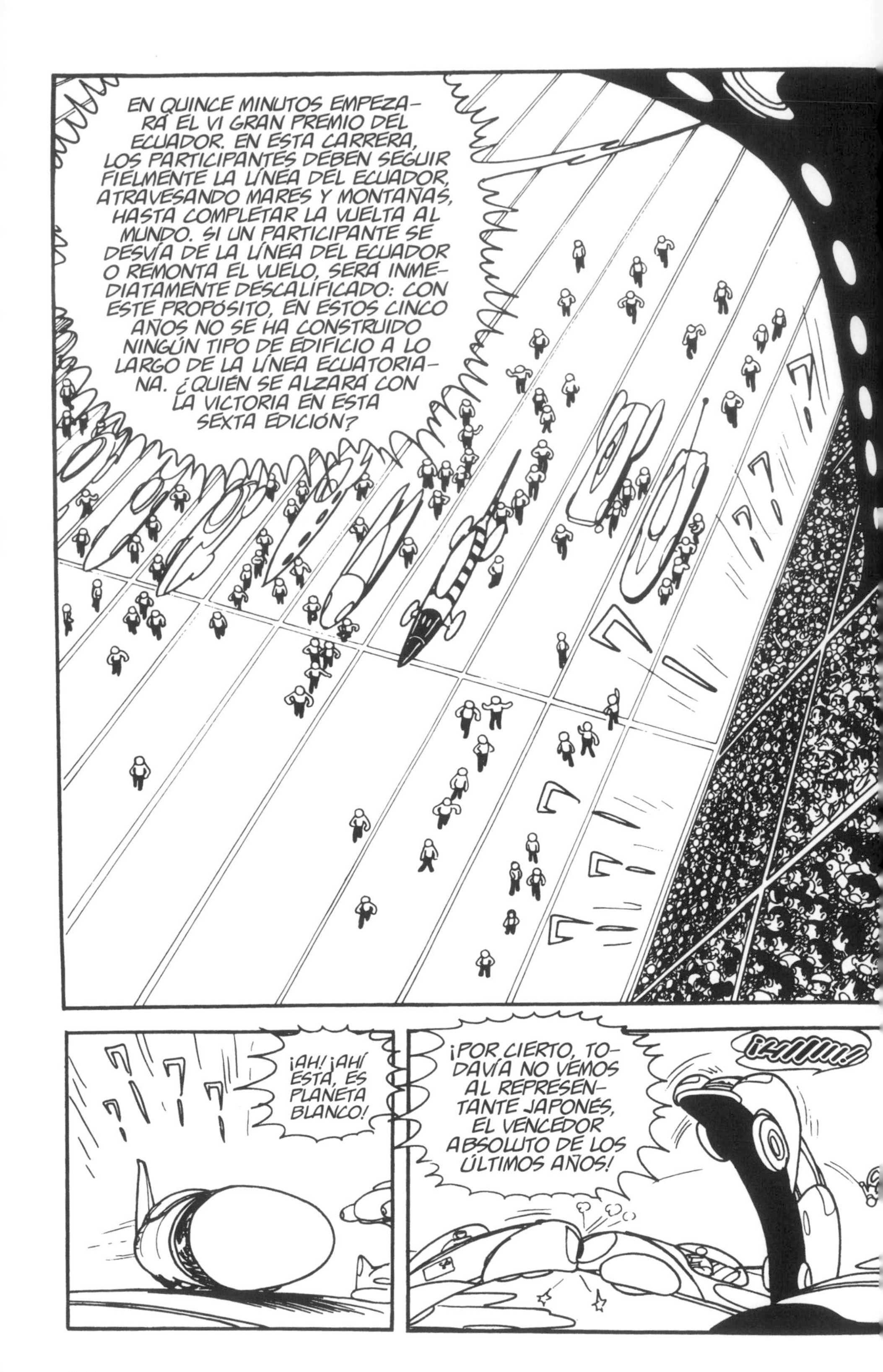
EN QUINCE MINUTOS EMPEZARÁ EL VI GRAN PREMIO DEL ECUADOR. EN ESTA CARRERA, LOS PARTICIPANTES DEBEN SEGUIR FIELMENTE LA LÍNEA DEL ECUADOR, ATRAVESANDO MARES Y MONTAÑAS, HASTA COMPLETAR LA VUELTA AL MUNDO. SI UN PARTICIPANTE SE DESVÍA DE LA LÍNEA DEL ECUADOR O REMONTA EL VUELO, SERÁ INMEDIATAMENTE DESCALIFICADO: CON ESTE PROPÓSITO, EN ESTOS CINCO AÑOS NO SE HA CONSTRUIDO NINGÚN TIPO DE EDIFICIO A LO LARGO DE LA LÍNEA ECUATORIANA. ¿QUIÉN SE ALZARÁ CON LA VICTORIA EN ESTA SEXTA EDICIÓN?
¡AH! ¡AHÍ ESTÁ, ES PLANETA BLANCO!
¡POR CIERTO, TODAVÍA NO VEMOS AL REPRESENTANTE JAPONÉS, EL VENCEDOR ABSOLUTO DE LOS ÚLTIMOS AÑOS!

¡SÍ!
¡IDIOTAS! ¡HAY QUE IMPEDIR QUE GANE! ¡TENDEDLE UNA EMBOSCADA Y HACED QUE VUELE POR LOS AIRES!
PE... PERO SI LO DEJAMOS HECHO UN CROMO.
MALDITA SEA, HAN REPARADO A PLANETA BLANCO.
¿PREPARADOS?
バム!!
¡ANIMO, PLANETA BLANCOOOO!

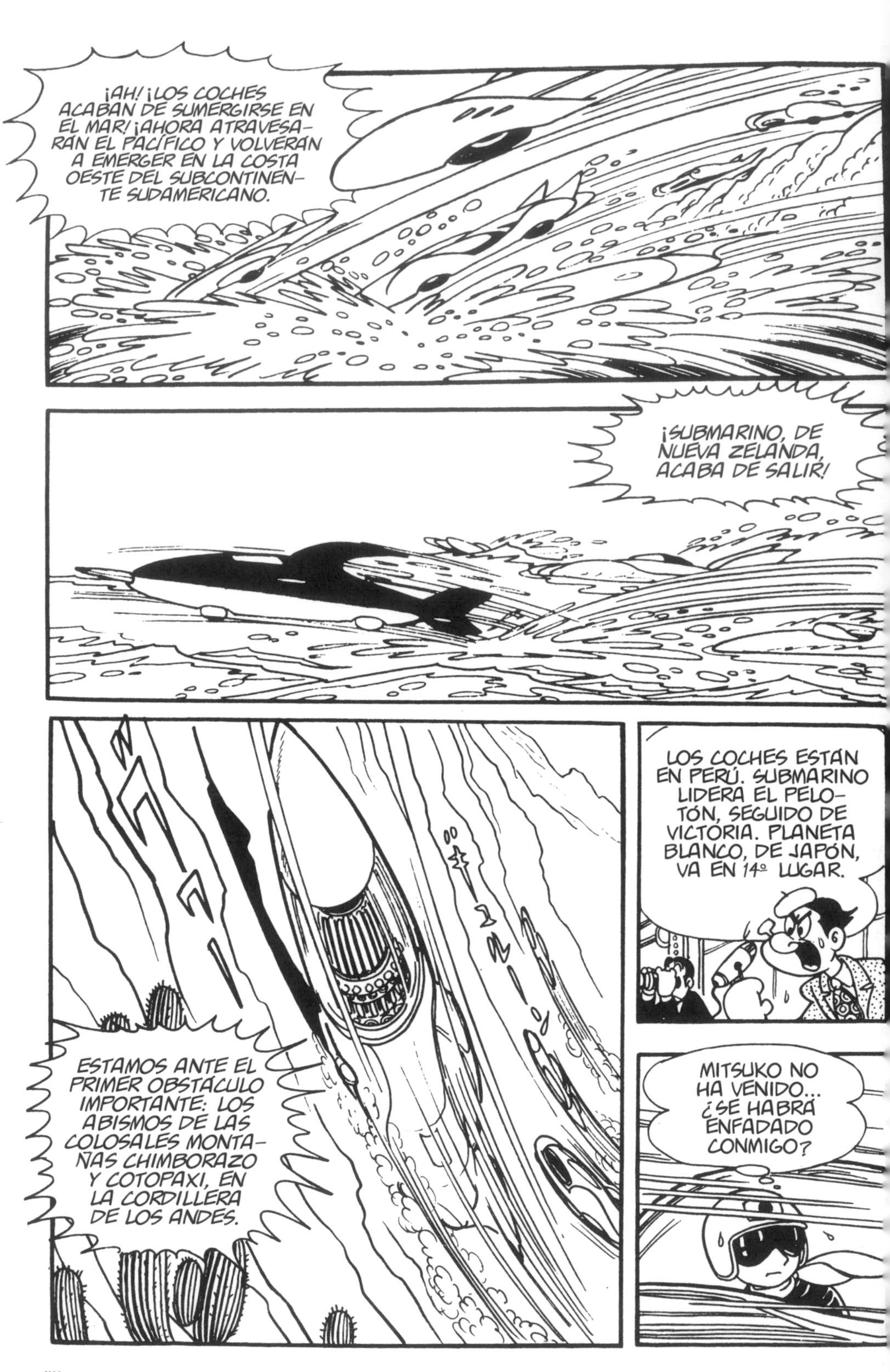
¡AH! ¡LOS COCHES ACABAN DE SUMERGIRSE EN EL MAR! ¡AHORA ATRAVESARÁN EL PACÍFICO Y VOLVERÁN A EMERGER EN LA COSTA OESTE DEL SUBCONTINENTE SUDAMERICANO.
¡SUBMARINO, DE NUEVA ZELANDA, ACABA DE SALIR!
LOS COCHES ESTÁN EN PERÚ. SUBMARINO LIDERA EL PELOTÓN, SEGUIDO DE VICTORIA. PLANETA BLANCO, DE JAPÓN, VA EN 14º LUGAR.
ESTAMOS ANTE EL PRIMER OBSTÁCULO IMPORTANTE: LOS ABISMOS DE LAS COLOSALES MONTAÑAS CHIMBORAZO Y COTOPAXI, EN LA CORDILLERA DE LOS ANDES.
MITSUKO NO HA VENIDO... ¿SE HABRÁ ENFADADO CONMIGO?

¡30º Y 5' A LA DERECHA! ¡ÁNGULO DE ELEVACIÓN, 11º!
BIP BIP BIP BIP BIP
¡BLANCO ESTÁ QUE SE SALE! ¡ME GUSTARÍA QUE LO VIERA MITSUKO!
SEGUNDA ZONA: LAS MARISMAS DEL CURSO ALTO DEL AMAZONAS. ¡AQUÍ HAY PELIGROSAS ARENAS MOVEDIZAS!
VELOCIDAD, 6800. ¡20º A LA IZQUIERDA! ¡ADELANTE!
¿QUÉ OCURRE?

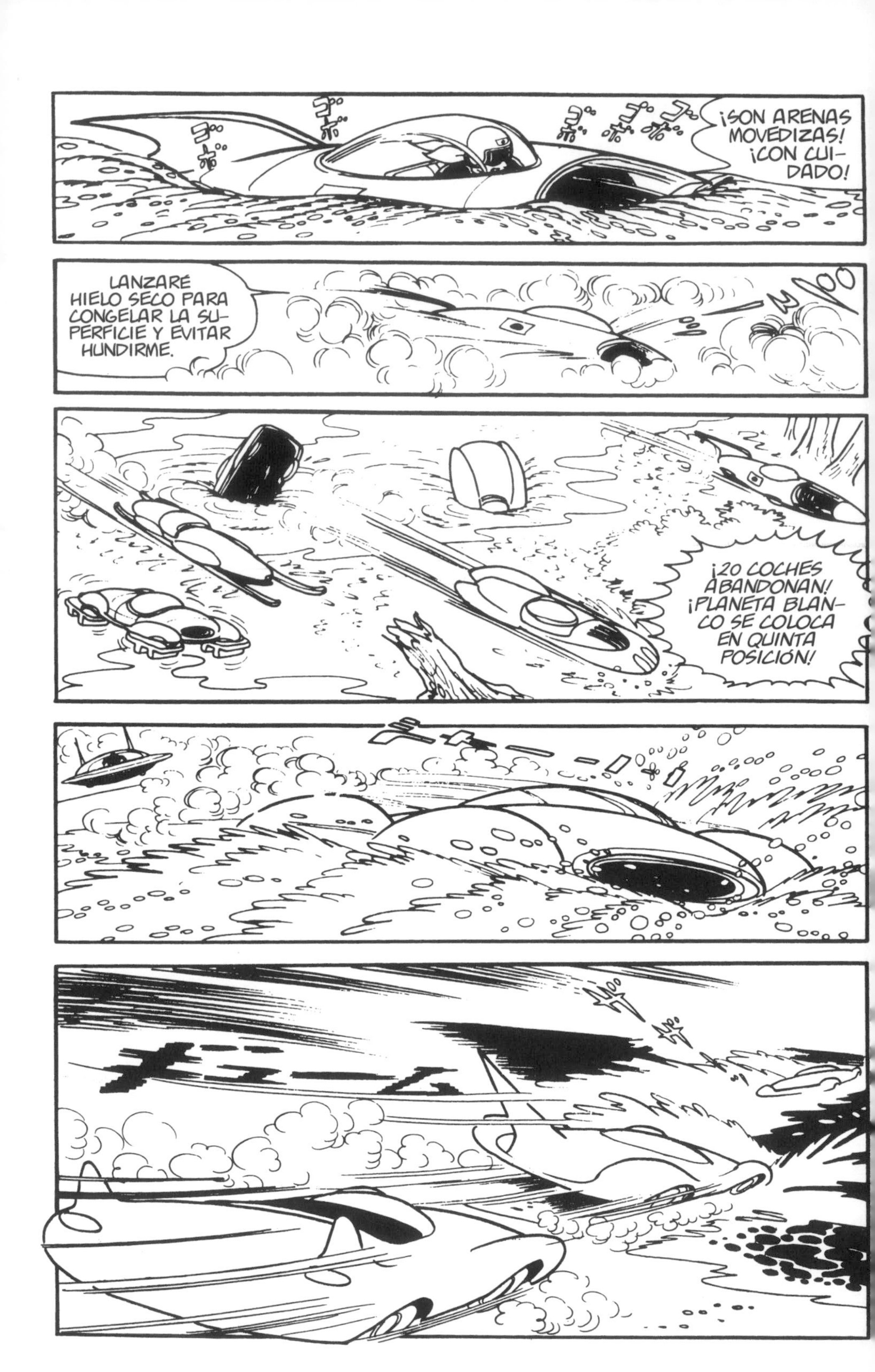
¡SON ARENAS MOVEDIZAS! ¡CON CUIDADO!
LANZARÉ HIELO SECO PARA CONGELAR LA SUPERFICIE Y EVITAR HUNDIRME.
¡20 COCHES ABANDONAN! ¡PLANETA BLANCO SE COLOCA EN QUINTA POSICIÓN!

¡PEGASO, EL LÍDER DE LA CARRERA, ACABA DE SUMERGIRSE EN EL OCÉANO ATLÁNTICO! A CONTINUACIÓN LE SIGUEN DE CERCA VICTORIA, ZORRO DEL RIN, JÉROD Y PLANETA BLANCO! ¡ESTA TARDE ESTÁ PREVISTO QUE LLEGUEN A LAS COSTAS DE ÁFRICA!

ASÍ ME GUSTA, VAMOS MUY BIEN...

¿ES EL DOCTOR OCHANOMIZU? EL COCHE FUNCIONA A LAS MIL MARAVILLAS, TODO GRACIAS A ASTROBOY.
ME ALEGRO MUCHO. PERO VE CON CUIDADO.

PUEDE QUE, AL VER A PLANETA BLANCO PARTICIPANDO EN LA CARRERA, ESOS MALVADOS TE HAYAN TENDIDO ALGUNA EMBOSCADA.
IRÉ CON CUIDADO.

DESIERTO DEL SAHARA, ÁFRICA.

¡AHÍ ESTÁ!
¡BIEN!

¡LISTO!

¡ES UNA BOMBA DE RELOJERÍA!

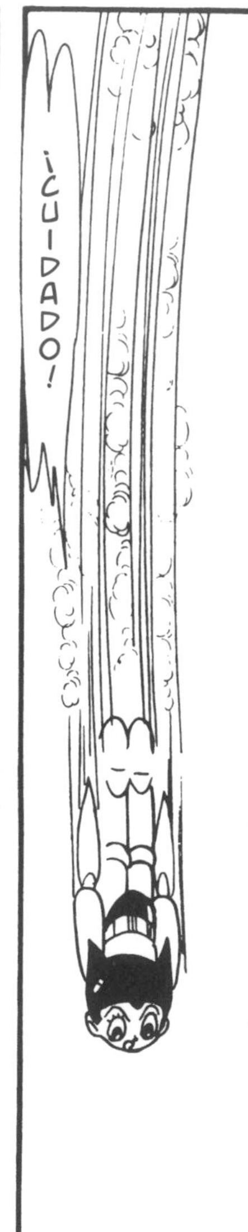
¡CUIDADO!

¡FUEGO!
MALDITA SEA, HEMOS VUELTO A FALLAR.

¡UAGGH!

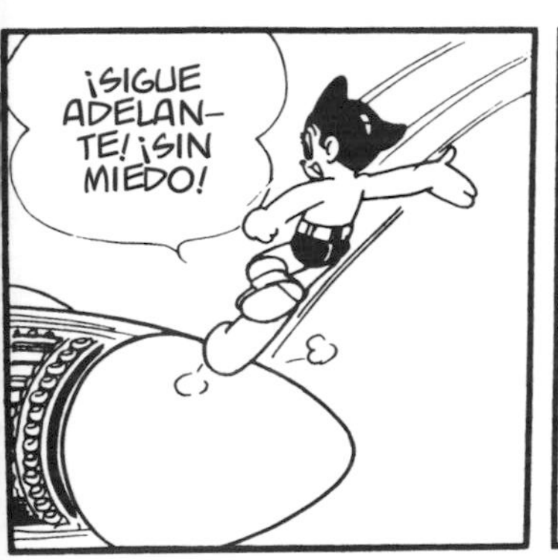
¡SIGUE ADELANTE! ¡SIN MIEDO!

UPS
NGH
OGH
BLUGH
NGH

NO, NO ERA YO.
PERO... PERO SI TÚ TE HABÍAS CONVERTIDO EN ESTE COCHE, ¿NO?

YO ME ENCARGO DE ENTREGARLES A LA POLICÍA.
¡ASTROBOY! PERO SI...
ESTABA ALERTA DESDE LO ALTO...

CUANDO TU PADRE CONSTRUYÓ A PLANETA BLANCO, TAMBIÉN DEJÓ HECHO UN CEREBRO ELECTRÓNICO DE RECAMBIO.
¿DÓNDE?

ESE CEREBRO ESTABA A BUEN RECAUDO, EN FORMA DE ROBOT.
¿DE ROBOT? ¿QUÉ ROBOT?

TU HERMANA MITSUKO.
¿EH?

AUNQUE TÚ PENSARAS QUE ERA TU HERMANA MENOR, MITSUKO ERA EN REALIDAD UN ROBOT.
NOS PIDIÓ QUE LA PUSIÉRAMOS EN EL COCHE.

¿¡ENTONCES ERES TÚ, MITSUKO!?

MITSUKO YA NO ESTÁ, PERO EL COCHE HA REVIVIDO.

MITSUKO... ¡LO HARÉ LO MEJOR QUE PUEDA! ¡CORRAMOS JUNTOS!

¡PLANETA BLANCO ATRAVIESA LA LÍNEA DE META EN PRIMER LUGAR! ¡¡TAMBIÉN ESTE AÑO PLANETA BLANCO SE HA ALZADO CON LA VICTORIA FINAL!!

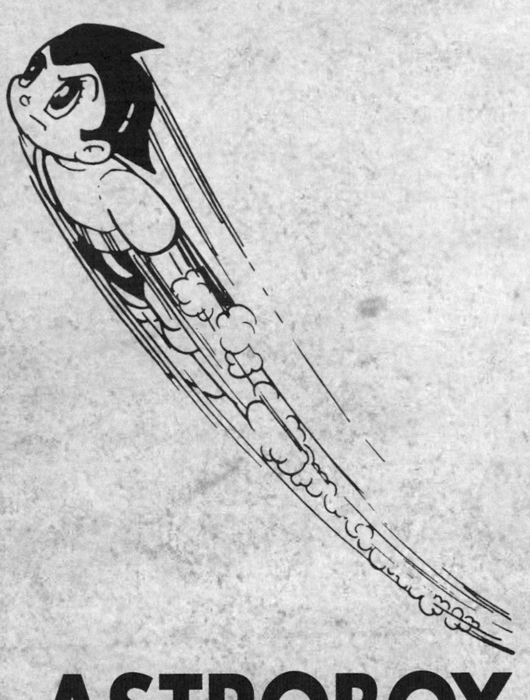

ASTROBOY

Capítulo 7:
EL MEJOR ROBOT SOBRE LA FAZ DE LA TIERRA

DESAPARECISTE SIN ALBERGAR EN TU CORAZÓN NI RASTRO DE DUDA, SOSPECHA, VERGÜENZA O RENCOR, TRAS HOLLAR CON TODA LA FUERZA DE TU SER EL CAMINO QUE TODOS NOSOTROS DEBERÍAMOS SEGUIR EN LA VIDA.
OH, PLUTÓN, QUE DESAPARECISTE, ROTO EN MIL PEDAZOS, EN ESE LEJANO PARAJE PLAGADO DE VOLCANES, GRANDES GRIETAS Y UNA SOFOCANTE CAPA DE NUBES Y HUMO.

¿CUÁNDO LES LLEGARÁ LA HORA DEL JUICIO A LOS HUMANOS, QUE SE DEJAN DOMINAR POR ESTÚPIDAS E INFANTILES ANSIAS DE PODER Y DE CONTROL QUE HACEN SUS VIDAS FRÁGILES E IMPERFECTAS, Y QUE SON CAPACES DE ELIMINARSE A SÍ MISMOS?
OH, MONTBLANC, NORTH 2, BRAND, GEZI-HT, HÉRCULES, EPSILON...

ESTA HISTORIA ES LA QUE MÁS POPULARIDAD COSECHÓ ENTRE TODAS LAS QUE COMPONEN EL CÓMIC DE ASTROBOY. MUCHÍSIMOS LECTORES SE VIERON ARRASTRADOS A LEER FEBRILMENTE LAS LUCHAS DE PLUTÓN CONTRA LOS DEMÁS ROBOTS... Y, SIN EMBARGO, AL NO CONSEGUIR IMPRIMIRLE A PLUTÓN UN CARÁCTER LO SUFICIENTEMENTE "MALVADO", ME LLEGÓ UN MONTÓN DE CARTAS DE PROTESTA NADA MÁS PUBLICAR LA PARTE EN LA QUE QUEDA DESTROZADO.
EN ESA ÉPOCA, LA SERIE DE TELEVISIÓN DE ASTROBOY EMPEZABA A HACERSE POPULAR Y YO MISMO DISFRUTABA COMO NUNCA DEL TRABAJO.

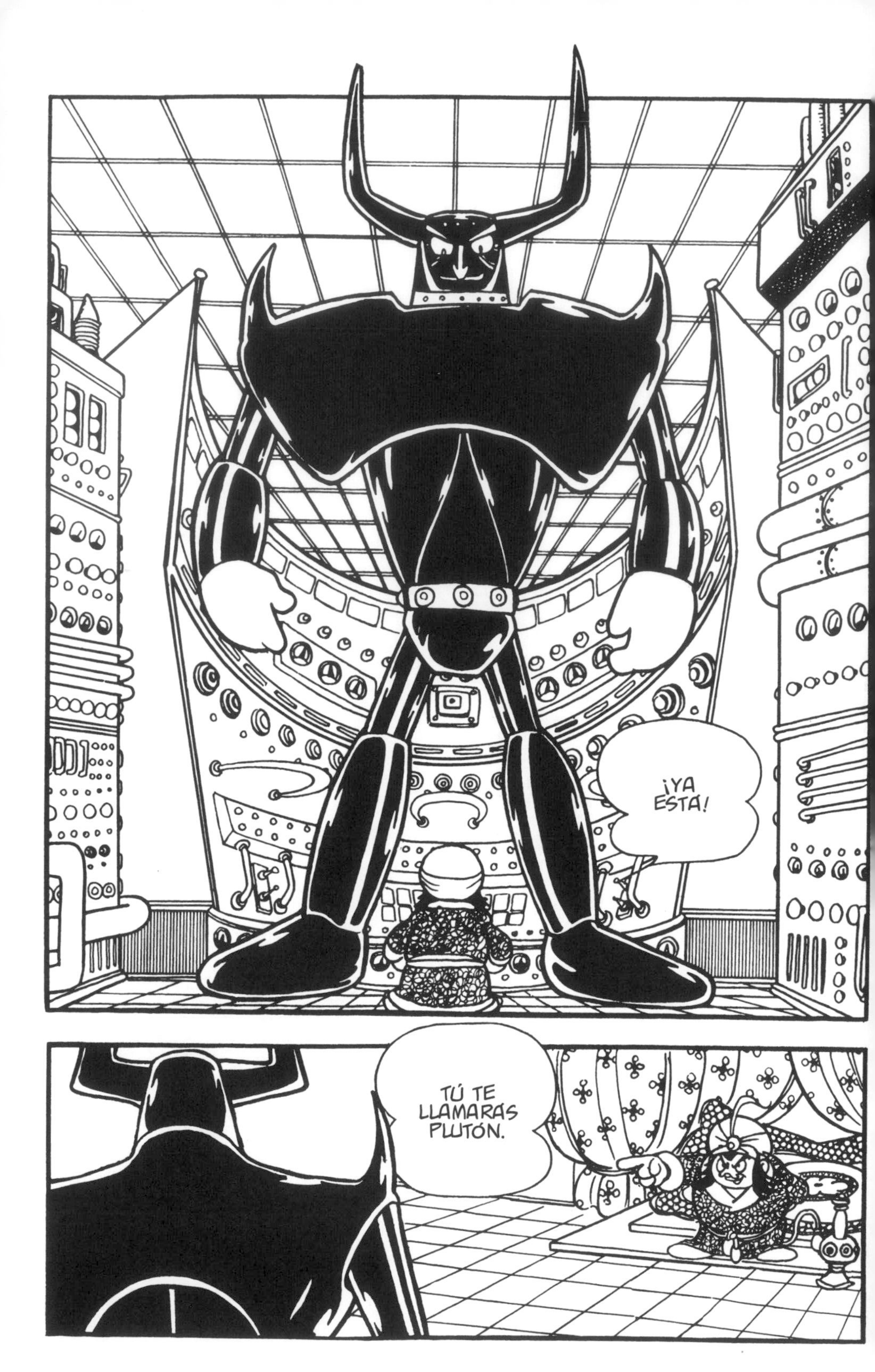
¡YA ESTÁ!
TÚ TE LLAMARÁS PLUTÓN.

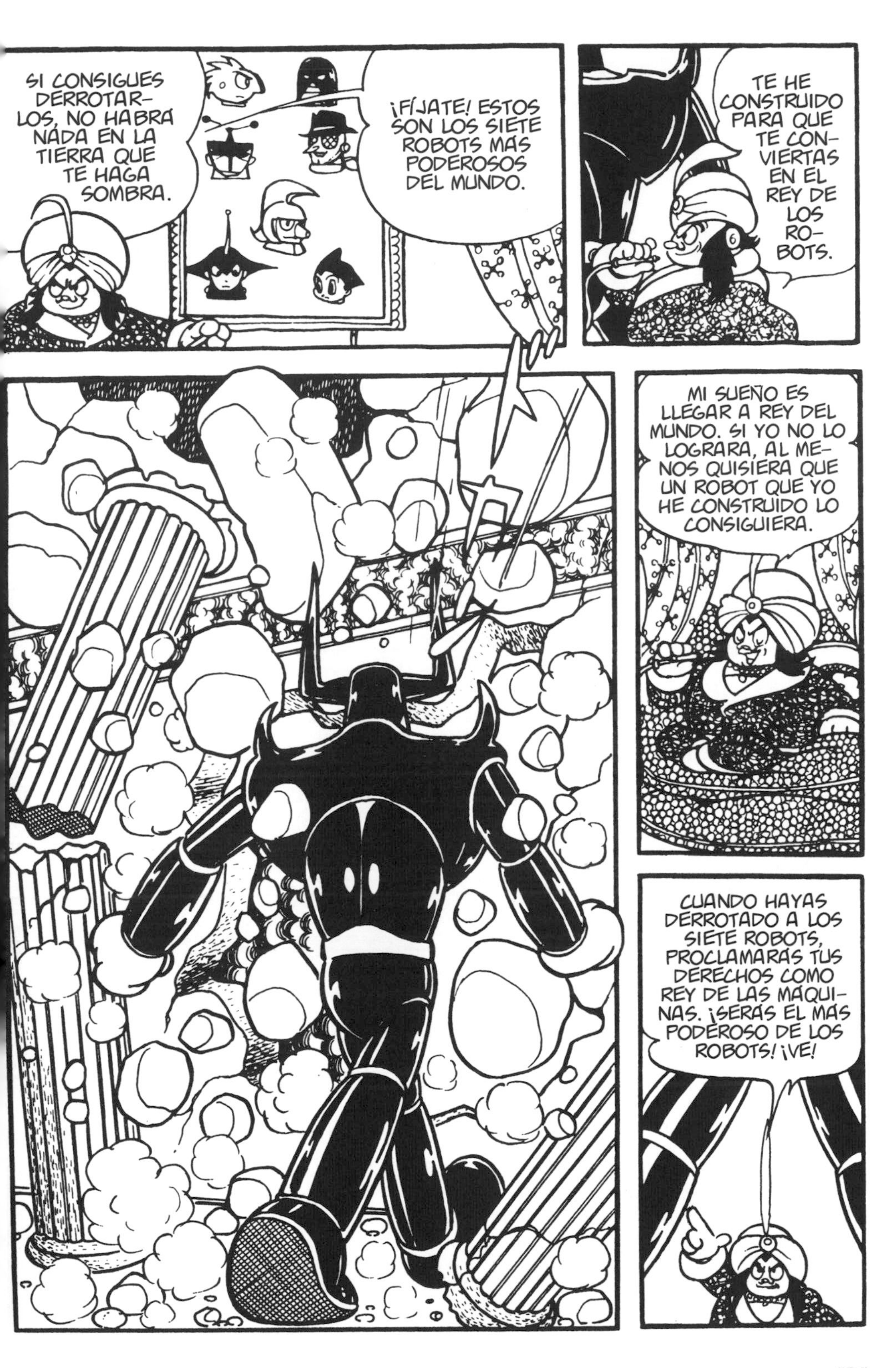
SI CONSIGUES DERROTARLOS, NO HABRÁ NADA EN LA TIERRA QUE TE HAGA SOMBRA.
¡FÍJATE! ESTOS SON LOS SIETE ROBOTS MÁS PODEROSOS DEL MUNDO.
TE HE CONSTRUIDO PARA QUE TE CONVIERTAS EN EL REY DE LOS ROBOTS.
MI SUEÑO ES LLEGAR A REY DEL MUNDO. SI YO NO LO LOGRARA, AL MENOS QUISIERA QUE UN ROBOT QUE YO HE CONSTRUIDO LO CONSIGUIERA.
CUANDO HAYAS DERROTADO A LOS SIETE ROBOTS, PROCLAMARÁS TUS DERECHOS COMO REY DE LAS MÁQUINAS. ¡SERÁS EL MÁS PODEROSO DE LOS ROBOTS! ¡VE!

¿ERES TÚ MONT-BLANC, EL MEJOR ROBOT-GUÍA ES-PECIALIZADO EN RUTAS DE MONTAÑA, CON 100.000 CABALLOS DE POTENCIA?

¿QUIÉN ES USTED? ¿DESEA ALGO?

PUES SÍ, PERO NO SON 100.000 CABA-LLOS, SINO 135.000, SE-ÑOR.

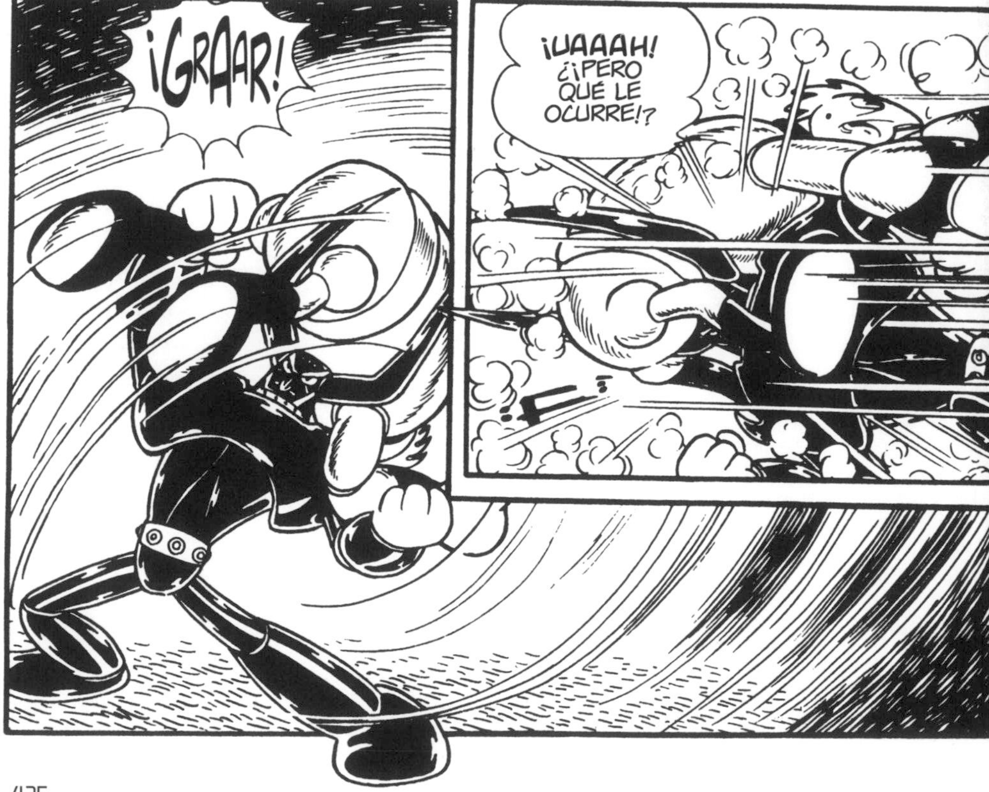
¡GRAAR!
¡UAAAH! ¿¡PERO QUÉ LE OCURRE!?

ZZzAAPp

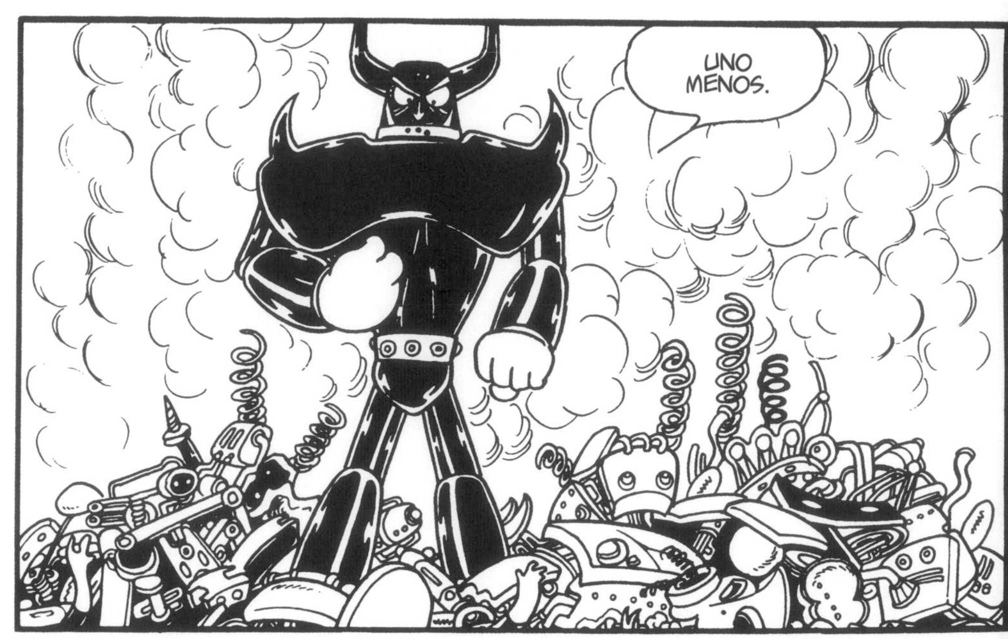
UNO MENOS.

EL SIGUIENTE ES... ¡ASTROBOY, DE JAPÓN, UN ROBOT DE 100.000 CABALLOS CONSTRUIDO POR EL MINISTERIO DE LA CIENCIA!

¿MONTBLANC? ESE ROBOT ERA INCREÍBLE, ¿NO? TENÍA 100.000 CABALLOS DE POTENCIA...

ÚLTIMA HORA: EL FAMOSO ROBOT SUIZO MONTBLANC, ESPECIALIZADO EN RUTAS DE MONTAÑA, HA SIDO DESTRUIDO. SE ESTÁN INVESTIGANDO LAS POSIBLES CAUSAS DEL SINIES-TRO, AUNQUE TODO PARECE INDICAR QUE HA SIDO OBRA DE OTRO ROBOT.

PUES VAYA... SI DE VERDAD HA SIDO OTRO ROBOT EL QUE LO HA DES-TROZADO...
...TEN-DRÁ MÁS DE 100.000 CABA-LLOS, ¿VER-DAD?

ANDA... ¿QUÉ LE PASA A LA ANTENA DE LA TELE?
IGUAL HAY ALGO AHÍ AFUERA. ¿QUÉ SERÁ?

¿ERES TÚ EL TAL ASTROBOY?
¿¡QUIÉN ERES!?

¡SAL DE AHÍ! ¡QUIE-RO LUCHAR CONTRA TI!
¿¡NO PIENSAS VENIR, MALDITO COBARDE!? ¡ERES PATÉTI-CO, ROBOT!

¡NO VAYAS, ASTROBOY! ¡ES PELIGROSO!

¡UAH!

SU CUERPO ES DURÍSIMO... RECHAZA TODOS MIS IMPACTOS SIN INMUTARSE.

BIEN... ¡INTENTARÉ DESTRUIRLE POR ENCI- MA!

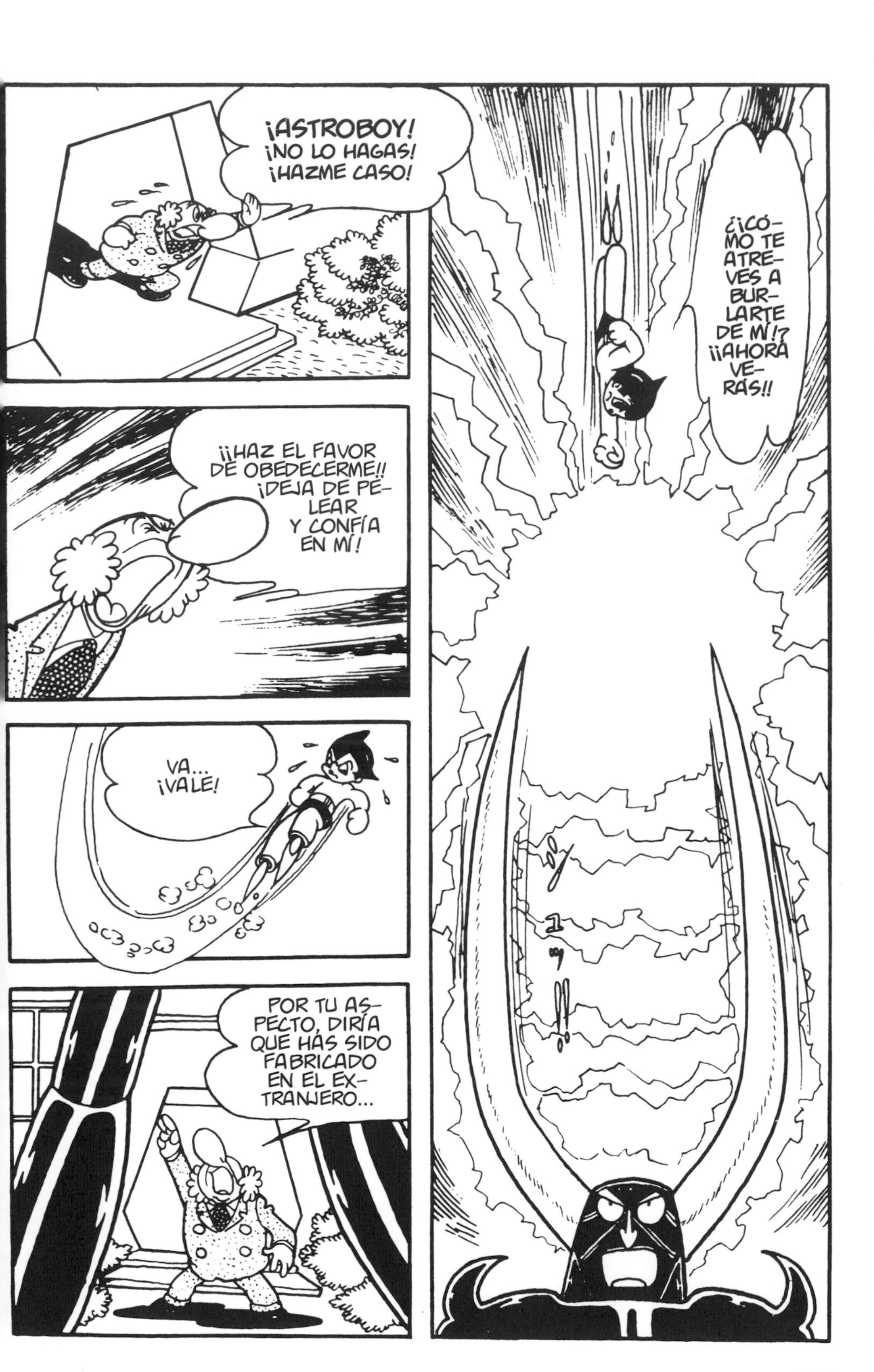
¡ASTROBOY! ¡NO LO HAGAS! ¡HAZME CASO!
¡¡HAZ EL FAVOR DE OBEDECERME!! ¡DEJA DE PELEAR Y CONFÍA EN MÍ!
VA... ¡VALE!
POR TU ASPECTO, DIRÍA QUE HAS SIDO FABRICADO EN EL EXTRANJERO...
¿¿CÓMO TE ATREVES A BURLARTE DE MÍ!? ¡¡AHORA VERÁS!!
ゴッ!!

YO FUI CONSTRUIDO PARA LUCHAR SOLO CONTRA ROBOTS.
APÁRTESE. YO NO PUEDO LUCHAR CONTRA HUMANOS.

¡SI LO QUE QUIERES ES ENFRENTARTE A ASTROBOY, PRIMERO DEBERÁS DERROTARME A MÍ!

¡QUE TE CALLES YA!

¿¡CÓMO!?

¡PUES CLARO! ¡UN ROBOT CAPAZ DE HACER DAÑO A HUMANOS ES UN MALVADO!

ME LLAMO PLUTÓN Y TENGO ÓRDENES DE PELEAR CONTRA LOS MEJORES ROBOTS DEL MUNDO Y DERROTARLES.

¿QUIÉN ES TU CREADOR? ¿POR QUÉ HAS VENIDO HASTA AQUÍ?

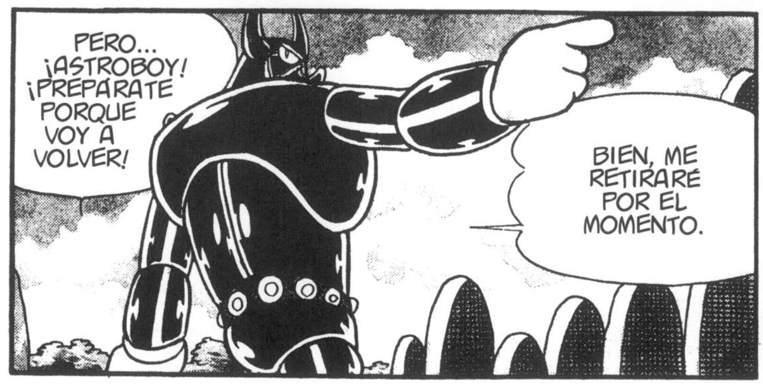
PERO... ¡ASTROBOY! ¡PREPÁRATE PORQUE VOY A VOLVER!
BIEN, ME RETIRARÉ POR EL MOMENTO.

LO SIENTO, PERO NO VAS A LUCHAR CONTRA ASTROBOY. ¡MÁRCHATE Y NO VUELVAS!

GRR...
¡NO VAYAS, ASTROBOY! ¡¡CON TU POTENCIA NO PODRÁS CON ÉL!!

¿¡QUÉEEEEE!?
¡QUIERO QUE HAGA DE MÍ UN ROBOT DE UN MILLÓN DE CABALLOS!

¡DOCTOR! ¡LE RUEGO QUE AUMENTE MI POTENCIA HASTA EL MILLÓN DE CABALLOS!

PERO SI TUVIERA UN MILLÓN, PODRÍA HACERLE MORDER EL POLVO A ESE ROBOT.

VAMOS A VER... ¡TÚ FUISTE CONSTRUIDO CON UNA POTENCIA DE 100.000 CABALLOS!

ESCÚCHAME, ASTROBOY... ¡TENER 100.000 CABALLOS NO ES NI MUCHO MENOS PARA SENTIR VERGÜENZA!

UN ROBOT DE 100.000 CABALLOS PUEDE CONVERTIRSE EN EL MAS IMPORTANTE DEL MUNDO SI SABE JUGAR BIEN SUS CARTAS.
SI EL PODER ESTUVIERA SOLO EN MANOS DE LOS MÁS FUERTES, ENTONCES EL MUNDO ESTARÍA DOMINADO POR LOS LUCHADORES DE LUCHA LIBRE... ¡PERO EN REALIDAD NO ES ASÍ!

DE ACUERDO, DOCTOR.

¡HERMANITO ASTROBOY!

¿POR QUÉ NO DERROTASTE A ESE ROBOT MALVADO? ¿POR QUÉ?

¡YA LO SÉ! ¡TE HAS ASUSTADO Y HAS HUIDO!

¡ERES UN BLANDENGUE! ¡ME HAS CAÍDO MUY BAJO, ASTROBOY!

...

ESTAMOS AHORA EN EL NORTE DE ESCOCIA...

SEÑOR, EL RADAR DETECTA...
...A UN GRAN ROBOT QUE SE ACERCA. AHORA ESTÁ A 30 KM AL SUR.
SERÁ UNO DE TUS AMIGOS, ¿NO?

NO, DIRÍA QUE TIENE INTENCIONES HOSTILES.

¿¡HOSTILES!?

SEÑOR, HACE UN MES ...
...UN SUPER ROBOT SUIZO LLAMADO MONTBLANC FUE ANIQUILADO. SUPONGO QUE LO RECUERDA.
S... SÍ... ¿Y QUÉ?

SE SUPONE QUE EL QUE LO HIZO FUE UN ROBOT DESCONOCIDO...
HMM

¡¡NORTH!! ¿¡INSINÚAS QUE ESE ES EL ROBOT QUE SE DIRIGE AHORA HACIA AQUÍ!?

QUIERE LUCHAR CONMIGO Y DESTRUIRME.

ES... ¿ESTÁS SEGU-RO?
SÍ.

¡MALDITA SEA! ¡¡UN ROBOTEJO VENIDO DE LA NADA NO VA A DESTROZAR A NORTH 2, EL ROBOT DEL QUE TODA ESCOCIA ESTÁ ORGULLOSA!!
¡VE Y ENSÉÑALE LO QUE ES BUENO!

¿¡POR QUÉ!? ¿¡QUÉ DEMONIOS PRETENDE!?

Y LUEGO TRÁEME LOS PE-DAZOS... LO DES-MANTELA-RÉ PARA INVESTI-GARLO.
¡POR SUPUES-TO! ¡DESTRÓ-ZALO...!
¿ME DA PERMISO PARA LUCHAR?

シャキッ!

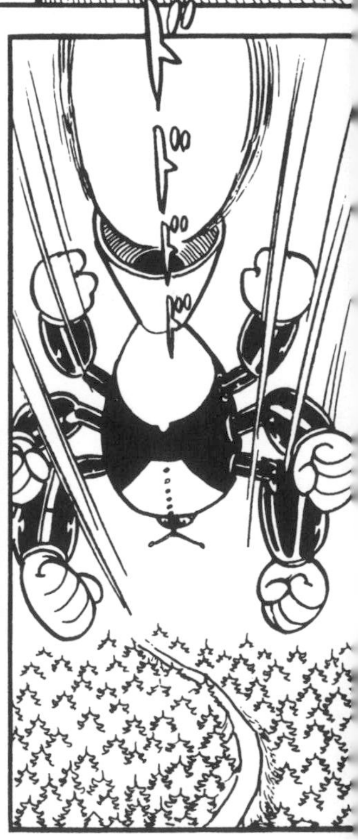

SUPONGO QUE YA IMAGINAS QUÉ ES LO QUE HE VENIDO A HACER, NORTH 2.

NO TENGO NADA CONTRA TI, SIMPLEMENTE SIGO ÓRDENES DE MI AMO, Y DEBO OBEDECERLAS.

POR SUPUESTO. PIENSAS DESTRUIRME.

MI AMO ME HA ORDENADO DESTROZARTE Y LLEVARLE TUS PIEZAS.

BRAAM

VOY A HACERTE AÑICOS CON MIS SEIS BRAZOS.

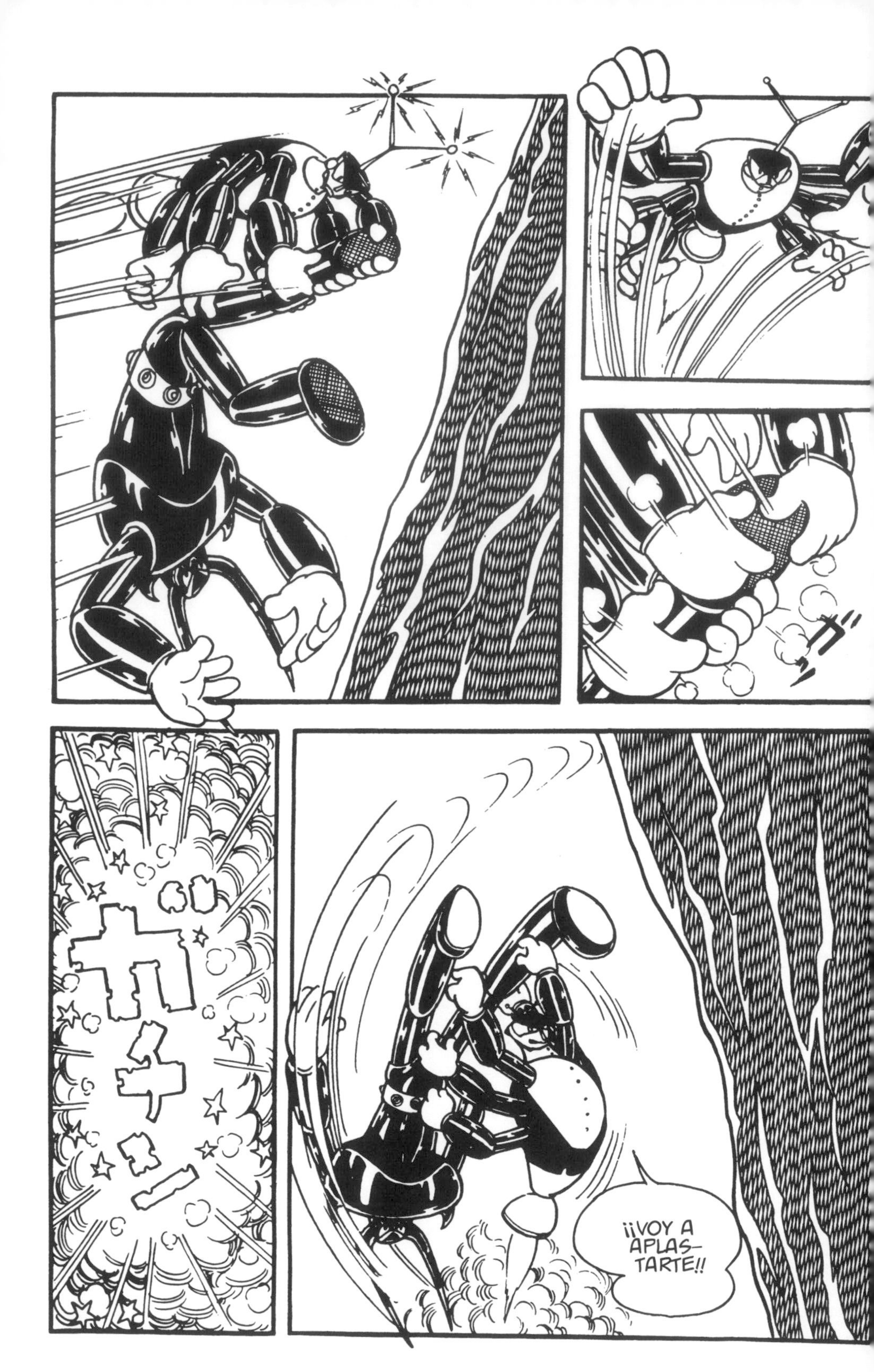
¡¡VOY A APLAS-TARTE!!

QUÉ INCREÍBLE POTENCIA TIENE... ME HA ARRANCADO LOS SEIS BRAZOS COMO SI NADA. ¡PERO YO NO ME RINDO!
AL FINAL HAS SIDO TÚ EL QUE HA QUEDADO APLASTADO... JU, JU, JU.
¡ALLÁ VOY!
¡PIENSO DESMANTELARTE TORNILLO A TORNILLO!

¡UAAAH!
DOS MENOS ...

¿POR QUÉ TE HAN HECHO ESTO? ¿QUIÉN ALBERGA TAL RENCOR CONTRA MÍ...? ¡¡MALDITO ROBOT MALVADO!!
MI... ¡MI PRECIOSO NORTH 2...!

¡NORTH 2!

OOOH...

FALTAN CINCO... OTROS CINCO DESTRUIDOS, Y PLUTÓN SE CONVERTIRÁ EN EL REY DEL MUNDO.

DOS MENOS.

¡VE A JAPÓN! ¡ENSEGUIDA!

¿ME OYES, PLUTÓN? ¿POR QUÉ NO HAS DESTRUIDO TODAVÍA A ASTROBOY?

SI SE CARGA UNO AL DÍA, EN CINCO DÍAS ESTARÁ LISTO.

¡YO ME ENCARGARÉ DE ATRAERLE!

¡VE OTRA VEZ A JAPÓN!

AAAH... QUÉ DECEPCIÓN... NUNCA HABRÍA IMAGINADO QUE ASTROBOY FUERA TAN BLANDENGUE...

NI SUS 100.000 CABALLOS, NI SUS SIETE PODERES... ¡TODO ESO NO LE HA SERVIDO DE NADA!

¡OH! ¿QUIÉN LLAMA A ESTAS HORAS?

¿DIGA?

¿HABLO CON LA CASA DE ASTROBOY...?
PUES SÍ.

¿ERES TÚ ASTROBOY?
EH... S... SÍ...

EL OTRO DÍA, PLUTÓN DEBERÍA HABER PELEADO CONTIGO, PERO ALGUIEN INTERFIRIÓ Y NO FUE POSIBLE...
PERO ESTA VEZ PUEDO HABLAR TRANQUILAMENTE CONTIGO. ¡SAL Y LUCHA CONTRA PLUTÓN!

¿PLUTÓN ...?
¡ES EL NOMBRE DE ESE ROBOT!

¿QUÉ ME DICES? ¿VAS A VENIR? ¿O TIENES TANTO MIEDO QUE NO TE ATREVES?

CLA... CLARO QUE VOY A IR.

¡¡NO SOY UN COBARDE!!
JU, JU... SABÍA QUE NO ME DEFRAUDARÍAS, ASTROBOY. TE DIRÉ EL LUGAR DE LA CITA ...

ガチャリ

YO TAMBIÉN TENGO 100.000 CABALLOS, COMO ASTROBOY.
¡TENGO LA MISMA POTENCIA QUE ÉL!

¡ME HARÉ PASAR POR ÉL E IRÉ EN SU LUGAR!

SON LOS PANTALONES DE ASTROBOY.

¡OOOH! ¡CÓMO MOLA!

¿POR QUÉ NO ME DOTARON A MÍ CON LOS SIETE PODERES?

MI HERMANO IRÍA CON SUS PROPULSORES A CHORRO...

CADA VEZ TENGO MÁS GANAS DE VOLVER A CASA.

QUÉ SILENCIO MÁS INCÓMODO... ¿ME HABRÁN ENGAÑADO?

CREO QUE ESTE ES EL SITIO QUE ME DIJO...

TÚ NO ERES ASTROBOY, ¿VERDAD?

¡CLARO QUE LO SOY! ¡SOY ASTROBOY!

¡KIAAAAAH!

¡SI NO ME CREES, TE DEMOSTRARÉ EL PODER DE MIS 100.000 CABALLOS!

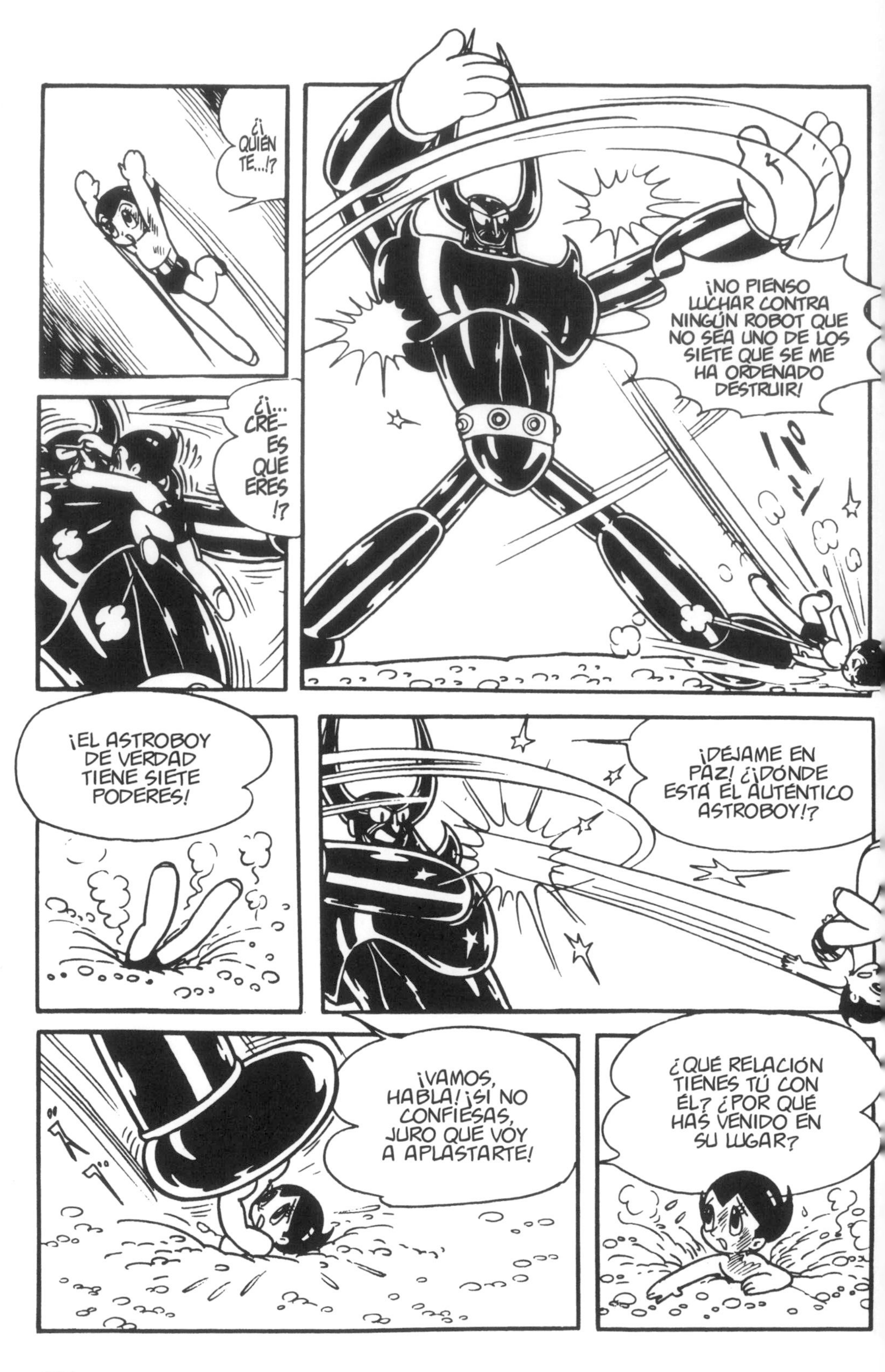
¡NO PIENSO LUCHAR CONTRA NINGÚN ROBOT QUE NO SEA UNO DE LOS SIETE QUE SE ME HA ORDENADO DESTRUIR!
¿¡ QUIÉN TE...!?
¿¡... CRE-ES QUE ERES !?
¡DÉJAME EN PAZ! ¿¡DÓNDE ESTÁ EL AUTÉNTICO ASTROBOY!?
¡EL ASTROBOY DE VERDAD TIENE SIETE PODERES!
¿QUÉ RELACIÓN TIENES TÚ CON ÉL? ¿POR QUÉ HAS VENIDO EN SU LUGAR?
¡VAMOS, HABLA! ¡SI NO CONFIESAS, JURO QUE VOY A APLASTARTE!

¿SU HER-MANA?

YO... YO SOY LA HERMANA DE ASTROBOY ...

¿POR QUÉ NO HA VENIDO ASTROBOY? ¡SI ME LO DICES, TE PERDONARÉ!

HMMM... ASÍ QUE ASTROBOY TIENE UNA HERMA-NA...

¿QUÉ? ¿¡QUE A ASTROBOY NO SE LE PER-MITE PELEAR CONTRA MÍ!?
¿POR QUÉ HAS VENIDO EN SU LUGAR?
¡MALE-DUCADO! ¿CÓMO TE ATREVES A MIRAR ASÍ A UNA DAMA?

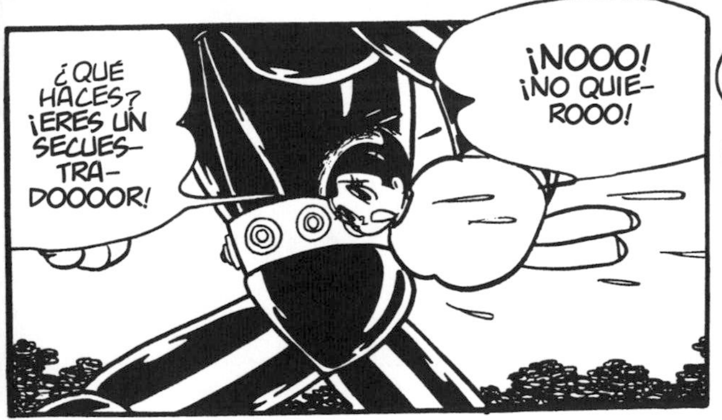
¿QUÉ HACES? ¡ERES UN SECUES-TRA-DOOOOR!
¡NOOO! ¡NO QUIE-ROOO!

¡TÚ SERÁS MI REHÉN, ENTONCES!

¡¡CÁLLATE!!

¿¡ADÓNDE ME LLEVAS!? ¡MALVADO! ¡QUE ALGUIEN ME AYUDE! ¡POLICÍA! ¡DOCTOR! ¡PAPÁ!

SE... ¿SEÑOR NAKAMURA? URAN, NUESTRA HIJA... ¡HA DESAPARECIDO!
EN CUESTIÓN DE UNA HORA, HA DESAPARECIDO DE SU DORMITORIO.

¿EH? ¿¡CÓMO!? ¿QUE HA VISTO A URAN?
SÍ, HE VISTO CÓMO UN ENORME MONSTRUO APLASTABA A SU HIJA Y LUEGO SE LA LLEVABA...

¡ENTONCES, ESE ROBOT MONTRUOSO HA RAPTADO A URAN!

PRETENDE HACERME LUCHAR CONTRA ÉL USANDO A URAN COMO REHÉN.

¡PARA RESCATARLA, DEBO ENFRENTARME A ÉL!

HMMM... OIGO A LO LEJOS EL RUIDO QUE HACE AL VOLAR... ¡ESTÁ AL SUR!

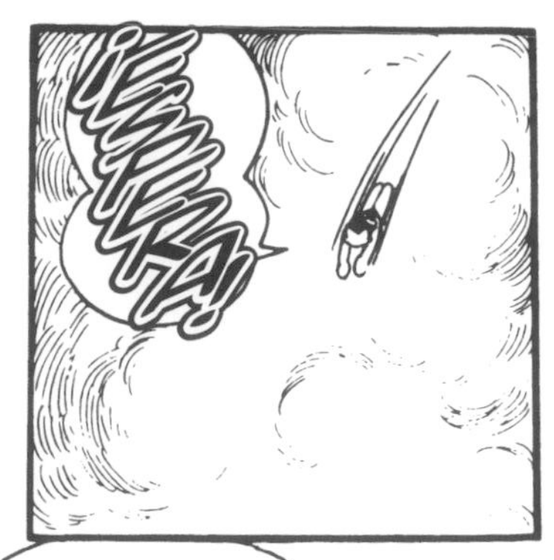

¿DÓN-
DE ESTÁ
URAN?
EN MI
INTE-
RIOR.

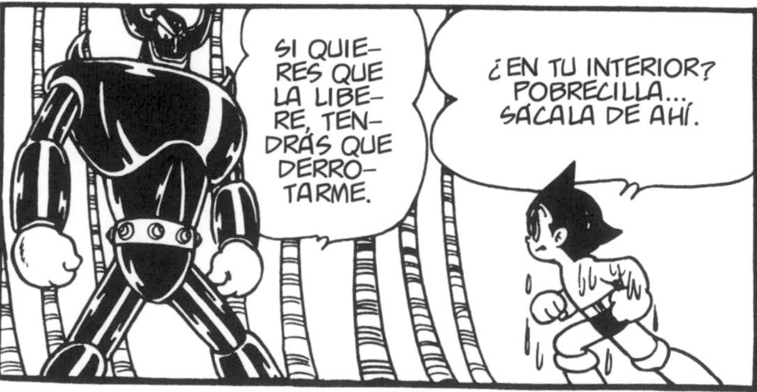
¿EN TU INTERIOR?
POBRECILLA...
SÁCALA DE AHÍ.
SI QUIE-
RES QUE
LA LIBE-
RE, TEN-
DRÁS QUE
DERRO-
TARME.

MALDI-
TA SEA...
¡ALLÁ
VOY!

¡VEN,
AS-
TRO-
BOY!

¡NO TAN DEPRISA!

YO IBA TRAS ESTE ROBOT.
¿EH? ¿LE PERSEGUÍAS?

¿QUIÉN ERES TÚ? ¿¡UN ALIADO DE ESTE MONSTRUO!?
¡TE EQUIVOCAS! SOY BRAND, EL ROBOT MÁS PODEROSO DE TURQUÍA.

DÉJAMELO A MÍ, CHAVAL.

APÁRTATE, CHAVAL... ¡SI TE ENTROMETES EN ESTO, TÚ TAMBIÉN SERÁS DESTRUIDO!

¡ESTE ROBOT DESTRUYÓ A MI GRAN AMIGO MONTBLANC!

¡ASÍ QUE PIENSO HACERLE AÑICOS!

¿¡ES QUE QUIERES QUE TE DESTROCE!?

¡NO!
NO TE METAS, YO IBA PRIMERO.

PERO ANTES DE ESO...

ME PARECE PERFECTO. LUCHARÉ CONTRA TI.

BASTA YA. TE LLAMAS BRAND, ¿NO?

TE LA DEVUELVO PORQUE PUEDE QUE SALIERA DAÑADA EN MI PELEA CONTRA ESE ROBOT.

¡AH!
¡URAN!

¡OH, ASTROBOY! ¿DE DÓNDE HAS SALIDO?
¿QUE DE DÓNDE...? ¡¡NOS TENÍAS PREOCUPADOS!!

¡URAN! ¡SOY TU HERMANO! ¡VOY A DARTE ENERGÍA!

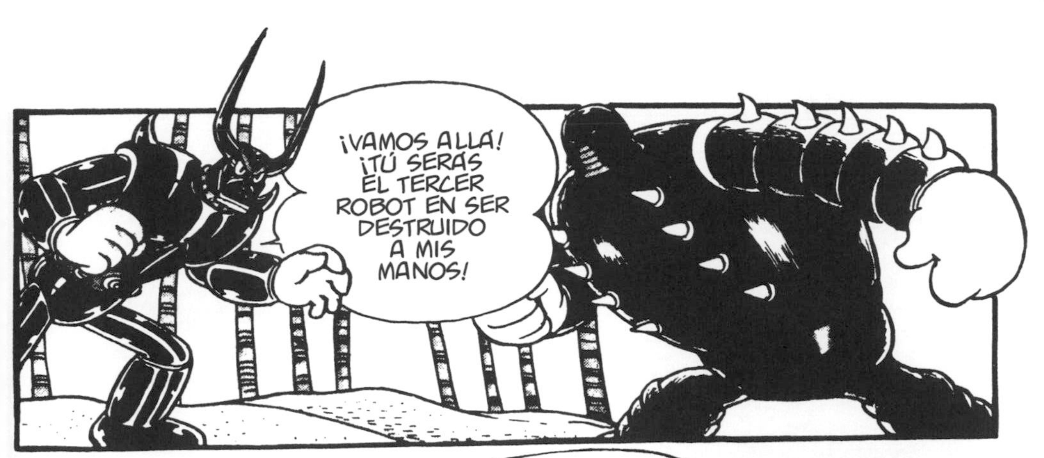
¡VAMOS ALLÁ! ¡TÚ SERÁS EL TERCER ROBOT EN SER DESTRUIDO A MIS MANOS!

¿¡ADÓN-DE VAS, BRAND!?

¡¡TENGO MIEDO, ASTROBOY!!
¡AGÁRRATE A MÍ! ¡NO PASARÁ NADA!

HAN CAÍDO AL MAR Y NO SALEN...
SEGURO QUE ESTÁN LUCHANDO AHÍ DENTRO.

HACE YA DIEZ MINUTOS QUE ESTÁN AHÍ...

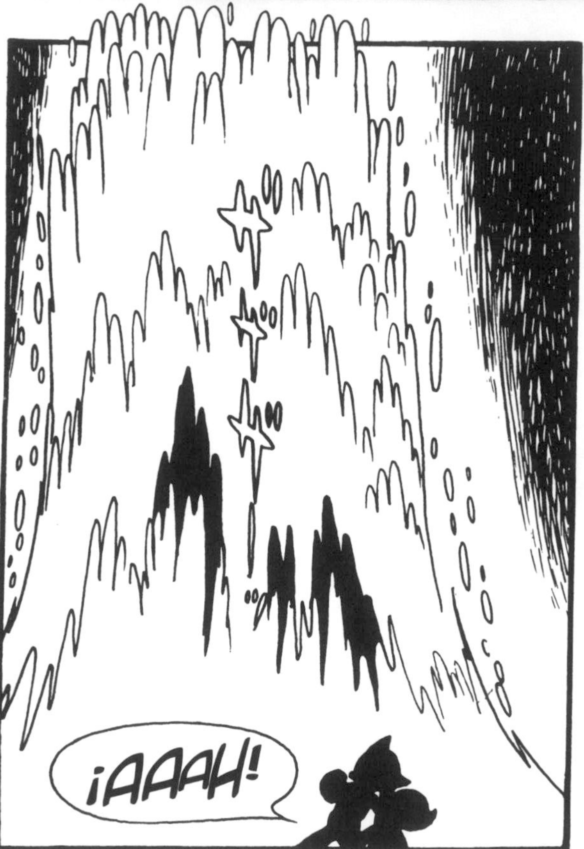
¡AAAH!

SE HA HUNDIDO, ASTROBOY.
EL IMPACTO QUE HA SUFRIDO AL CAER SERÍA SUFICIENTE PARA HACER AÑICOS A CUALQUIER ROBOT...
¡AH! ¡HAY MUCHO ACEITE EN EL AGUA! ¡ESTÁ AVERIADO!

PERO... HA SIDO MUY DURO... UN POCO MÁS... Y ME VENCE...

¿Y BRAND?
ESTÁ... DESTROZADO... EN EL FONDO DEL MAR...

POR FAVOR, PULSA EL INTERRUPTOR QUE TENGO EN EL PECHO... SIRVE PARA AVISAR A MI AMO...
...SI ÉL NO VIENE... ESTE ES EL FIN...
¡PERO NO PUEDO HACERLO SI NO TE TUMBAS BOCA ARRIBA!

YA ESTÁ... VAMOS, PULSA ESE BOTÓN...

MIS BRAZOS NO FUNCIONAN, YO SOLO NO PUEDO HACERLO.

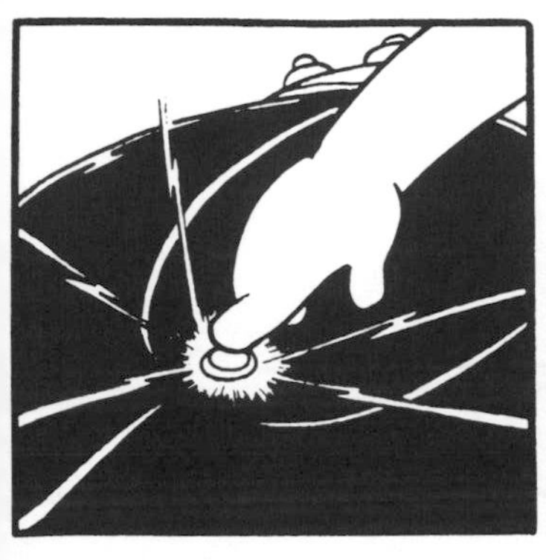

TE DEBO UNA, ASTROBOY.

APLAZARÉ MI LUCHA CONTIGO PARA MÁS ADELANTE.
CUANDO ME ARREGLEN, VOLVERÉ A JAPÓN.

¿POR QUÉ QUIERES PELEAR CONTRA MÍ?

VAMOS, VETE... ¡HABÍAS VENIDO A SALVAR A TU PRECIOSA HERMANA, ¿NO?!

¿QUE POR QUÉ? PUES PORQUE YO FUI CONSTRUIDO PARA ESTO.

VA-MO-NOS, URAN.
¡NOOO! ¡DESTRU-YE AL MONS-TRUO!
¡ERES UN TONTO!

¡NO, NO! ¡YO NO QUIERO VOLVER, ASTROBOY!

TI... TIENES RAZÓN... ¡ME LLEVARÉ A URAN!

DE ACUERDO. LA PRÓXIMA VEZ LUCHARE-MOS ABIERTA-MENTE TÚ Y YO, ASTROBOY... ¡NO ESCAPARÁS!

¡NI SE TE OCURRA VOLVER A RAPTAR A URAN, ¿ME OYES?! ¡NO LO CONSENTIRÉ!

¡URAN, NOS TENÍAS A TODOS MUY PREOCUPADOS!
ES QUE... ES QUE... ¡LA CULPA ES TUYA, ASTROBOY!
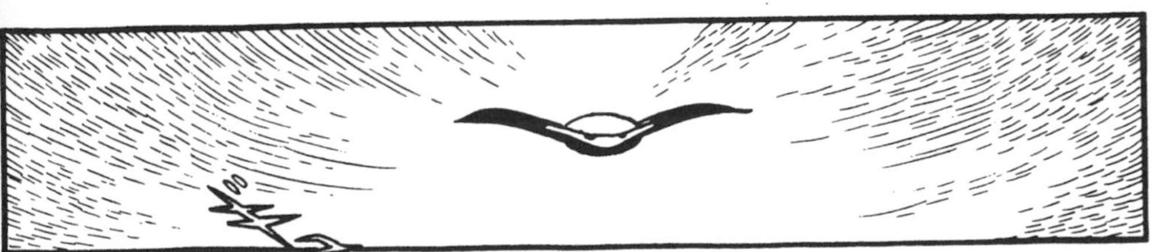

¡ACABAS DE AVERGONZARME LO INDECIBLE!

¡UUUUGH!
¡PLUTÓN! ¿¡QUE SIGNIFICA ESTO!? ¿¡Y TÚ ERES EL MEJOR ROBOT DEL MUNDO!?

¡A VER, DOCTOR ABHRA! ¡YO TE PAGUÉ UNA FORTUNA PARA QUE CONSTRUYERAS A PLUTÓN!
¡Y MÍRALE AHORA! ¿QUÉ ES ESTO?

¡YO NO TE PEDÍ UN MONTÓN DE CHATARRA ASÍ!

PUEDE AVERIARSE, QUEDARSE SIN ENERGÍA...

POR MUY FUERTE QUE SEA, PLUTÓN NO ES UN DIOS INMORTAL.

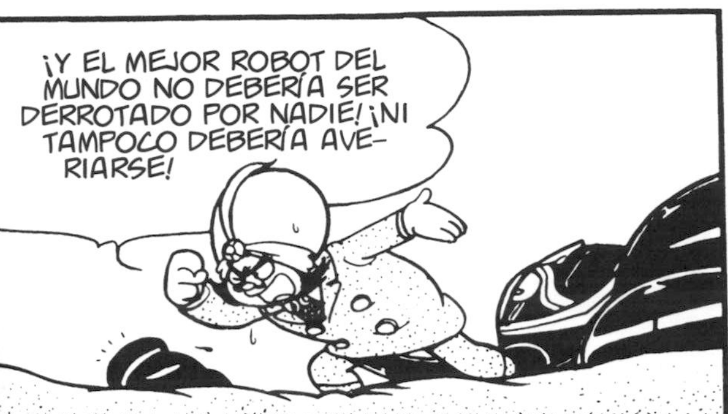
¡Y EL MEJOR ROBOT DEL MUNDO NO DEBERÍA SER DERROTADO POR NADIE! ¡NI TAMPOCO DEBERÍA AVERIARSE!

¡ESCÚCHAME! ¡TE PEDÍ EL ROBOT MÁS FUERTE DEL MUNDO!

¡ESO ES! ¡HAZ QUE EL ROBOT QUE OSE VENCER A PLUTÓN SEA DESTRUIDO IRREMEDIABLEMENTE!

HAZ QUE EXPLOTE SI ALGUNA VEZ SE ENCUENTRA A PUNTO DE PERDER...

ENTENDIDO.
SEGUIRÉ SUS INSTRUCCIONES.

NO SE AVERIARÁ NUNCA MÁS.

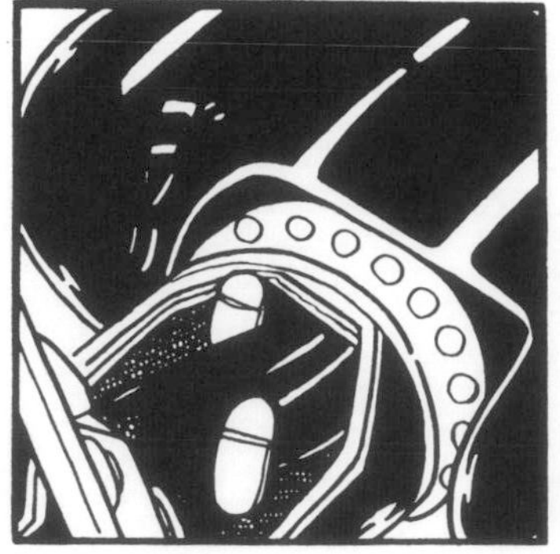

PORQUE SI LO HACE...

...SE ACCIONARÁ EL DISPOSITIVO DE AUTODESTRUCCIÓN.

MUY BIEN... ¡ES UNA MUERTE DIGNA DE UN REY! ¡JU, JU, JU!

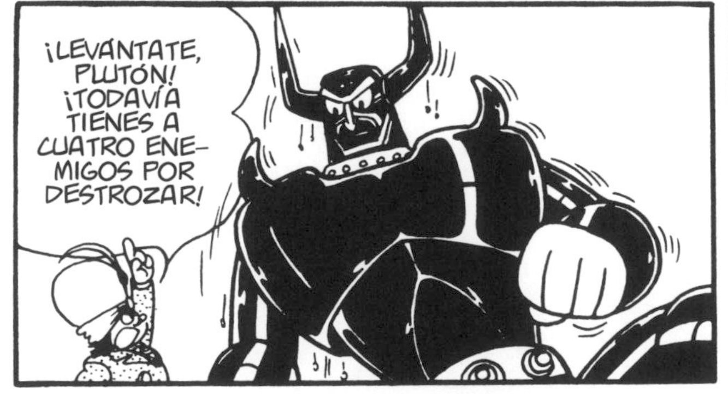
¡LEVÁNTATE, PLUTÓN! ¡TODAVÍA TIENES A CUATRO ENEMIGOS POR DESTROZAR!

¡VE! ¡PRONTO TE CONVERTIRÁS EN EL REY DE LOS ROBOTS!

DE NUEVO EN TOKIO...

OH... ENTONCES, ¿POR QUÉ ESE TAL PLUTÓN QUIERE LUCHAR CONTI-GO...?
BUENO, DICE QUE QUIERE DERROTARME Y QUE FUE CONSTRUIDO PARA ESO. RAPTÓ A URAN PARA ATRAERME.

SI NO ME ENFRENTO, QUEDARÉ COMO UN CO- BAR- DE...
¡NO! ¡TÚ TIENES QUE OBEDECER AL DOCTOR OCHANOMIZU!

¿QUIÉN ES USTED?

¿ESTÁ ASTROBOY?
ME GUSTARÍA VERLE. HE VENIDO DESDE ALEMANIA EXPRESAMENTE PARA ELLO.
OH, ¿DE ALEMANIA?

SU CUERPO PARECE ESTAR HECHO DE ORO...

JA, JA, JA, JA, NO, NO ES ORO, SINO UNA ALEACIÓN ESPECIAL LLAMADA CERONIO.

ENCANTADO, ASTROBOY. ME LLAMO GEZIHT Y SOY UN ROBOT DETECTIVE DE ALEMANIA.
HE VENIDO PARA PEDIRTE UN FAVOR.

¡YO LE CONOZ-CO! ¡SÉ QUIÉN ES!

PLUTO
QUIERO ARRESTAR A ESTE ROBOT.

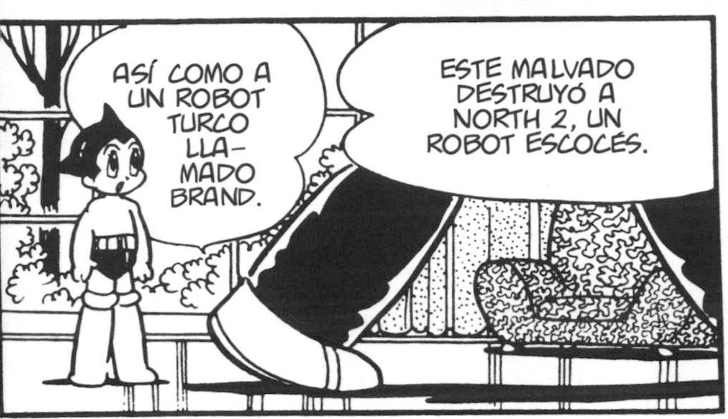
ASÍ COMO A UN ROBOT TURCO LLA-MADO BRAND.
ESTE MALVADO DESTRUYÓ A NORTH 2, UN ROBOT ESCOCÉS.

SÍ, EL DOCTOR OCHANOMIZU ME HA INFORMADO DE ESO...

PIENSO DETENERLE CUESTE LO QUE CUESTE, EN NOMBRE DE TODOS LOS ROBOTS.

ES MUY PELIGROSO Y NO DEBEMOS PERMITIR QUE ANDE SUELTO.

ESO NO ES POSIBLE, SEÑORITA. DETRÁS DE PLUTÓN...
DEBERÍAN DESMANTE-LARLE!

¡¡SE-GU-RO!!
¡SERÁ JUZGADO Y RECIBIRÁ SU JUSTO CASTIGO!

...TIENE QUE HABER UN HUMANO. ÉL ES EL VERDADERO CRIMINAL Y, SI DESTRUIMOS A PLUTÓN, NUNCA PODREMOS ENCONTRARLE.

POR ESO, ASTROBOY, ME GUSTARÍA QUE TESTIFICARAS EN EL JUICIO CONTRA PLUTÓN.

Y QUE HABLARAS SOBRE SUS FECHORÍAS.
¡LO HARÉ ENCANTADO!
¡Y YO!

GRACIAS. ME VUELVO A ALEMANIA, ENTONCES.
ESPERO QUE LO CONSIGA.

ALEMANIA. CERCANÍAS DE JUNGBRUMEN

HAS VENIDO, PLUTÓN ...
¡¡ESTÁS ARRESTADO!!

PIENSO ARRESTAR-TE POR EL HONOR DE LOS ROBOTS ALEMANES.

ESTA ORDEN DE ARRESTO NO ME INCUMBE EN ABSOLUTO.

TE CONVIENE SABER QUE MI CUERPO ESTÁ HECHO DE UNA ALEACIÓN LLAMA-DA CERONIO, Y QUE NI EL CALOR NI EL MAGNETISMO ME AFECTAN PARA NADA.

¡TOMA!

OH, NO, ESTÁ RE-PELIENDO TODOS MIS ATAQUES.

¡ES UN RAYO PROTECTOR MAGNÉTICO!

PERO SUS PIES NO ESTÁN PROTE-GIDOS ...

JA, JA, JA... ¡YA TE HE DICHO QUE NI EL CALOR NI EL MAGNETISMO ME AFECTAN!

ガキ!!

CUATRO MENOS...

EL DETECTIVE GEZIHT, EL MEJOR ROBOT POLICÍA DE ALEMANIA, FUE HALLADO ANOCHE ANTE LA ESTATUA DEL PARQUE CENTRAL DE JUNGBRUMEN.

ES TERRIBLE...

VOY A SUFRIR EL MISMO DESTINO QUE EL DETECTIVE GEZIHT.

¡YA SÉ! ¡LE PEDIRÉ AL DOCTOR OCHANOMIZU QUE ME DÉ UN MILLÓN DE CABALLOS DE POTENCIA!

¿EH? EL DOCTOR PARECE IRRITADO.

¡AQUÍ ESTÁ!

¡ALLÁ VOY!

QUE
LUGAR MAS
INHÓSPITO...
POR FIN
ATERRIZA.

¡AH!
¡HAY UN
EDIFICIO!

¡AH! ¡MADRE MÍA! ¡PLUTÓN ESTÁ AQUÍ!

¡ME ESCONDERÉ!

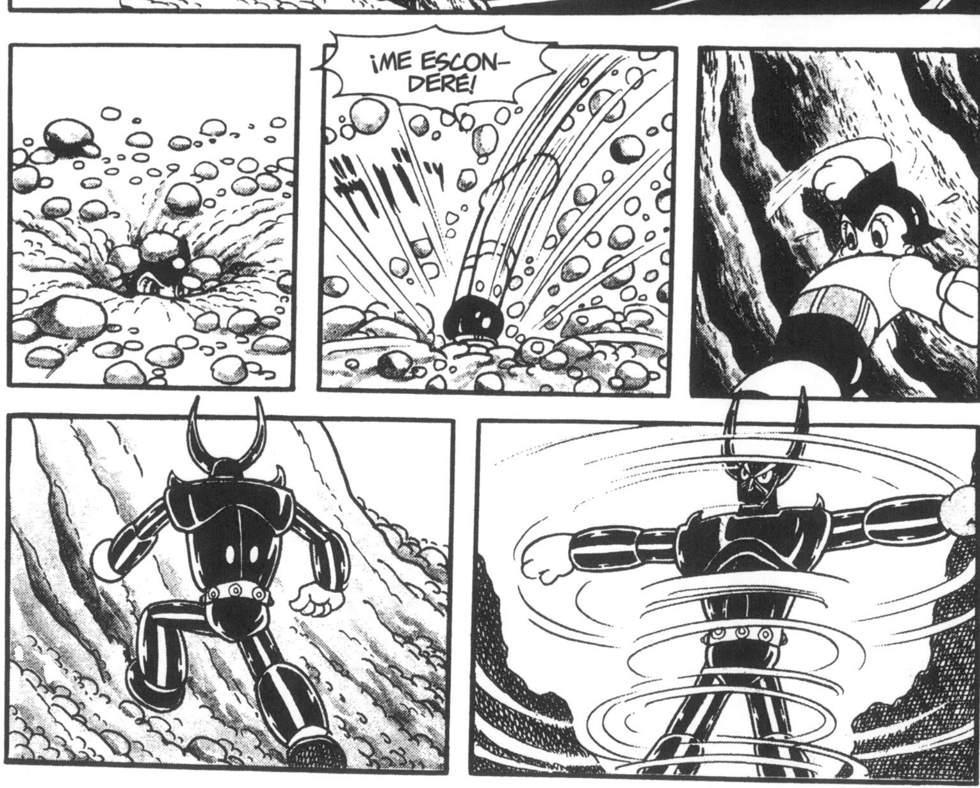

¡YA SOLO QUEDAN TRES!

¿ESTE ES EL LABORATORIO SECRETO DESDE EL QUE CONTROLÁIS A ESE MONSTRUO?
¡UGH!

POR SUPUESTO.
DOCTOR ABHRA, CUANDO PLUTÓN HAYA VENCIDO A LOS SIETE ROBOTS MÁS PODEROSOS DEL MUNDO SE CONVERTIRÁ EN EL MEJOR ROBOT SOBRE LA FAZ DE LA TIERRA, ¿VERDAD?

¡ESE ASESINO DE ROBOTS, EL ROBOT CRIMINAL PLUTÓN, ESTÁ AQUÍ, ¿VERDAD?! ¡TRAÉDMELO AQUÍ, Y NI SE OS OCURRA NEGAROS!

SOY EL DR. OCHANOMIZU, OFICIAL DEL MINISTERIO DE LA CIENCIA JAPONÉS.

¡VA A ENTRAR! ¡ME PREOCUPA EL DOCTOR OCHANOMIZU!
VAYA, QUÉ SORPRESA... ESTA ES LA GUARIDA DE PLUTÓN...

¡AHORA VAIS A DECIRME QUÉ ESTÁIS TRAMANDO! ¿PARA QUÉ CONSTRUISTEIS A PLUTÓN? ¡Y TÚ, EL DE LA MÁSCARA!

¡HABLA! ¿DÓNDE ESTA PLUTÓN?

EL DIBUJO DE LA DERECHA ES UNA BROMA

¿QUÉ HACES ESCONDIDO EN ESTAS MONTAÑAS REMOTAS? ¡NI QUE FUERAS UN NINJA!

JA, JA, JA... NO TE CREAS QUE ESTÁ OCULTO... ¡MIRA HACIA ARRIBA!
?

SIÉNTATE, PLUTÓN. TENEMOS UNA VISITA INESPERADA.

¡UGHH!

¡HE VISTO EN LAS NOTICIAS QUE HAS CONSEGUIDO ACABAR CON EL MEJOR ROBOT DE ALEMANIA, GEZIHT!

EN... EN... ¡ENTONCES HA SIDO ÉL QUIEN HA DESTRUIDO A GEZIHT!

¡SILENCIO!

VAMOS A VER, OCHANOMIZU O COMO TE LLAMES. ESCÚCHAME.
SOY UN SULTÁN AL QUE EXPULSARON DE MI PAÍS... POR ASPIRAR A SER EL REY DEL MUNDO.

¿Y POR ESO CONSTRUISTE UN ROBOT QUE, EN TU LUGAR, SE CONVIRTIESE EN EL MONSTRUO PODEROSO DEL MUNDO? ¡MENUDA ESTUPIDEZ!

VAYA, ES MUY REBELDE.

¡PIENSO DENUNCIARTE A LA ORGANIZACIÓN INTERNACIONAL DE CIENTÍFICOS!

QU... ¿QUÉ HACES?

¡CHIST! DÉJEME A MÍ...
¿¡ASTROBOY!?

SEGURO QUE ASTROBOY ESTÁ AQUÍ...
¿A QUÉ TE REFIERES?

POR COMO SE COMPORTA, DIRÍA QUE NO HA VENIDO SOLO.

¡UAH! QU... ¿QUÉ VAN A HACERME?

¡DÉJALE, PLUTÓN!
¡UGH!

¡NGH!

¡AAAH!
¡AYUDAAA!
¡QUE ALGUIEN ME RESCA-TEEE!
¡SON COCODRILOS! ¡Y HAY UN MONTÓN!

¡ES AQUÍ!

¡AH! ¡ES EL DOCTOR OCHANOMIZU!

¡UAGGH!

VAMOS, CHICOS, QUE LOS VIEJOS NO SOMOS SABROSOS...

¡TOMAAA!
A... ¡ASTRO-BOY!

¡BAAAAM!

EXACTO: HAN SERVIDO PARA ATRAERTE.
¡PLUTÓN TE ESPERA, ASTROBOY! ¡YA NO TIENES ESCAPATORIA!

¡TOMA!
¡DOCTOR, ESTOS COCODRILOS NO SON MÁS QUE ROBOTS PARA ASUSTAR!
GRACIAS, ASTROBOY ...

¿ME HABÉIS TENDIDO UNA TRAMPA PARA QUE ATRAJERA A ASTROBOY?

HOLA, ASTROBOY. PREPÁRATE PARA LUCHAR.

¡TU FUERZA NO DEBE SERVIR PARA ALGO TAN RIDÍCULO!

¡NO! ¡ASTROBOY, NO UTILICES TU ENERGÍA EN UNA LUCHA TAN INÚTIL COMO ESA!
TENGO QUE PELEAR. DÉJEME HACERLO.

¡AHORA VERÁS!

¡DÉJATE DE TONTERÍAS, OCHANOMIZU!

¿¡CÓMO TE ATRE-VES!?

MI... MI NARIZ, A LA QUE APRECIO MAS QUE A MI VIDA...

UUUUHHH

SI LUCHÁIS AQUÍ DENTRO, VAIS A DESTRUIR LA MAN-SIÓN.

¡ESPERA, ASTROBOY!

ID AL EXTERIOR Y ATIZAOS AHÍ. NOSOTROS ESTARE-MOS OBSERVANDO. JA, JA, JA, JA

NO SE PREOCUPE POR MÍ, DOCTOR OCHANOMIZU.

DE ACUERDO. JURO POR ALÁ QUE EL DOCTOR ESTARÁ SEGURO.

PERO A CAMBIO, NI SE OS OCU-RRA PONERLE LAS MANOS ENCIMA AL DR. OCHA-NOMIZU.
DE ACUER-DO, LO HARÉ.

ESA EXPLA-NADA IRÁ BIEN.

¡ASTROBOY!

¿CÓMO ESTÁ TU HERMANA URAN?

ASTROBOY, QUIERO PRE-GUNTARTE ALGO.

URAN ME ESPERA EN CASA. ¿POR QUÉ QUIERES SABERLO?

¡CAR-
GATELO
YA!

...HE PENSADO QUE SI TE DESTRUYO, ELLA SE PONDRÁ MUY TRISTE...

NO... POR NADA... SOLO QUE...

...

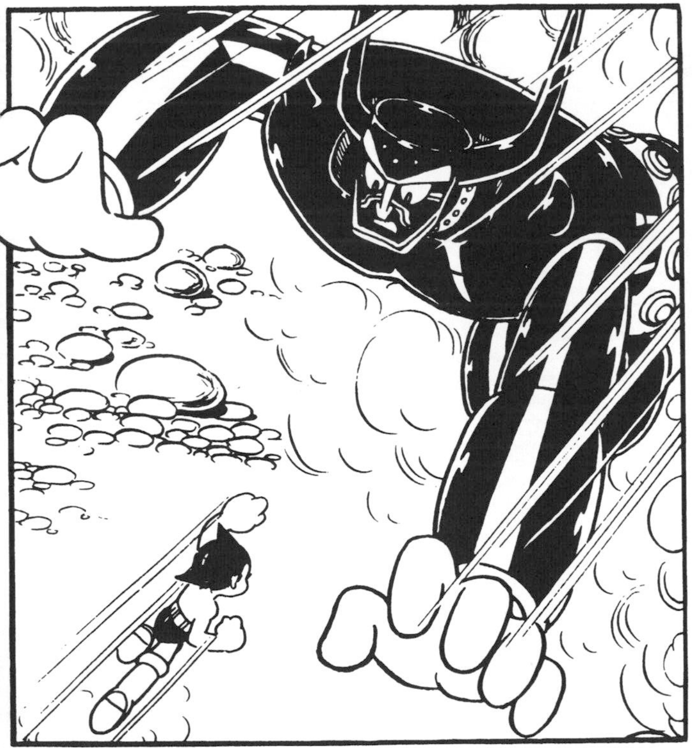

¡GROOAAARR!

ズドーン

ギギ

¡OOOH! ¡SI ERA UNA SIMPLE ROCA! ¿¡DÓNDE ESTÁ ASTROBOY!?

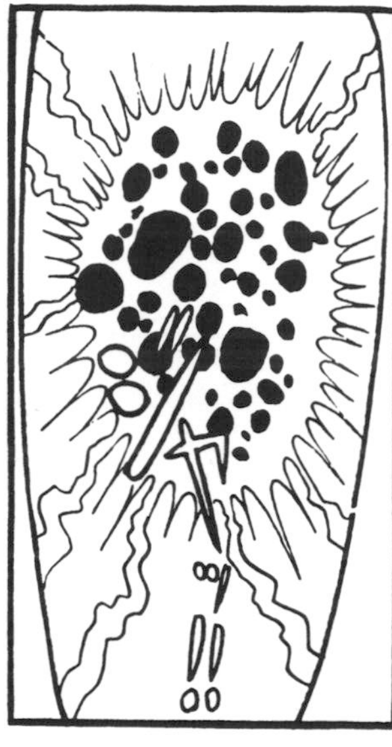

¡AH! ¡VIENE POR AHÍ...!

パキョ!!
UUUUHH
¡ALLÁ VOY!
¡SIN UNO DE LOS CUERNOS, YA NO PODRÁS VOLVER A ATACAR CON LOS RAYOS MAGNÉTICOS!
UH... AH... MAL... MALDITA SEA...
¡AAH!

...

¡DES-TRÓ-ZALE CON TU MANO!
¡A-PLÁS-TALE, VA-MOS!

¡MUY BIEN! ¡ASÍ ME GUSTA, PLUTÓN!

¿QUÉ HACES AHÍ PARADO? ¡DESTRÚYELE DE UNA VEZ!

¿ADÓNDE VAS, PLU-TÓN? ¡NO TE VAYAS, CARAY!

¿POR QUÉ NO ME APLASTAS?

...

GRACIAS A QUE TÚ PULSASTE EL BOTÓN DE MI PECHO, VINIERON A ARREGLARME Y ME SALVÉ.

¿EH?
ASTROBOY, TÚ ME SALVASTE LA VIDA UNA VEZ, Y AHORA TE DEVUELVO EL FAVOR.

SÍ, PERO OTRO DÍA.

¡PUES VOLVAMOS A EMPEZAR LA LUCHA!

ESTAMOS EN PAZ, ASTROBOY.

VETE A JAPÓN, ASTROBOY... A TU CASA...
¡NO!

ASTROBOY, TÚ ERES VALIENTE Y AMABLE. NO QUIERO PELEAR CONTRA TI, PERO DEBO OBEDECER A MI AMO...

TIENES QUE ENTENDER MI SITUACIÓN.

¡NO LO HAGAS, ASTROBOY!

¡ANTES TENGO QUE IR A RESCATAR AL DOCTOR OCHANOMIZU!

ESTE ENFRENTAMIENTO HA ACABADO EN EMPATE: TÚ HAS DESTRUIDO MI CUERNO, PERO YO TE HE ATRAPADO. ¡LA PRÓXIMA VEZ PIENSO GANAR!

ASTROBOY, TE PIDO QUE POR ESTA VEZ DEJES AL DOCTOR.
PERO SI ALGO LE OCURRIERA ...

YO ME HAGO RESPONSABLE DE ÉL HASTA QUE NOS VOLVAMOS A ENFRENTAR...
¿ME LO PROMETES?

DOCTOR OCHANOMIZU...
LO SIENTO ...

LE HE DE-JADO HUIR.
¿¡QUÉÉÉÉÉ!?
¿DÓNDE HAS ESTADO? ¿DÓNDE ESTÁ ASTRO-BOY?

¡OH! ¡PLU-TÓN HA VUELTO!

¡SI FUERAS TRES METROS MÁS BAJO, TE DARÍA UN BUEN PUÑE-TAZO!

¿POR QUÉ LE HAS DEJADO HUIR? ¡AGH! ¡MALDITA SEA! ¡CARAY!
PE... PE... ¿PERO CÓMO TE ATRE-VES? ¡SI LO TENÍAS BIEN ATRAPADO!

GRECIA RUINAS DE LA ACRÓPOLIS

SULTÁN, RECUERDE QUE PLUTÓN ESTÁ DAÑADO. IGUAL LO MEJOR HA SIDO DEJAR HUIR A ASTROBOY.

TENEMOS AL DOCTOR OCHANOMIZU DE REHÉN, POR LO QUE ASTROBOY VOLVERÁ... JU, JU, JU...

GRACIAS POR VENIR DESDE TAN LEJOS. HE OÍDO MUCHAS VECES TU NOMBRE.

¿HÉRCU-LES?
¿ERES EPSILON, DE AUSTRALIA?

NOS HAN MANDADO UN DESAFÍO SIMULTÁNEO A LOS DOS.

ESO ES. YO SOY EL MEJOR ROBOT DEL MUNDO, ¡EL MÁS FUERTE SOBRE LA FAZ DE LA TIERRA!

TUS HAZAÑAS SON CONOCIDAS EN TODA AUSTRA-LIA. TÚ ERES EL MEJOR ROBOT DE GRECIA... ¡EL ME-JOR DEL MUNDO!

¿TIENES MIEDO DE PLUTÓN?
TENGO MIS RESERVAS... Y QUERÍA HABLARLO CONTIGO.
8 de agosto
Lucharemos en las ruinas de la Acrópolis de Atenas, en Grecia.
Plutón
¡FÍJATE EN ESTO!
¿ES QUE TÚ NO, HÉRCULES?
¡AHORA ESTO!

¡INCREÍ-BLE!

NI SIQUIERA ANTE CIEN PLUTONES ME ASUSTARÍA.

PERO OPINO QUE DEBERÍAMOS SER CAUTOS. ¿POR QUÉ NO UNIMOS NUESTRAS FUERZAS PARA LUCHAR CONTRA ÉL?
¿¡UNIR NUESTRAS FUERZAS!?

¡NUNCA!

¡MI HONOR ESTÁ EN JUEGO!
¡PELEARÉ UNO CONTRA UNO!

¡VEN, PLUTÓN! ¡¡ESTOY LISTO!!

¡AH! ¡ASTRO-BOY!

¿ADÓNDE HABÍAS IDO, HER-MANITO?

URAN, SIENTO HA-BERTE PREOCUPADO, PERO TENEMOS UN PROBLEMA. ¡EL AMO DE PLUTÓN TIENE AL DOCTOR OCHANO-MIZU DE REHÉN!

OJALÁ PUDIERA AYUDAR-LE...

¿QUIÉN ES USTED?

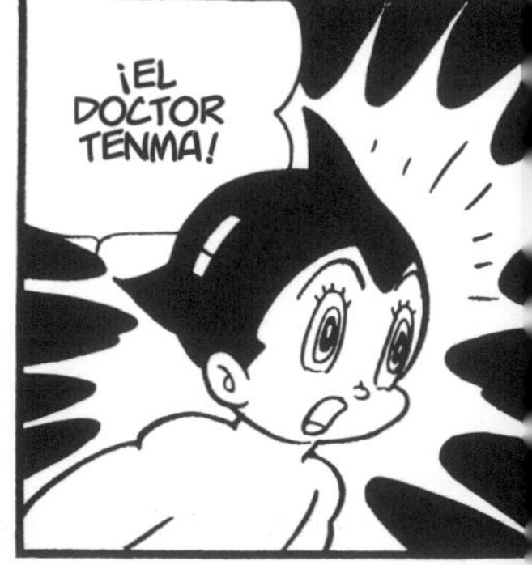
¡EL DOCTOR TENMA!

¡JUSTO A TIEMPO! ACABO DE REGRESAR.
ME HE ENTERADO DE TODO, ASTRO-BOY.

¿QUIERES QUE TE REMODELE PARA TENER UN MILLÓN DE CABALLOS, ASTROBOY?

PARA LUCHAR CON UN ROBOT CON TAL POTENCIA, NECESITARÁS COMO MÍNIMO IGUAL ENERGÍA... PERO CON TU CUERPO ES IMPOSIBLE...

QUIERES UN MILLÓN DE CABALLOS, ¿VERDAD?

ES PELIGROSO DAR TANTA POTENCIA A UN CUERPO TAN PEQUEÑO, ¿PERO QUÉ TE PARECE SI TE DOY ESA ENERGÍA SOLO PARA CUANDO TE ENFRENTES A PLUTÓN?
¡PODRÁS ACABAR CON PLUTÓN ENSEGUIDA!

...

¡NO, ASTROBOY! ¡¡TÚ YA ESTÁS BIEN CON 100.000 CABALLOS!!

UN MILLÓN DE CABALLOS... AH...

UN MILLÓN DE CABALLOS
UN MILLÓN DE CABALLOS
...LLOS
...LLOS

¡SÍ! ¡QUIERO ESA POTENCIA, DOCTOR! ¡DEME UN MILLÓN DE CABALLOS DE POTENCIA, POR FAVOR!

JUSTO EN ESE MOMENTO, EL SULTÁN, EBRIO DE ALEGRÍA, HABÍA DEJADO LA REPARACIÓN DE PLUTÓN EN MANOS DEL DOCTOR ABHRA...
¡FÍJATE! ¡ESTE ES MI ANTIGUO PAÍS!

YO ERA EL SULTÁN, Y ME LLAMABAN CHOCHICHOCHI ABABA III.

EXACTO, ME EXPULSARON Y AHORA ESTOY REFUGIADO AQUÍ...

¿CHOCHICHOCHI ÁBABA? HHMM... ME SUENA... ES EL NOMBRE DE ESE SULTÁN QUE GASTABA DINERO A ESPUERTAS.
HUBO UNA REVOLUCIÓN Y LE EXPULSARON DEL PAÍS... AHORA ME ACUERDO...

PERO PIENSO VOLVER A HACERME CON MI PAÍS.

PARA ESO HICE CONSTRUIR A PLUTÓN.
PERO MIENTRAS LO CONSTRUÍAMOS, PENSÉ QUE CON UN ROBOT TAN MAGNÍFICO ...

...PODRÍA INCLUSO CONVERTIRME EN EL REY DEL MUNDO.

RECONOZCO QUE PLUTÓN ES UN ROBOT INCREÍBLE Y QUE HAY POCOS CIENTÍFICOS CAPACES DE CONSTRUIR ALGO ASÍ.

...

¿QUIÉN ERES TÚ, ENMASCARADO? ¡HAZ EL FAVOR DE DECIRME TU NOMBRE!

¿CÓMO PUEDE UN CIENTÍFICO TAN BUENO COMO TÚ OBEDECER A UN MALVADO COMO ÉL? ¡EXIJO UNA EXPLICACIÓN!

SULTÁN, ACABO DE REPARAR A PLUTÓN.
YA ESTÁ LISTO PARA DESTRUIR A SU PRÓXIMO RIVAL.

ESPERA SUS ÓRDENES.

DE ACUERDO. ¡VE, PLUTÓN!

¡VE A ATENAS, EN GRECIA! ¡ALLÍ TE ESTARÁ ESPERANDO HÉRCULES!

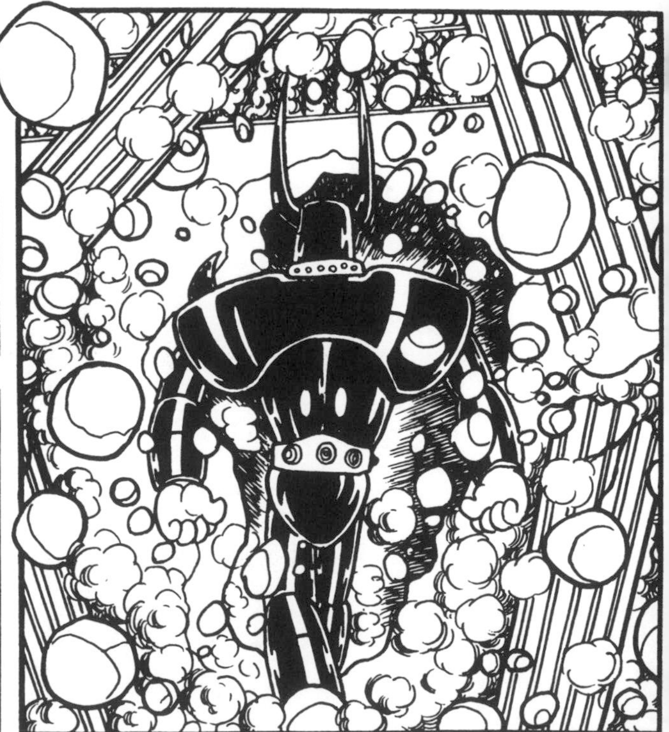

JAAA, JA, JA, JA, JA, JÁ. ¡OH, PLUTÓN, REY DE LOS ROBOTS! ¡A POR LA VICTORIA!

ACABA DE LLEGAR PLUTÓN, HÉRCULES ...

DE NUEVO EN GRECIA...

¡TE ESTABA ESPERANDO, PLUTÓN! ¡TE DEMOSTRARÉ QUE SOY EL MEJOR ROBOT DEL MUNDO!

VEO QUE ESTÁS PREPARADO, HÉRCULES.
UN ROBOT GRIEGO JAMÁS SE DEJA DOBLEGAR POR EL PÁNICO.

¿QUIÉN ESTÁ ESCONDIDO AHÍ?

AH, ES EPSILON, DE AUSTRALIA.
HA VENIDO A PEDIRME QUE ME UNIERA A ÉL PARA PELEAR LOS DOS CONTRA TI, PERO ME HE NEGADO.

NO QUIERO QUE NADIE DIGA QUE NECESITÉ AYUDA PARA ACABAR CON UN ROBOT COMO TÚ.

TE VEO MUY CONFIADO. ERES UN GRAN GUERRERO, DIGNO DE TU NOMBRE. ¿PERO PODRÁS VENCERME?

MUY BIEN. EMPECEMOS.

EN MENOS DE DIEZ MINUTOS.
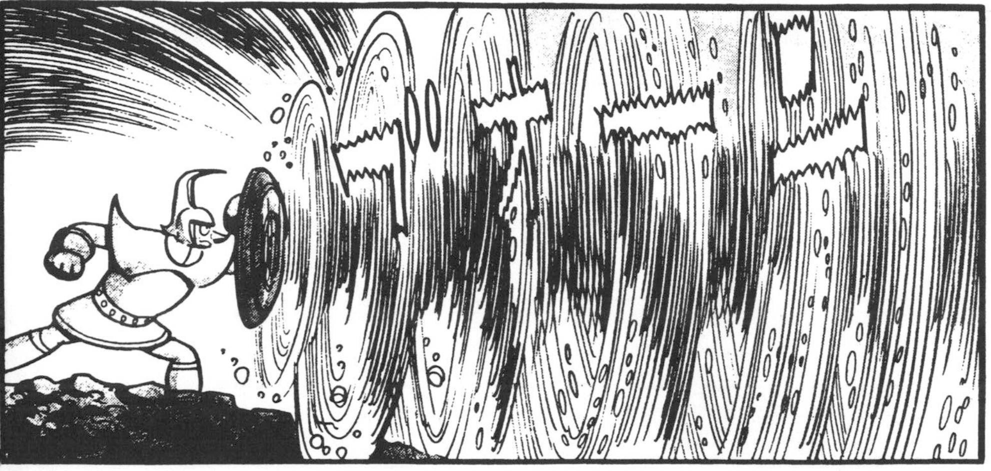

¡VAYA, VAYA, PLUTÓN! ¿ASÍ QUE ERES CAPAZ DE VOLAR CON LOS BRAZOS? ¡SEGURO QUE ENTONCES NO PUEDES USARLOS MIENTRAS ESTÁS EN EL AIRE!

¡UGH!

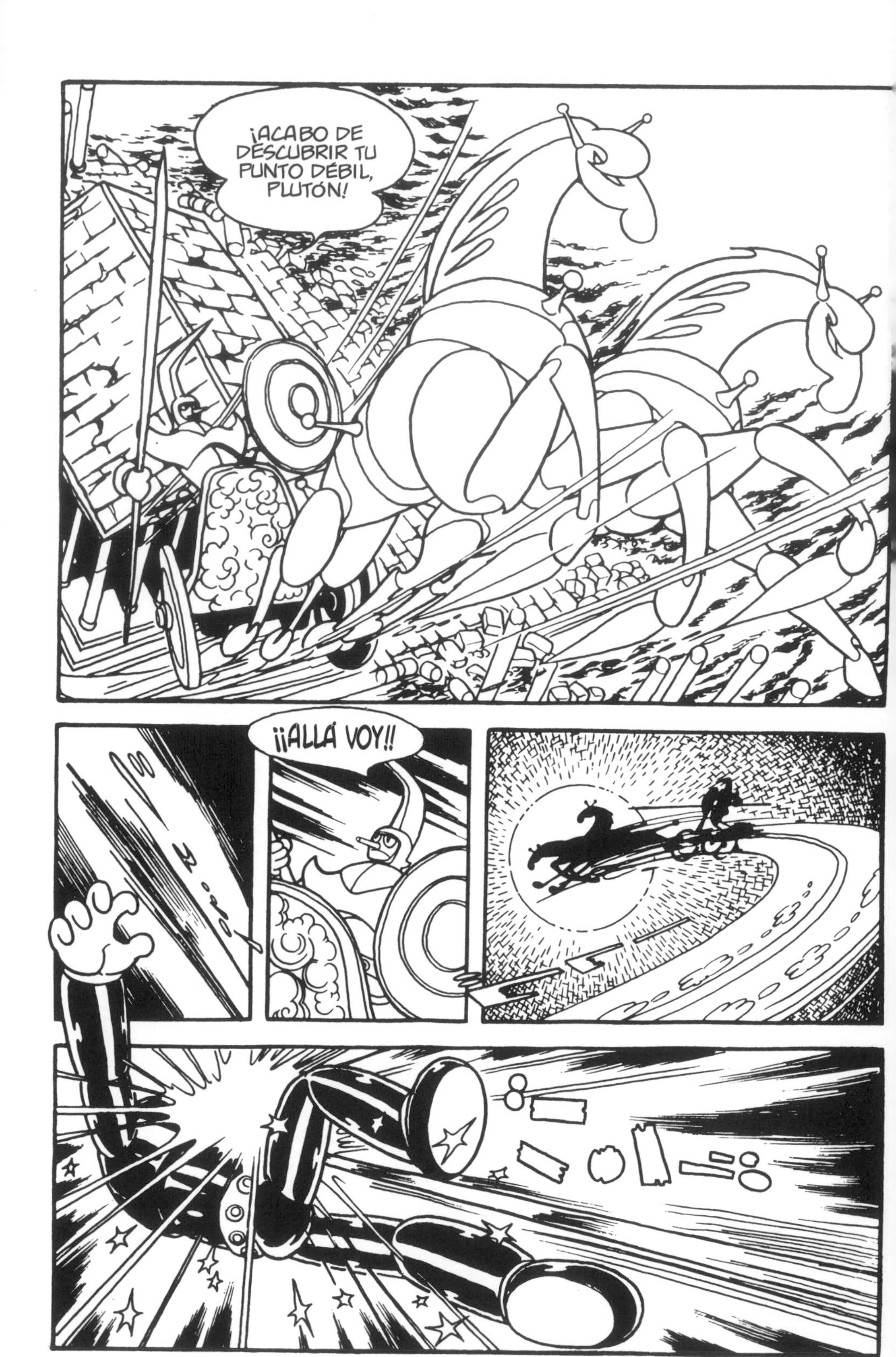
¡ACABO DE DESCUBRIR TU PUNTO DÉBIL, PLUTÓN!
¡¡ALLÁ VOY!!

¡OTRA
VEZ!

ニヤリ

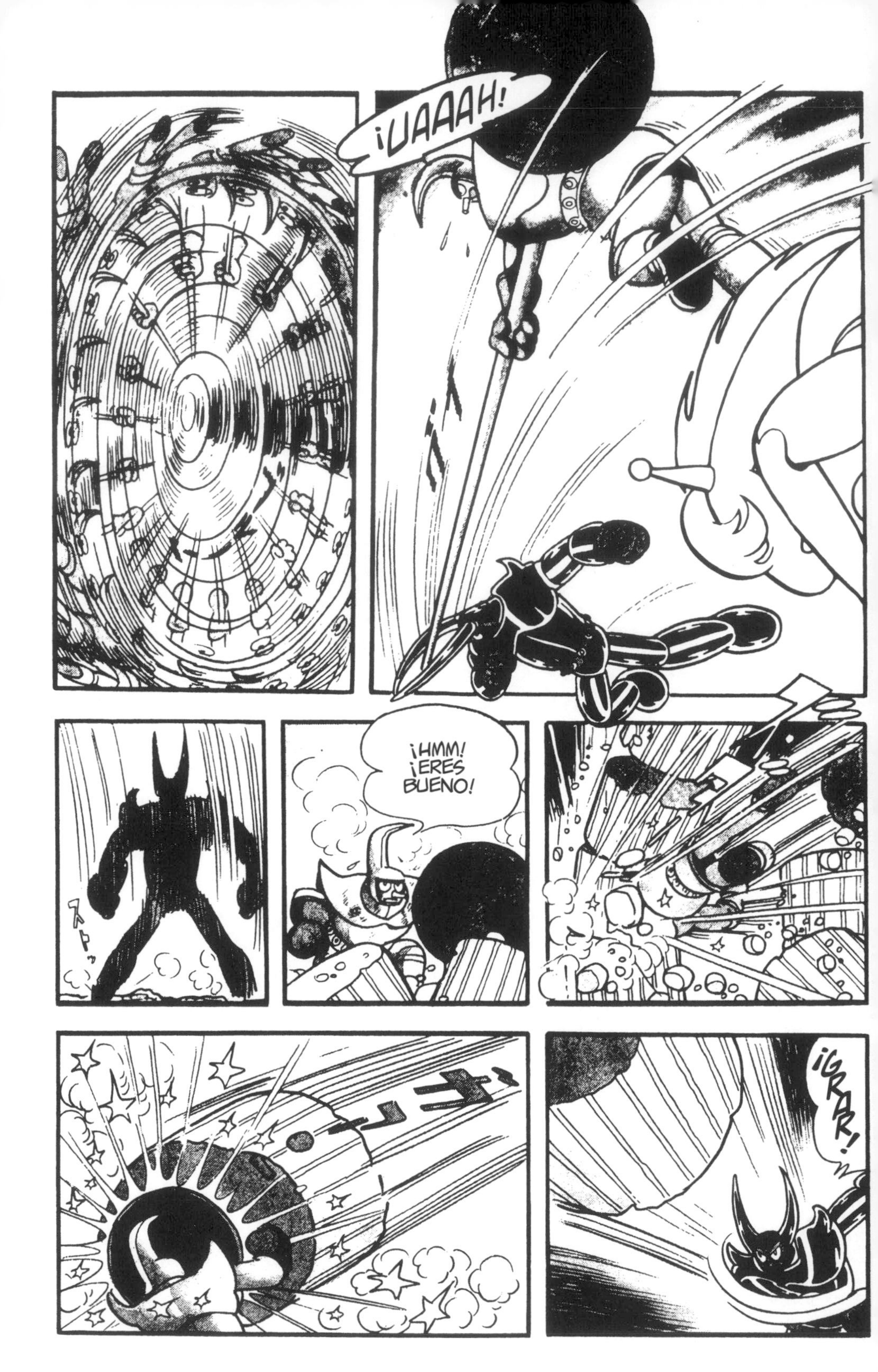
¡UAAAH!
¡HMM! ¡ERES BUENO!
¡GRAR!

¡AHORA VERÁS! ¡TE LANZARÉ A UN KILÓMETRO DE DISTANCIA!

¡YA ESTOY HARTO! ¡LUCHARÉ CON TODA MI POTENCIA!

¿¡QUÉ!?
¡¡ESTOY ENCIMA DE TI!!

¡ZAAS!

JAA, JA, JA, JA, JA, JA,
HMMM...
MALDITO ...
¡TOMA, TE DE-VUELVO TU ARMA!

¡NO VOY A USAR UN ARMA ...!
¡...QUE ME HAYAN ARREBA-TADO UNA VEZ!

ボキッ

NO SEAS ESTÚPIDO: SIN ARMA, NO PODRÁS LUCHAR.

HACE SIGLOS, LOS TROYANOS PREFIRIERON MORIR ANTES QUE PEDIR CLEMENCIA A SUS ENEMIGOS.

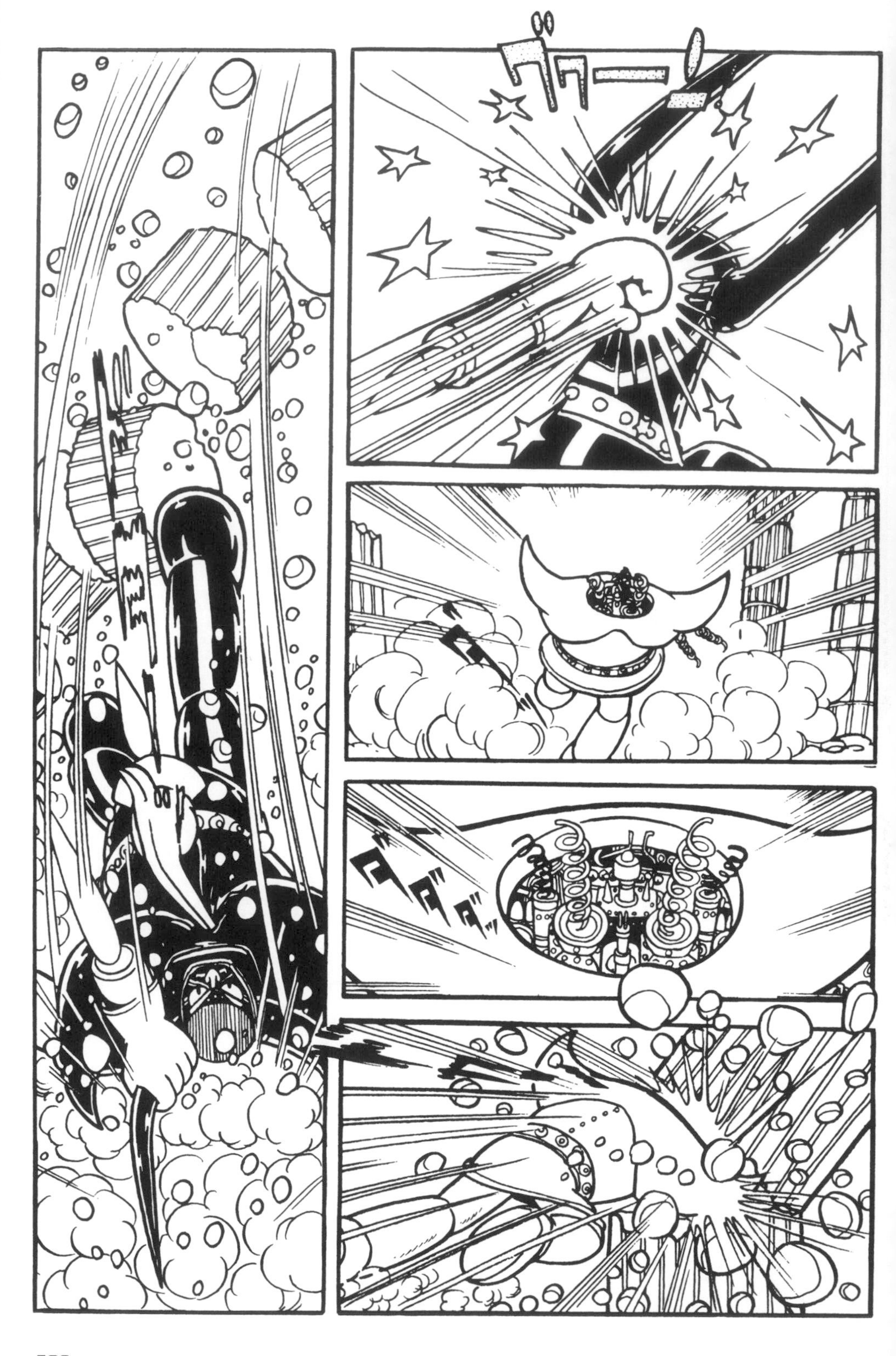

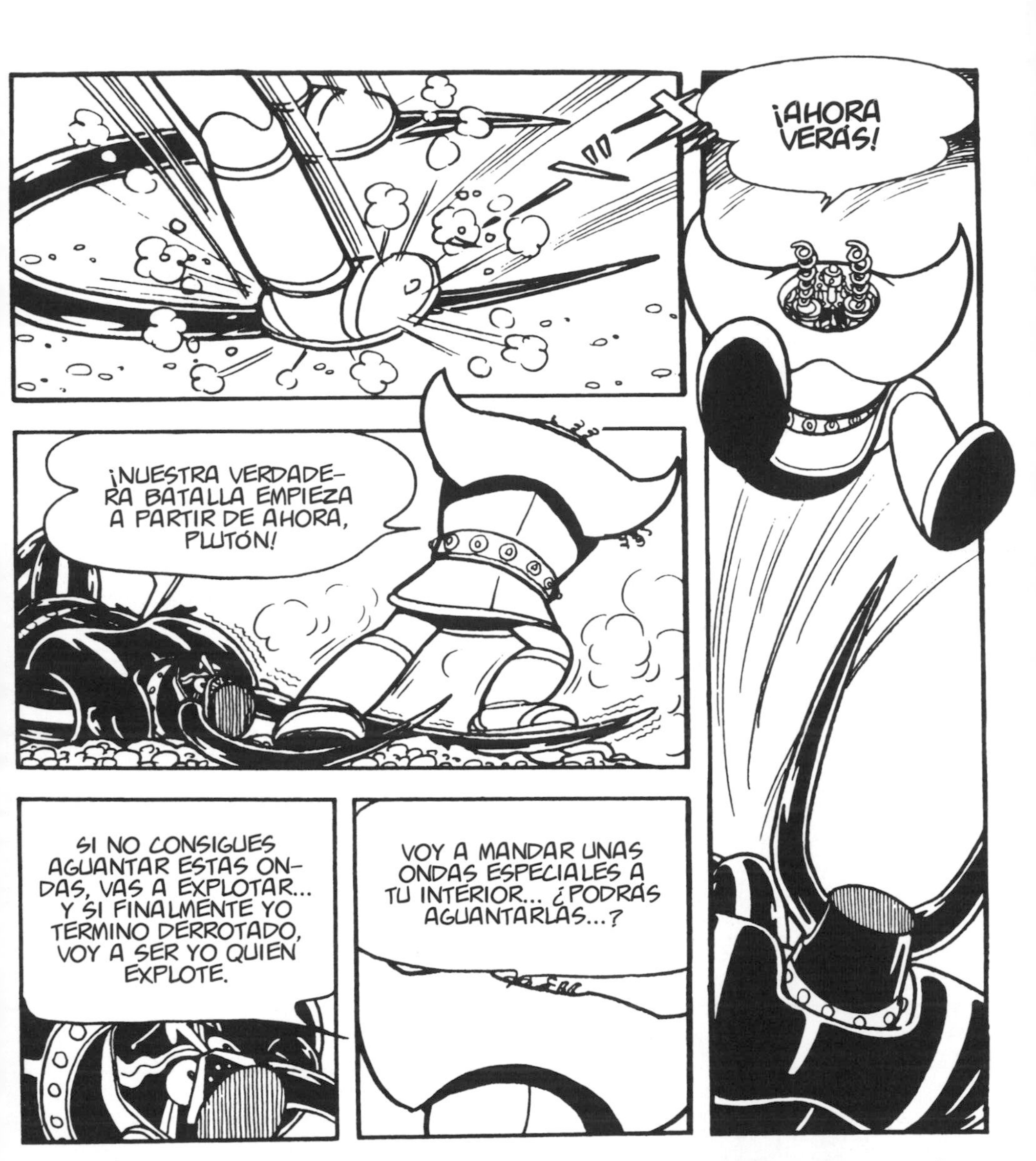

¡AHORA VERÁS!
¡NUESTRA VERDADERA BATALLA EMPIEZA A PARTIR DE AHORA, PLUTÓN!
VOY A MANDAR UNAS ONDAS ESPECIALES A TU INTERIOR... ¿PODRÁS AGUANTARLAS...?
SI NO CONSIGUES AGUANTAR ESTAS ONDAS, VAS A EXPLOTAR... Y SI FINALMENTE YO TERMINO DERROTADO, VOY A SER YO QUIEN EXPLOTE.

¡JA, JA, JA, JA! ¡HE GANADO!

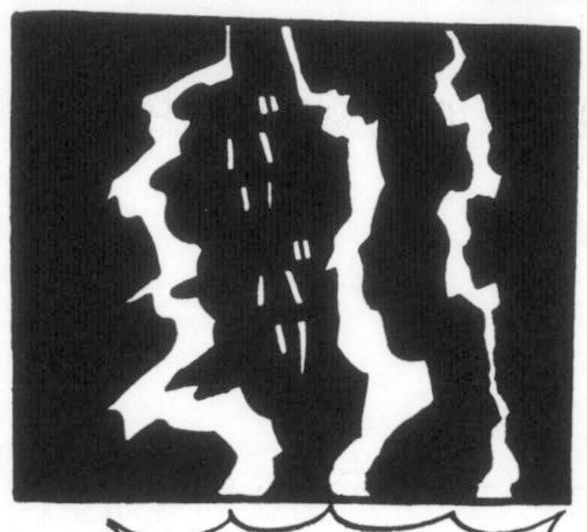

¡FÍJATE! ¡YO SOY EL ROBOT MÁS FUERTE DEL MU...!

バラ
バラ
バラ

¡AAH!

HÉRCULES ...

¡CINCO!

TÚ, EPSILON... ¿ACCEDES A SER MI SEXTO RIVAL AHORA MISMO?

¡AH!

VAMOS, VEN AQUÍ. ACABEMOS RÁPIDO.

DE ACUERDO...
PERO SI TENGO QUE PELEAR, PREFIERO HACERLO EN MI PROPIO PAÍS...

OK.
ME ADELANTARÉ. TE ESPERO EN AUSTRALIA.

YA HA LLEGADO MI TURNO...

HÉRCULES, QUE TENÍA UNA POTENCIA DE 400.000 CABALLOS, HA SIDO DERROTADO... NO PODRÉ VENCERLE NI EN SUEÑOS.
NO ME GUSTA LUCHAR... PERO SI DEBO HACERLO...

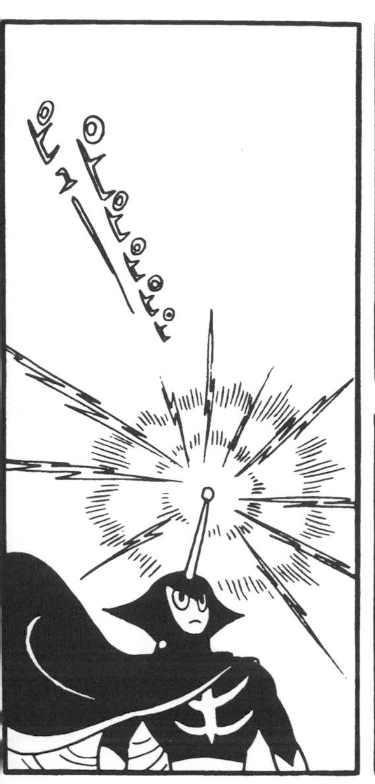

...QUE SEA DESPUÉS DE DESPEDIRME DE LOS NIÑOS DE MI PATRIA.
MIS PRECIOSOS ALUMNOS...

¿TE ACUERDAS DE ESTE LUGAR, ASTRO-BOY?

SÍ... CLARO, AQUÍ FUE DONDE NACÍ.

Y PIENSO REMODELARTE AQUÍ MISMO PARA DARTE UN MILLÓN DE CA-BALLOS.

ESO ES.
ESTÁS EN EL DEPARTA-MENTO DE MÁQUINAS DE PRECISIÓN DEL MINISTERIO DE LA CIENCIA... TÚ NACISTE EN ESA MESA.

EL JEFE ES EL DOCTOR OCHANOMIZU, Y YO ASUMO TODA LA RESPONSABILIDAD PORQUE LO HAGO PARA SALVARLE.

NO TE PREOCUPES POR ESO.

PERO NO PODEMOS USAR LAS MÁQUINAS SIN PERMISO, ¿NO?

SÍ... LOS TENDRÉ.
ASTROBOY, PRONTO TENDRÁS UN MILLÓN DE CABALLOS.

TÚMBATE AQUÍ.

¿CUÁNTO PODER DARÁN TANTOS CABALLOS? ¿SUFICIENTE PARA DESTRUIR EL PLANETA ENTERO?
¡GENIAL!

MUY BIEN.
TENDRÁS QUE IR CON CUIDADO, ASTROBOY... CON TANTO PODER...
...PUEDE QUE TU CUERPO RESPONDA DE MODO EXTRAÑO.
¿EH?

TU CUERPO NO ESTÁ HECHO PARA CONTROLAR UNA POTENCIA DE UN MILLÓN DE CABALLOS.

SI HACES PASAR UNA CORRIENTE DE 500 AMPERIOS POR UN FUSIBLE DE 100 AMPERIOS... SE FUNDIRÁ, ¿VERDAD?

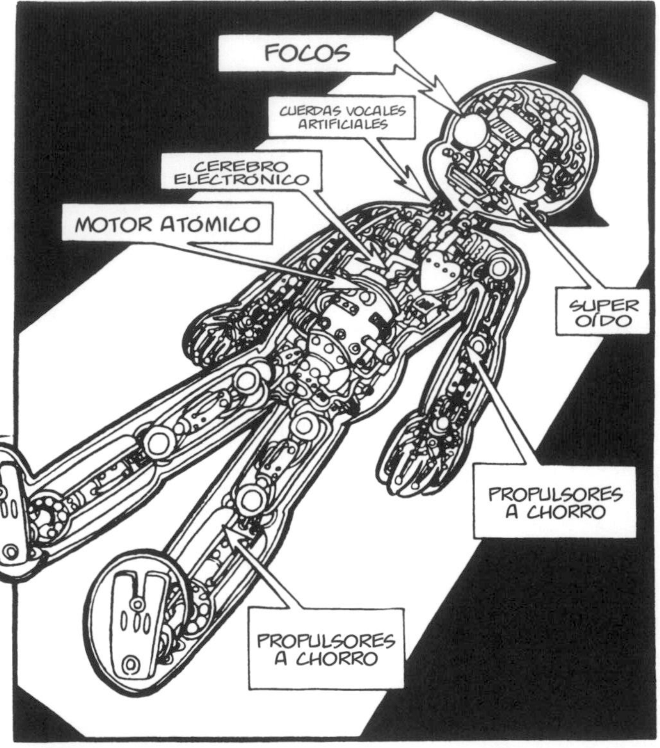
FOCOS
CUERDAS VOCALES ARTIFICIALES
CEREBRO ELECTRÓNICO
MOTOR ATÓMICO
SUPER OÍDO
PROPULSORES A CHORRO
PROPULSORES A CHORRO

¡QUÉ PROBLEMA! ¡POBRECILLO ASTROBOY, SI SE LE FUNDEN LOS FUSIBLES!

URAN, NO TE PREOCUPES. YO LE REMODELARÉ.

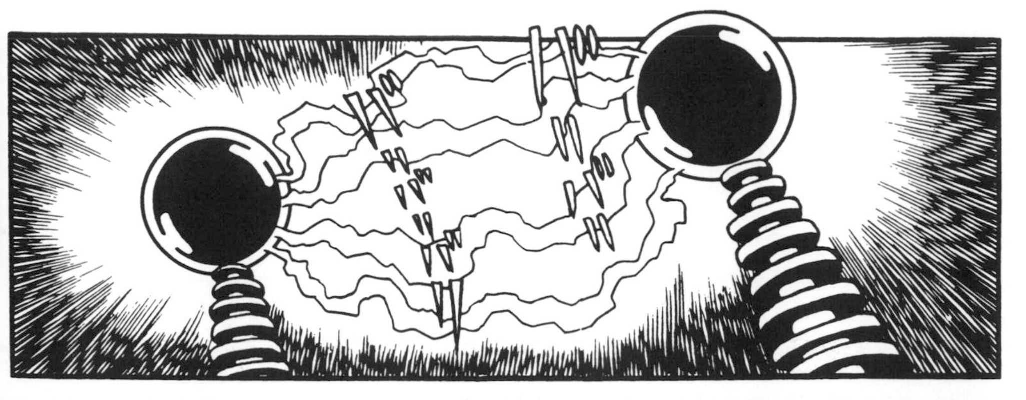

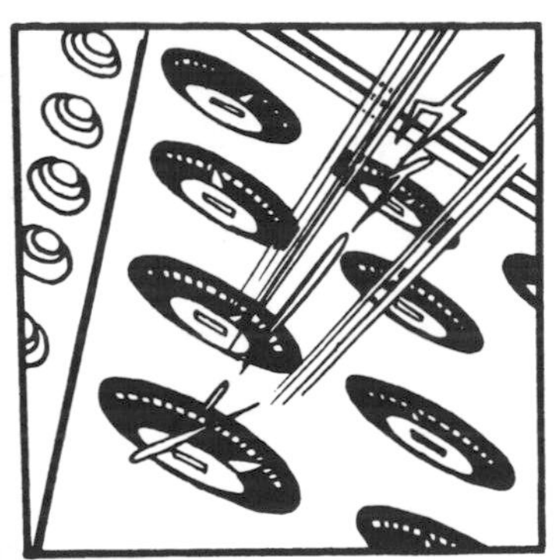

¡ASTRO-BOY!

¡TE LO HABÍA ADVERTIDO!

¡CUIDADO, URAN! ¡APÁRTATE DE AQUÍ!

SI MI REMODELACIÓN NO FUNCIONA...
...PUEDE EXPLOTAR Y DEJARLO TODO HECHO AÑICOS.

¡OH! ¡PERVERTIDOS!

カチッ

ガバッ

¡ASTRO-BOY!

¡AAAH!

¡ASTROBOY! ¿ME OYES? ¡TIENES QUE CALMARTE! ¡CÁLMATE!

¡AAH!

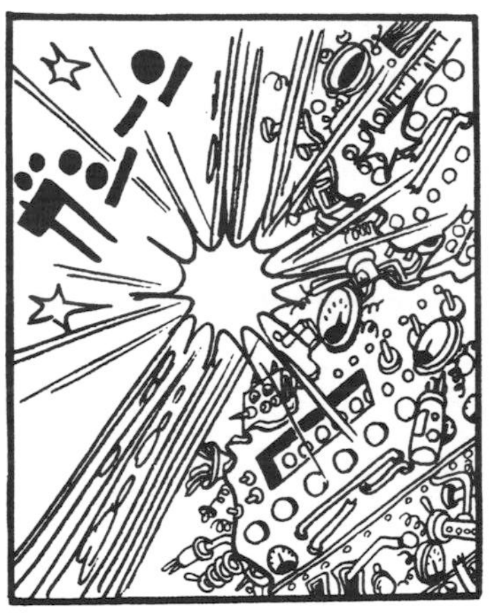

ALGO HA PASADO EN EL CEREBRO DE ASTROBOY. PASARÁ ENSEGUIDA.

¡AAAH!

¡ASTRO-BOY!

¿OWEN...!
¡HEY!

バシャー!

VAYA... POR EL GOLPE QUE ME HAS DADO, DIRÍA QUE AHORA TIENES UN MILLÓN DE CABALLOS...

¡ASTROBOY! ¿¡HAS SIDO TÚ!?
¿HA AUMENTADO TU ENERGÍA?

VOY A LUCHAR CON TODAS MIS FUERZAS, ASTROBOY, TENGAS LOS CABALLOS DE POTENCIA QUE TENGAS.

¡UGH!

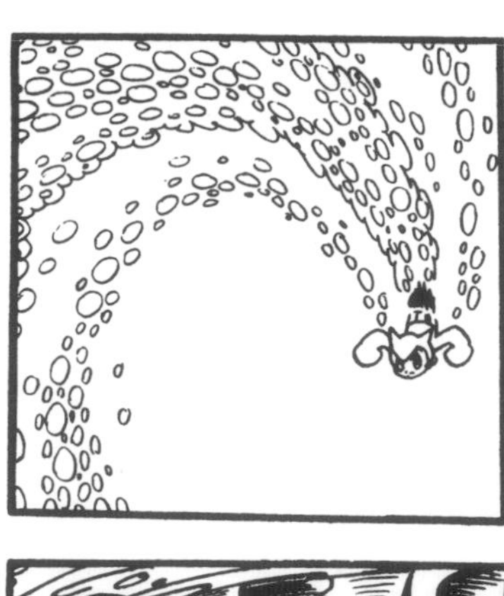

¡ASTRO-BOY! ¿¡ESTÁS LISTO!?

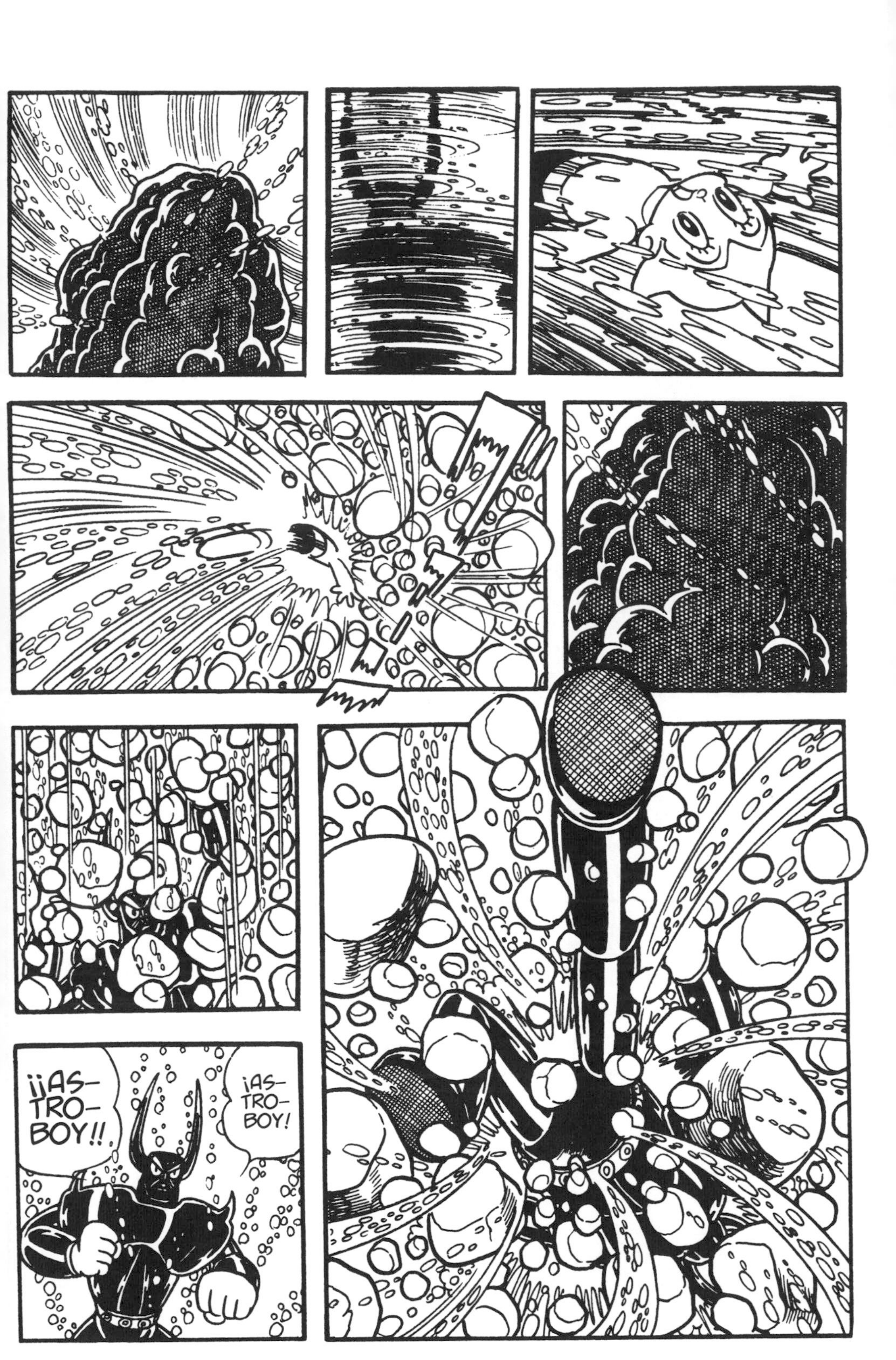
¡¡AS-
TRO-
BOY!!
¡AS-
TRO-
BOY!

¡OH, NO!

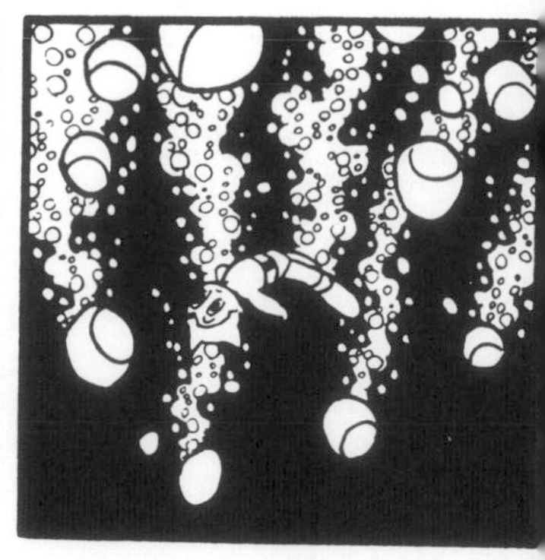

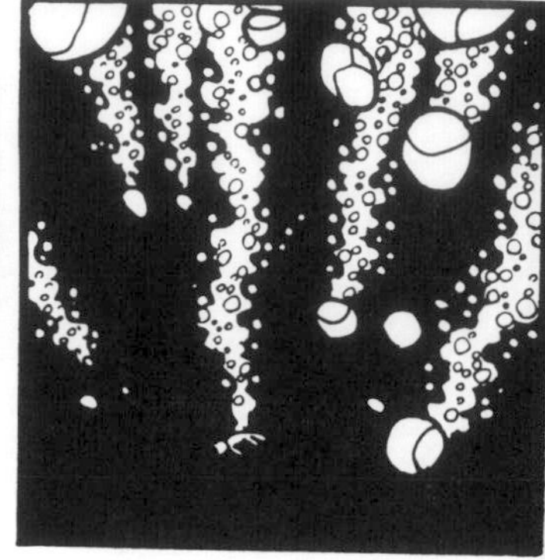

¡AAAH! ¡MIRE ARRIBA, DOCTOR TENMA!

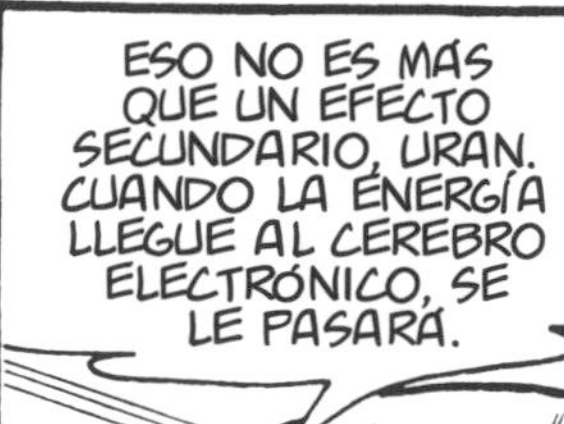
ESO NO ES MÁS QUE UN EFECTO SECUNDARIO, URAN. CUANDO LA ENERGÍA LLEGUE AL CEREBRO ELECTRÓNICO, SE LE PASARÁ.

ASTROBOY ESTÁ EN EL FONDO DEL MAR.
SE HA HUNDI-DO.

¡TENGO ALGO QUE DECIRLE A ESA CHI-QUI-LLA!
UUUHH... ¿TÚ ERES ESE TAL PLUTÓN?

Y TAL COMO ESTABA, NO CREO QUE LE QUEDEN FUERZAS PARA VOLVER A EMERGER.

¿EH?

ASTROBOY CHOCÓ ÉL SOLO CONTRA UNA ROCA Y SE AVERIÓ A SÍ MISMO.
¿ES ESO CIERTO? ¿LE HAS VENCIDO?

¡BUAAAAHHH!

¡VETE, MONSTRUO! ¡NO QUIERO VERTE NUNCA MÁS!

¡YO LE DI UN MILLÓN DE CABA-LLOS A ASTROBOY, PORQUE PENSÉ QUE SERÍA MUY TRISTE QUE TUVIERA QUE SER DERROTADO POR OTRO ROBOT!
AAAH... HE SIDO UN ESTÚPIDO... ¿QUE LE HE HE-CHO A ASTROBOY, EL ORGULLO DE TODO EL MUNDO...?

LO SIENTO MUCHO, URAN.

HARÉ LO QUE SEA PARA CONSOLARTE.
LO QUE PUE-DA ...

¡PUES VE A BUSCAR A MI HER-MANO!

ESA ZONA TIENE UNA PROFUNDIDAD DE VA-RIOS MILES DE METROS... ADEMÁS, SI LEVANTO LA ARENA DEL FONDO, PERDERÉ VISIÓN Y ME SERÁ IMPOSIBLE ENCONTRARLO.

¿POR QUÉ NO? ¡TÚ HAS DICHO QUE HARÍAS LO QUE FUERA!
¡HAZ LO QUE SEA PARA ENCON-TRARLE!

SI CONSIGO TRAERLO AQUÍ...
¿... ACCE-DERÁS A SER MI AMIGA, URAN?

¡ERES TONTO, PLUTÓN!

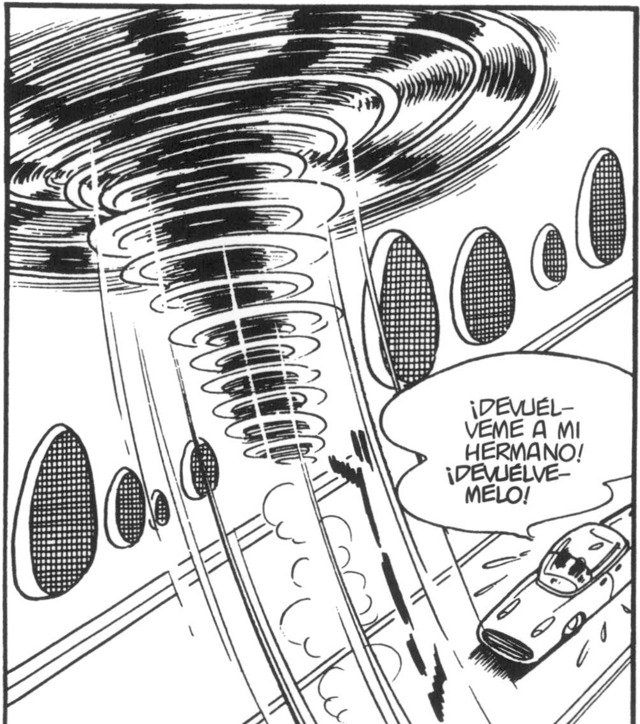
¡DEVUÉL-VEME A MI HERMANO! ¡DEVUÉLVE-MELO!

¡TÍO EPSI-LOOON!
VAMOS A VER, CHICOS... ESCU-CHAD LO QUE TENGO QUE DECIROS...

HE VENIDO A DESPEDIRME DE VOSOTROS.
¡OOOH!
¿POR QUÉ?

¡NO, NO, TÍO! ¡NO TE VAYAS!
SI TE VAS, LLORARÉ.
¿POR QUÉ TE DESPIDES?

¿Y SI LLAMAS A LA POLICÍA...?
PERO PLUTÓN SE ACERCA... NO PUEDO HACER NADA.

MIRA CUÁNTO TE APRECIAN LOS NIÑOS... TE RUEGO QUE NO TE MARCHES.
LO SÉ...
HE VIVIDO JUNTO A ELLOS DURANTE ESTOS DIEZ AÑOS, Y ME GUSTARÍA QUEDARME AQUÍ PARA SIEMPRE.

ADIÓS, CHICOS ... ADIÓS.
¡NO TE VAYAS!
¡BUAAAAHHH!

IMPOSIBLE. PLUTÓN SOLO SE ENFRENTARÍA A MÍ.

ADIÓS.
チュッ

BUA AA AH
BU EEH
SNIIFFF

¡AQUÍ ESTOY, PLUTÓN! ¡VAMOS, ACÉRCATE!

POR FIN HAS LLEGADO, PLUTÓN... HAS TARDADO MUCHO.

¿EEEEH?

NOS ENFRENTAREMOS MÁS TARDE, EPSILON. AHORA VEN CONMIGO.

ESTOY PREPARADO. ¡ESTOY FELIZ DE PODER MORIR EN MI TIERRA, EN LA BELLA AUSTRALIA!

¡ESO ES TERRIBLE!
¡TE AYUDARÉ!

TENGO QUE ENCONTRAR A ASTROBOY, QUE SE HA AVERIADO Y SE HA HUNDIDO EN EL FONDO DEL MAR. ¿PODRÍAS ECHARME UNA MANO PARA ENCONTRARLE?

¡SÍGUEME!

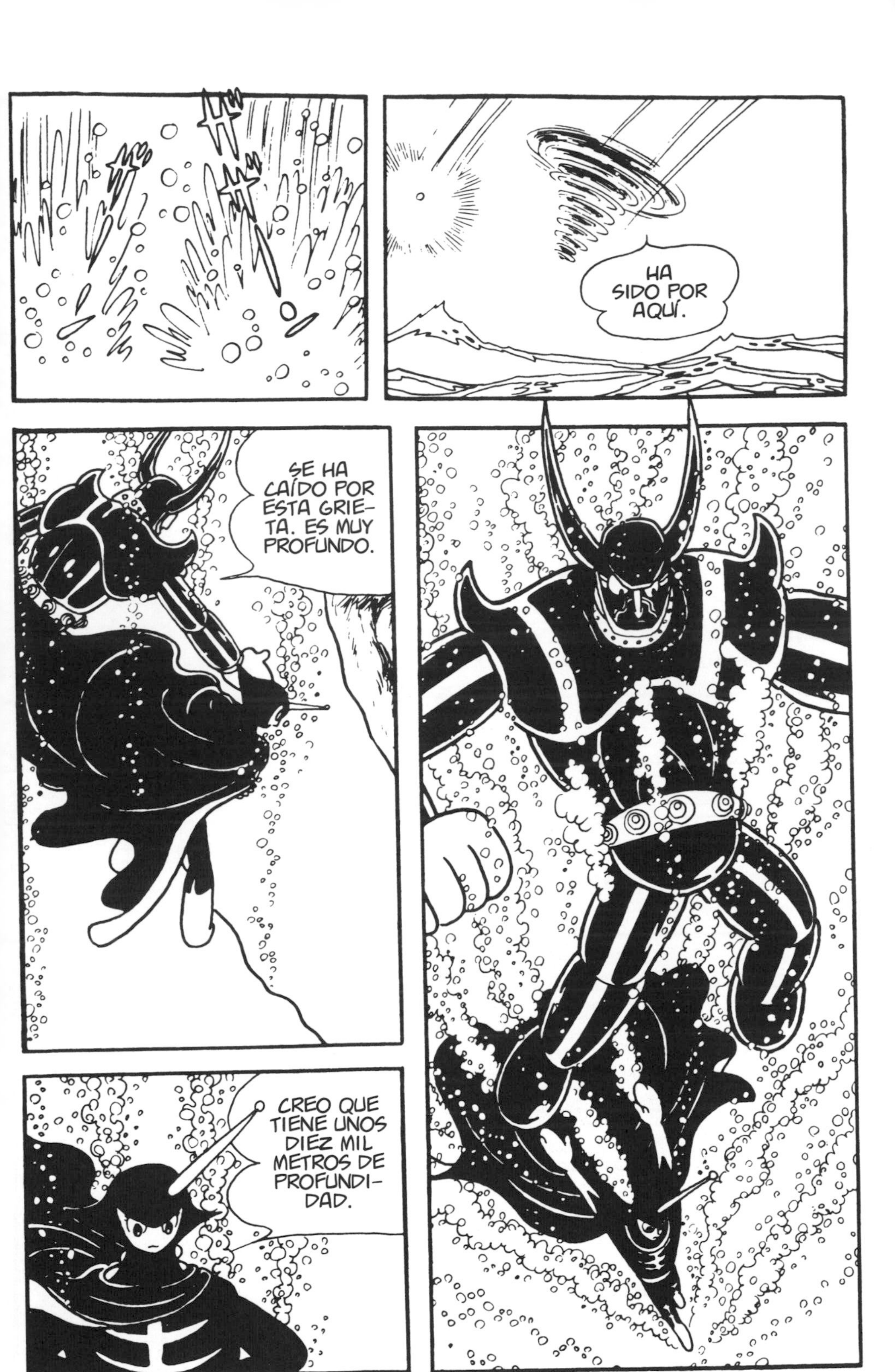
HA SIDO POR AQUÍ.
SE HA CAÍDO POR ESTA GRIETA. ES MUY PROFUNDO.
CREO QUE TIENE UNOS DIEZ MIL METROS DE PROFUNDIDAD.

YO ILUMINARÉ LA ZONA, TÚ BÚSCALE.

PERO SERÍA UN AUTÉNTICO HONOR RESCATAR A UN ROBOT TAN MARAVILLOSO COMO ASTROBOY.

PUEDE QUE LA PRESIÓN NOS APLASTE O QUE EXPLOTEMOS.

TU LUZ ES MUY POTENTE, EPSILON.

PRONTO LLEGAREMOS AL FONDO. ¿VES ALGO, EPSILON?

OH, ¡HAY ALGO!

¡ES ASTROBOY! ¡ES ÉL!

ESTE BARRO ES MÁS BLANDO QUE LA NIEVE.

¡CUIDADO, PLUTÓN!

¡MENOS MAL! ¡LE HEMOS ENCONTRADO!

ESTO ES PRODUCTO DE LA ACUMULACIÓN DE TIERRA DE LA SUPERFICIE A LO LARGO DE MUCHÍSIMOS SIGLOS.

ÉL ES MUCHO MÁS LIVIANO.

MENOS MAL QUE NO SE HA HUNDIDO EN EL BARRO.

...SI LE HAGO METERSE EN UN SITIO DONDE EL BARRO SEA MÁS PROFUNDO...

AHORA ES LA MÍA...

PUEDE QUE ...

...SI ÉL NO ESTUVIERA, ASTROBOY Y YO NOS SALVARÍAMOS... ¡HAY QUE APROVECHAR!
Y EN UNA PELEA NORMAL NUNCA PODRÍA VENCERLE...

...PLUTÓN QUEDARÁ ATRAPADO EN EL FONDO Y NO PODRÁ EMERGER NUNCA MÁS.

TIENE TRES CIRCUITOS FUNDIDOS.
¿SI SE LE ARREGLAN, SE DESPERTARÁ?

NO SÉ EXACTAMENTE QUÉ LE OCURRE. ¿ENTIENDES TÚ DE ESTO?

ESTÁS ACABADO, PLUTÓN...

¡AH!

SE HA CAÍDO UNA PIEZA. ¿PUEDES IR A RECOGERLA?

ズブズブ
ズブズブ
¡GROOAAARR!

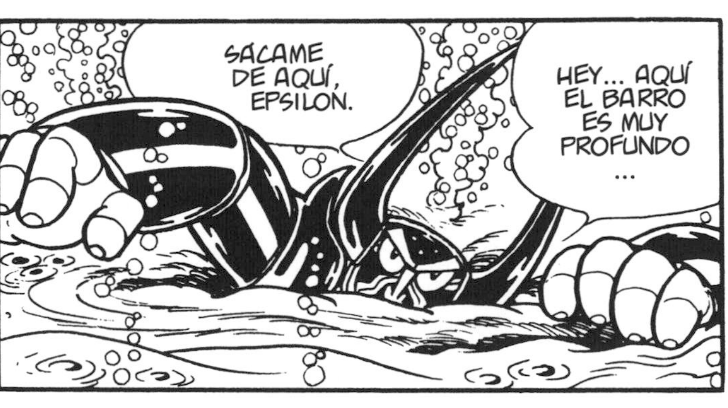
HEY... AQUÍ EL BARRO ES MUY PROFUNDO ...
SÁCAME DE AQUÍ, EPSILON.

¡EPSI-LON! ¿¡DÓN-DE TE HAS METI-DO!?

EN EL FONDO DE LAS GRANDES FOSAS MARINAS, LAS LLAMADAS ZONAS ABISALES, SE HAN IDO ACUMULANDO A LO LARGO DE CIENTOS DE MILES DE AÑOS GRUESAS CAPAS DE ARENA Y BARRO, UNAS CAPAS MUY POCO SÓLIDAS DE DECENAS DE METROS DE PROFUNDIDAD.

¡EPSI... LO... N...!

SOY UN COBARDE Y UN TRAIDOR.

...

SOY EL ÚNICO QUE SE HA COMPORTADO COMO UN COBARDE.
Y PENSAR QUE, HASTA AHORA, TODOS LOS DEMÁS ROBOTS HABÍAN LUCHADO CON NOBLEZA...

ESTABA CLARO QUE PLUTÓN IBA A VENCERME, ASÍ QUE PENSÉ UNA TRETA PARA QUITÁRMELO DE ENCIMA...

PERO CLARO... YO TENGO A LOS NIÑOS... Y ELLOS ME IMPORTAN DEMASIADO...

TENGO UNA TAREA MUY IMPORTANTE QUE LLEVAR A CABO. PLUTÓN YA ESTÁ BIEN DONDE ESTÁ.

¡¡EPSILON!! ¡ÉCHAME UNA MANO!

EP... SI... LON... AYÚDA... ME...

¡PLUTÓN! ¡AGÁRRATE A ESTO!

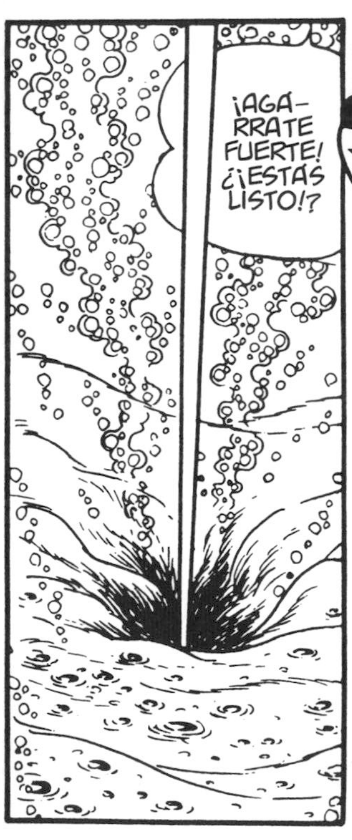
¡AGÁRRATE FUERTE! ¿¡ESTÁS LISTO!?

¡VOY A TIRAR!

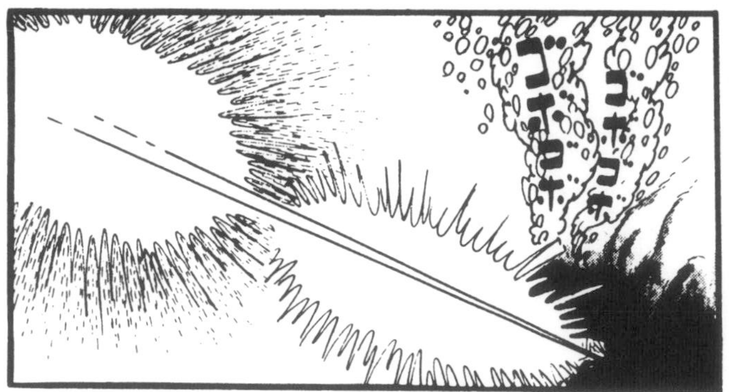

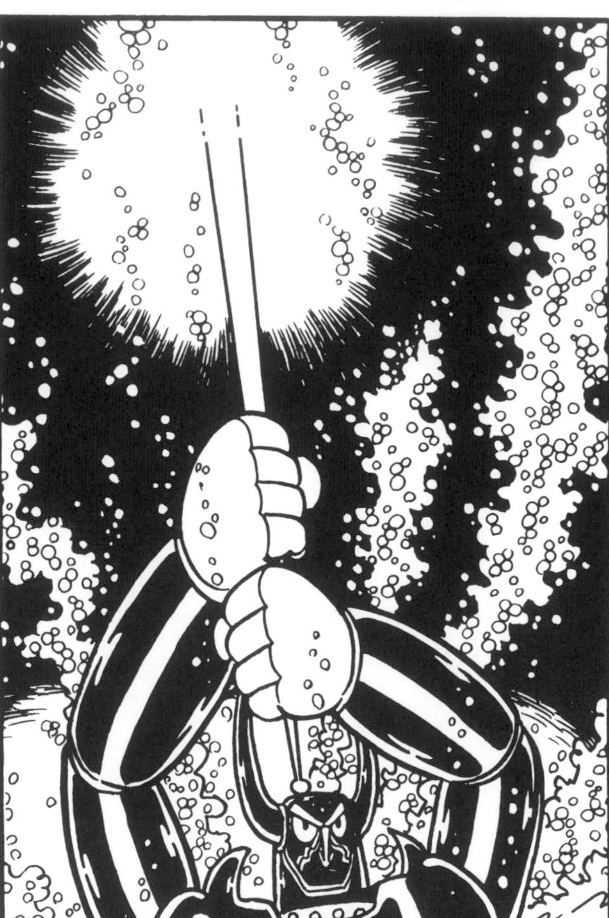

¡QUÉ POTENCIA TIENES, EPSILÓN!
¿DE DÓNDE LA SACAS?

ME HAS SALVADO.

¡DE LOS FOTONES! ¡ES ENERGÍA FOTÓNICA!
LA LUZ ES MI FUENTE DE ENERGÍA.

TÚ NO ERES UN ROBOT ATÓMICO... ¿DE DÓNDE SACAS LA ENERGÍA?

PERO ESTO NO TIENE NADA QUE VER CON NUESTRO DUELO.
VOY A JAPÓN A LLEVAR A ASTROBOY. TÚ ESPÉRAME EN AUSTRALIA, EN EL MISMO SITIO DE ANTES.

TE LO AGRADEZCO, EPSILON.

ENERGÍA FOTÓNICA... ES MUY FUERTE.
PUEDE QUE SEA EL RIVAL MÁS DURO AL QUE ME HAYA ENFRENTADO HASTA AHORA.

Y ES QUE UN ROBOT FOTÓNICO NO SE QUEDA NUNCA SIN ENERGÍA.

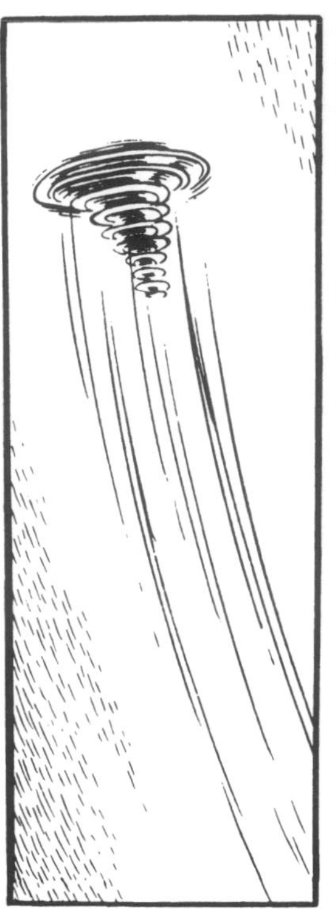

URAN ...

¡TE ESTABA ESPERANDO, PLUTÓN!

¿POR QUÉ TE MARCHAS COMO SI HUYERAS?
HAS VENIDO A DEVOLVERME A ASTROBOY, ¿NO?

SÍ, ALLÍ ESTÁ.

¡AH!
¡ASTROBOY!

SOLO TIENE UNOS CIRCUITOS AVERIADOS.
PUEDEN ARREGLARLE EN EL MINISTERIO.

SIENTO LO DE ANTES, PLUTÓN.
LAMENTO HABERTE DICHO COSAS TAN HORRIBLES.

TÚ EN REALIDAD ERES UN BUEN ROBOT. EL MALO ES EL HUMANO QUE TE CONSTRUYÓ.
TÚ NO ODIAS A MI HERMANO, ¿VERDAD?

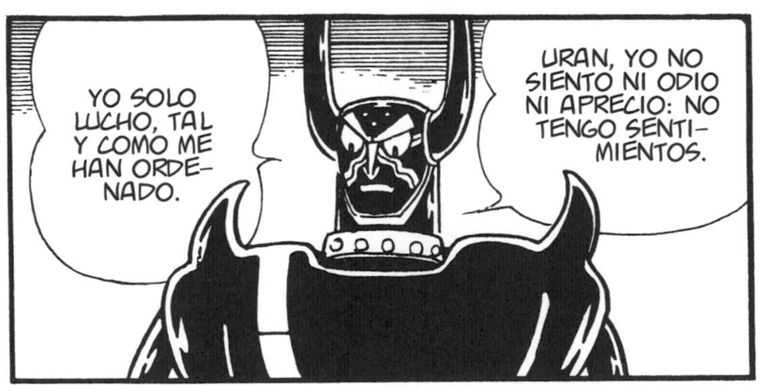
URAN, YO NO SIENTO NI ODIO NI APRECIO: NO TENGO SENTIMIENTOS.
YO SOLO LUCHO, TAL Y COMO ME HAN ORDENADO.

POBRE PLUTÓN... ¿PIENSAS PELEAR HASTA QUE NO PUEDAS MÁS?

ESTAS PEGATI- NAS ME GUSTAN MUCHÍSI- MO.

TOMA.

ESPERA UN MO- MENTO.

PLUTÓN, DESDE AHORA SOY TU AMIGA.
PERO NO LU- CHES CONTRA MI HERMANO, ¿VALE?

TE LAS DOY COMO AGRA- DECIMIENTO POR SALVAR A ASTROBOY.
TE LAS PEGO AQUÍ, ¿EH?

¡¡PLU- TÓN, ERES UN TONTO!!

¡LO SIEN- TO, NO PUEDO PROME- TERTE ESO!

SOLO FALTAN DOS... DOS MÁS, Y PLUTÓN SE CONVERTIRÁ EN EL ROBOT MÁS FUERTE DEL MUNDO. JUAA, JA, JA, JA, JA, JA...

DOCTOR ABHRA, ¿TÚ CREES QUE ALGUNA VEZ SE CREARÁN ROBOTS MÁS FUERTES QUE PLUTÓN?

¡DÉJESE YA DE TONTERÍAS, SULTÁN! ¡AUNQUE SU ROBOT SE CONVIERTA EN EL MÁS FUERTE DEL MUNDO, NO TARDARÁ EN APARECER OTRO TODAVÍA MÁS FUERTE!
JU, JUUU...

¡DOCTOR! ¿DÓNDE TE HAS METIDO?
ESTE HOMBRE A LA MÍNIMA SE ESCAQUEA ...

¿SE PUEDE SABER QUIÉN ES ESE TAL DOCTOR ABHRA, SULTÁN?
ES MI EMPLEADO.
¡EL MEJOR CIENTÍFICO ROBÓTICO DEL MUNDO!

¿Y QUIÉN DEMONIOS ES EL MEJOR CIENTÍFICO ROBÓTICO DEL MUNDO?

PUES NO SÉ.

¿MANDÓ CONSTRUIR A PLUTÓN A UN HOMBRE DEL QUE NO SABE NADA? PERO SI...
¡CÁLLATE! ¡YO LE PAGUÉ Y LISTOS!

TENGO DINERO A ESPUERTAS.
LE CONTRATÉ A CAMBIO DE 100 MILLONES DE YENES AL MES, ASÍ QUE HACE LO QUE YO LE DIGO.

HMMM... NO ME SUENA UN CIENTÍFICO ASÍ.
¡NO ME SUENA NADA!

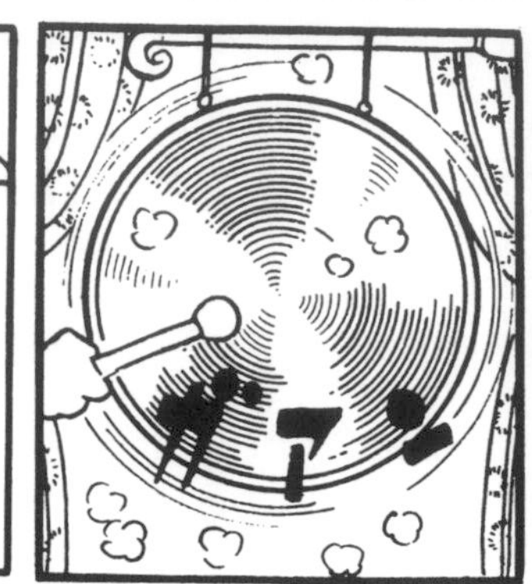

TE... ¡TENEMOS UN PROBLEMA!
¿QUÉ PASA? ¿SE TE HA CAÍDO LA SOPA AL SUELO, QUIZÁS?

NO. HAY ALGUIEN QUE QUIERE VEROS, SULTÁN... O MEJOR DICHO, QUIERE VER A PLUTÓN...
¿QUÉ? ¿QUE QUIERE VER A PLUTÓN?

¡HAZLE PASAR! ¿SERÁN EPSILON O ASTROBOY?
SE EQUIVOCA.

¡BO-
RER...!

TIENE 2 MILLONES DE CABALLOS DE POTENCIA: ES EL ROBOT MÁS POTENTE DEL MUNDO, ¡DE LA HISTORIA!

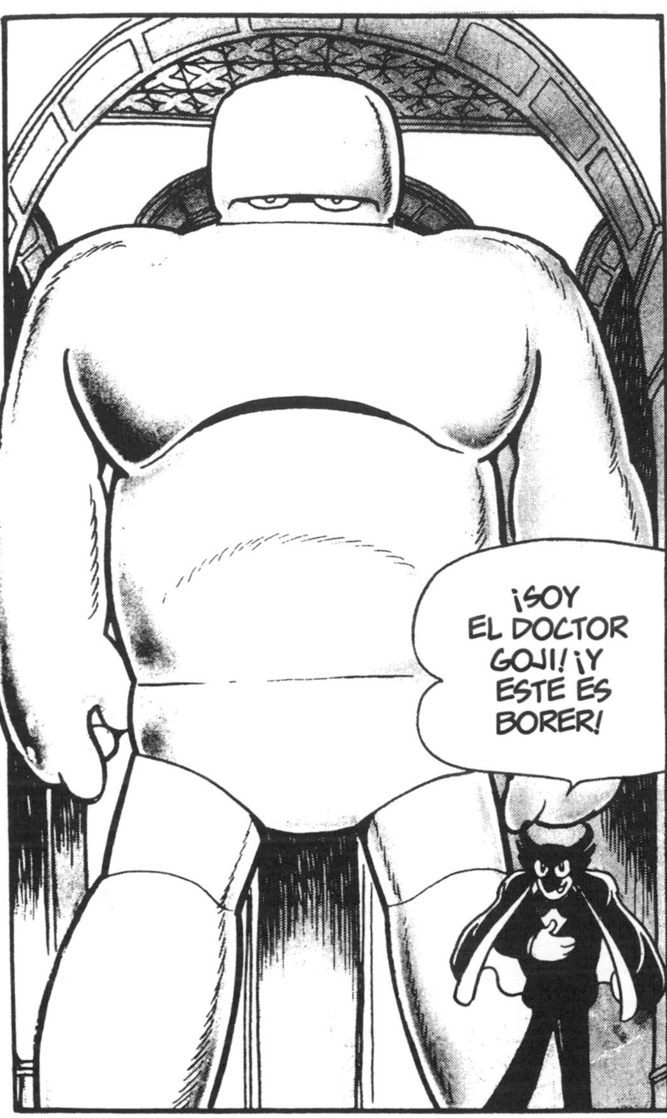
¡SOY EL DOCTOR GOJI! ¡Y ESTE ES BORER!

DOS... ¿DOS MILLONES DE CABALLOS?

ME HE ENTERADO DE QUE EL TAL PLUTÓN VA POR EL MUNDO FANFARRONEANDO, CREYÉNDOSE EL MÁS FUERTE Y DESTRUYENDO A OTROS ROBOTS.
OPINO QUE ES RIDÍCULO... ¡Y POR ESO HE VENIDO A COMPROBAR SI EN VERDAD ES TAN FUERTE!

EXACTO. ¡Y QUIERO QUE SE ENFRENTE A PLUTÓN!

¡J... ¡JA! ¿QUÉ ES ESTE MONTÓN DE CHATARRA? ¿DICES QUE PLUTÓN ES RIDÍCULO?
¡DÉJATE DE TONTERÍAS! ¡PLUTÓN NO TENDRÍA NI PARA EMPEZAR CON ESE FANTOCHE!

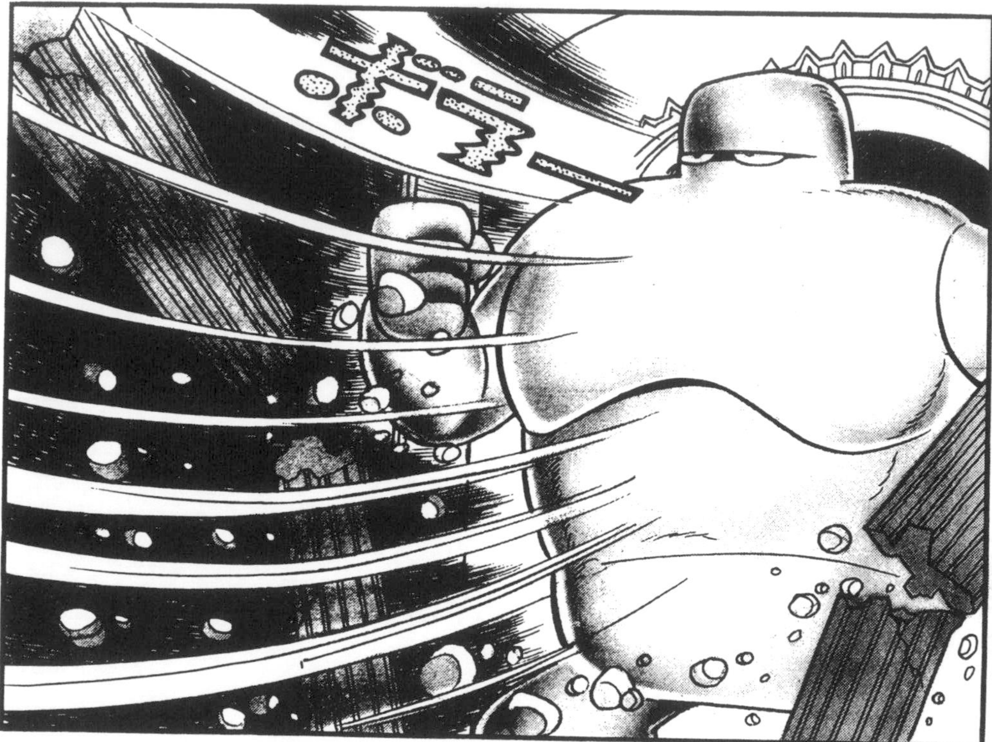

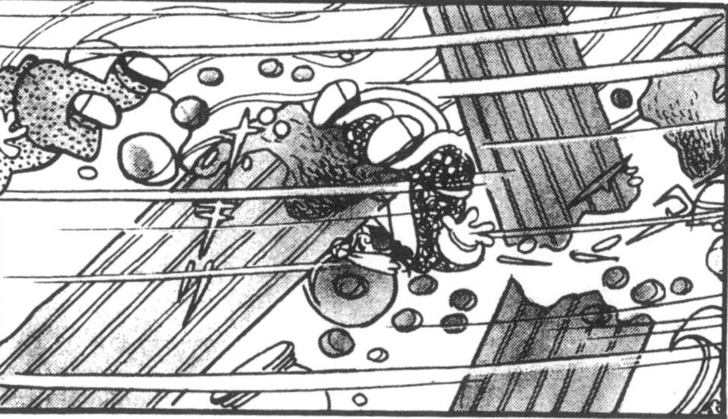

DE ACUERDO, ME RETIRARÉ POR EL MOMENTO.

¡PLUTÓN NO ESTÁ AQUÍ! ¡SI ESTUVIERA, SE LO CARGARÍA EN UN ABRIR Y CERRAR DE OJOS, PERO NO ESTÁ, ASÍ QUE FUERA! ¡AIRE!

DEBERÍA IR CON CUIDADO CON BORER. SOLO CON UN RUGIDO ES CAPAZ DE DESTRUIR EDIFICIOS.
¡JA, JA, JA, JA...!

QU... QU... ¡QUÉ RABIAAA!

PERO, SULTÁN, LE RECOMIENDO QUE NO ALARDEE TANTO DE SU ROBOT... ES POR SU BIEN... JUA, JA, JA, JA...

¿¡QUE NO SOY EL MEJOR DEL MUNDO!?
¡MALDITO BOCAZAS!
¡ESTOY QUE TRINO! ¡QUE TRINO!

PIENSE EN LO QUE LE HE ESTADO DICIENDO.

SULTÁN, ¿VA A CONSENTIR QUE ESE MONSTRUO SEA EL MEJOR?

¡UAAAGH!

YO CREO QUE EL MEJOR ROBOT DEL MUNDO ES AQUEL CAPAZ DE HACER EL BIEN. UN ROBOT INTELIGENTE Y JUSTO.
¿DE QUE SIRVE QUE LOS ROBOTS COMPITAN A VER CUÁL ES MÁS FUERTE?

¡¡CIERRA EL PICOOOOOO!!

¡AH!

¿QUE SE HABÍAN VUELTO LOCOS?

¡TUS CIRCUITOS SE HABÍAN VUELTO LOCOS!
¿CÓMO TE ENCUENTRAS, ASTROBOY?

¡CLARO QUE SÍ! ¡UN MILLÓN!

¿TENGO UN MILLÓN DE CABALLOS?
EL DOCTOR TENMA TE HA REPARADO A FONDO.

SÍ... EL PODER DE UN MILLÓN DE CABALLOS PROVOCÓ UN CORTOCIRCUITO TEMPORAL.

ESTA PARED TIENE DIEZ METROS DE GROSOR. PUEDES ATRAVESARLA.

PRUÉBALO, ASTROBOY.

グワァァァ!

MUY BIEN. TODO PERFECTO.

ASTROBOY, HAS APLASTADO LA SILLA.

GRACIAS, DOCTOR TENMA. ¡LE PROMETO QUE VENCERÉ A PLUTÓN!
PERO, ASTROBOY...

NO PUEDO PERDER SI ME ENFRENTO CON ÉL A SOLAS.
ES QUE...

¿QUÉ PASA, URAN?
NO DESTRUYAS A PLUTÓN...

¿EH? ¿¡POR QUÉ DICES ESO, URAN!?
PORQUE ÉL TE SALVÓ.

¡ME SALVÓ PORQUE QUIERE LUCHAR CONMIGO! ¡YA LO VERÁS! ¡SEGURO QUE VIENE A POR MÍ!

HMMM... ¡NO SEAS TONTA! ¡ANDA QUE PONERTE DE SU LADO!

PERO ASTROBOY... PLUTÓN ME DA LÁSTIMA: SU AMO ES UN HOMBRE MALVADO, Y ÉL SOLO OBEDECE SUS ÓRDENES.

¡HEY! ¡NO OS PONGÁIS A DISCUTIR AHORA, JUSTO CUANDO HE REPARADO A ASTROBOY!
PERO ES QUE...

SÍ, YA SABES QUE DECIDÍ ABANDONAR LA SOCIEDAD... Y NO QUIERO QUEDARME MUCHO MÁS TIEMPO AQUÍ.

¡DOCTOR TENMA! ¿ES QUE SE VA?
MI MISIÓN HA TERMINADO. ¡SUERTE!

PLUTÓN DICE QUE ES EL ROBOT MÁS FUERTE...
¡...PERO ÉL NO ES EL ROBOT MÁS FABULOSO DEL MUNDO!

UN ÚLTIMO CONSEJO, ASTROBOY.

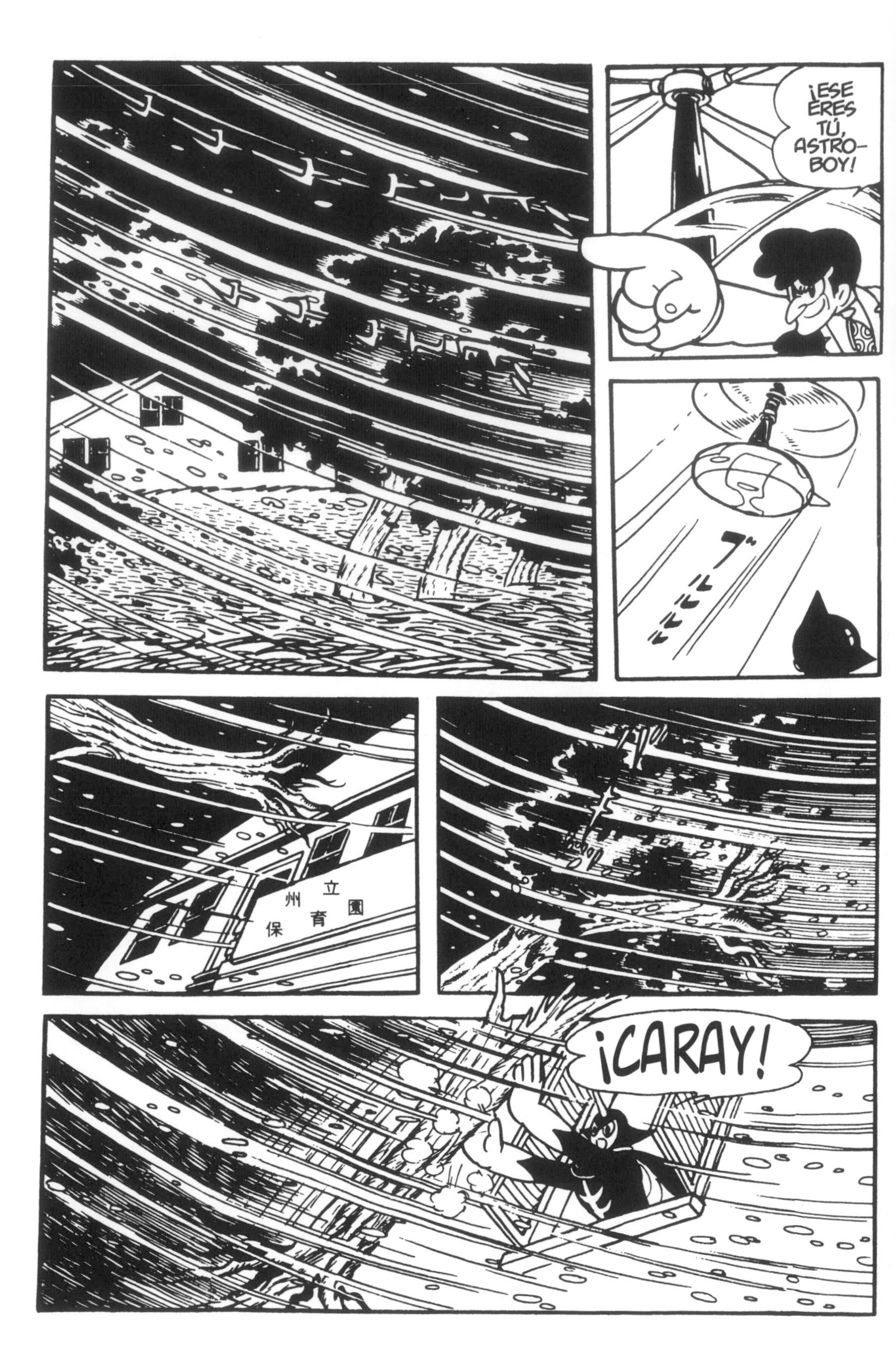
¡ESE ERES TÚ, ASTRO-BOY!
ブルルル
州立保育園
¡CARAY!

MENUDA NOCHECITA... SUPONGO QUE CON ESTE TIEMPO NO VENDRÁ.

ME VOY A DAR UNA VUELTA.

¡AH!

¡AQUÍ ESTOY, EPSILÓN!

¿POR QUÉ HÁS VENIDO A ENFRENTARTE CONMIGO CON ESTE TIEMPO?
JU, JU... PORQUE AHORA SÉ QUE TÚ ERES UN ROBOT FOTÓNICO.

Y LOS ROBOTS COMO TÚ FUNCIONÁIS GRACIAS A LOS RAYOS DEL SOL... ¡Y SI NO HAY SOL, ENTONCES NO HAY ENERGÍA!
SEGURO QUE AHORA ESTÁS BAJO MÍNIMOS.

HE DECIDIDO VENIR DE NOCHE PARA QUE NO PUEDAS RECAR-GAR BATERÍAS.

¡ALLÁ VOY!

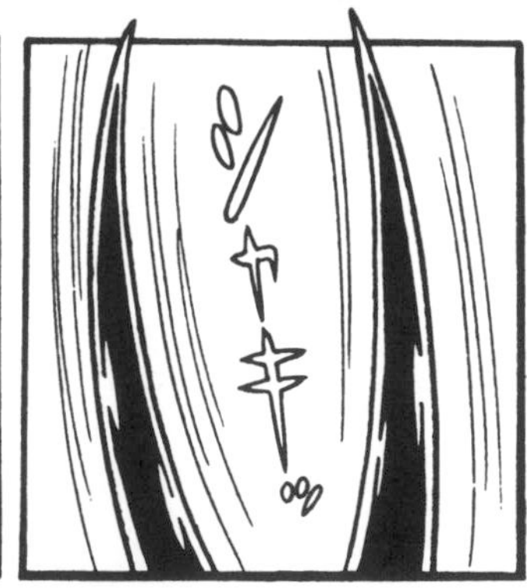

¡NO TE SERVIRÁ DE NADA HUIR VOLANDO!

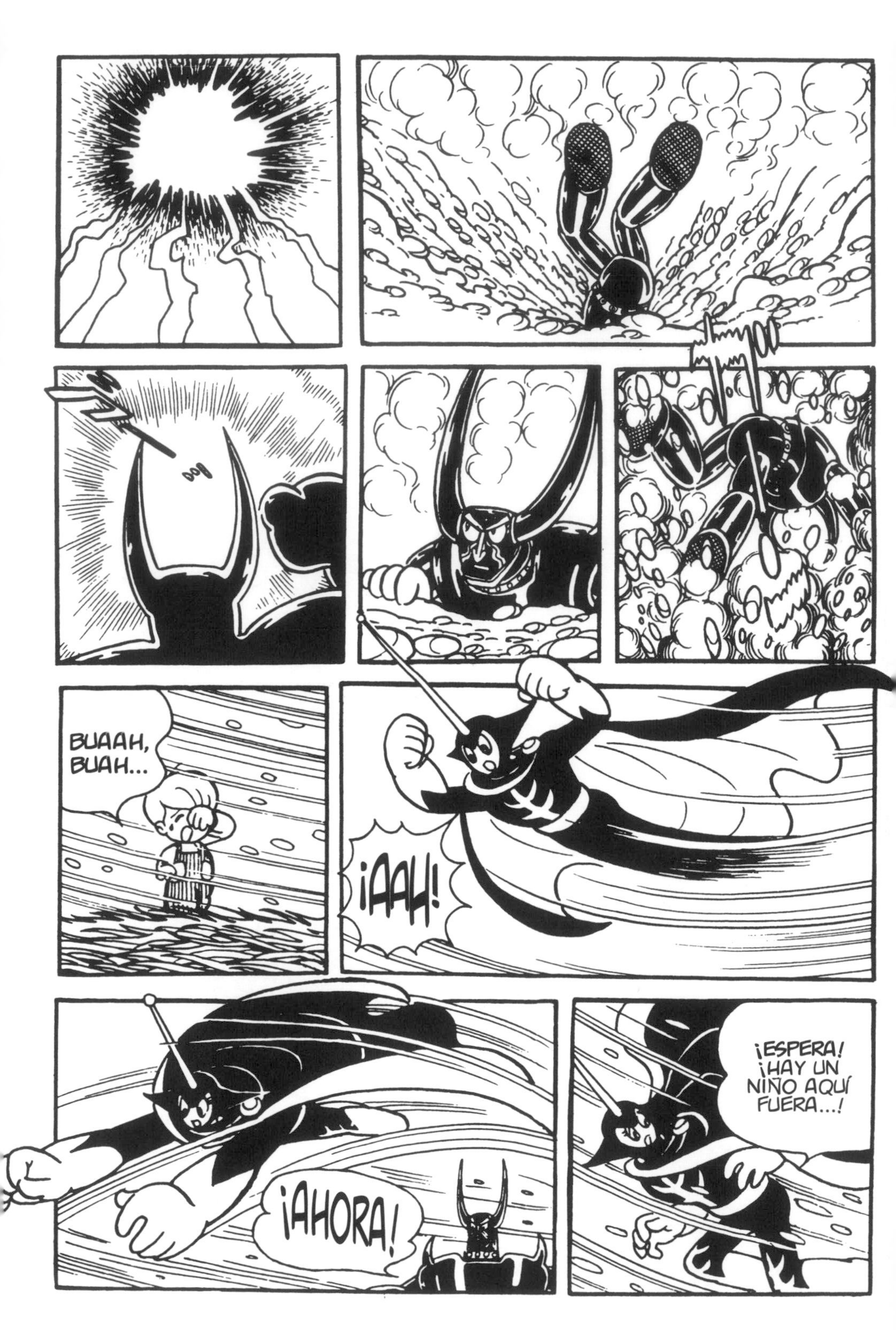
BUAAH, BUAH...
¡AAH!
¡ESPERA! ¡HAY UN NIÑO AQUÍ FUERA...!
¡AHORA!

¡¡BASTA YA, PLUTÓN!!

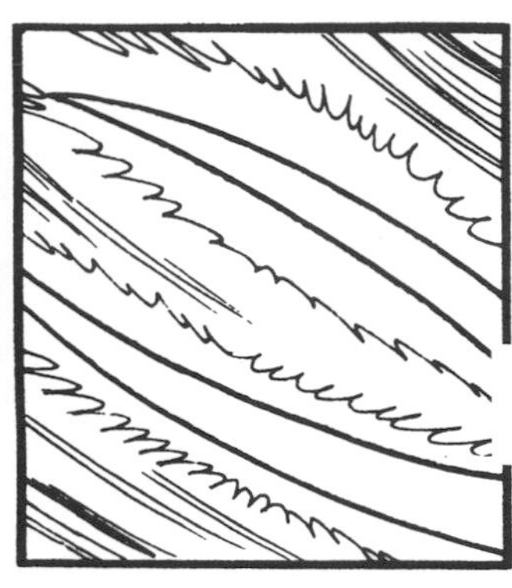

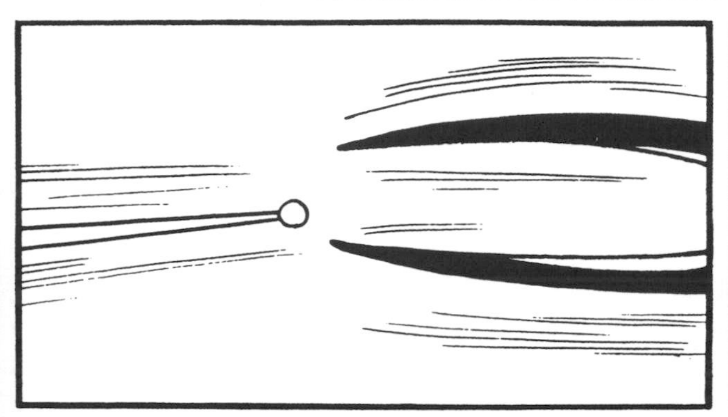

¡AH!

¡AAAH!

LUZ... LUZ...
¡LUZ...!
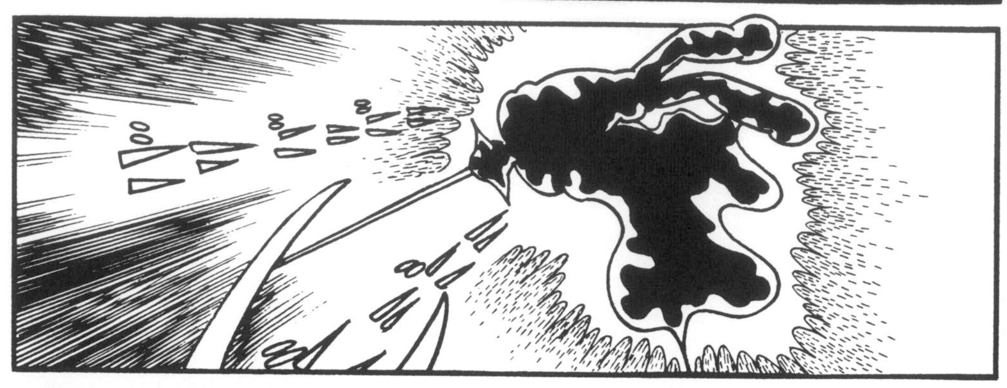

¡¡EL SEXTO!!

¡BUAH, BUAH!

アーン
アーン
アーン
アーン

JU, JU, JU... ESTÁS A PUNTO DE LOGRARLO, PLUTÓN.

...

¿QUÉ ESTÁN HACIEN-DO?
SACAMOS A FLOTE UN BARCO HUN-DIDO POR EL TIFÓN.

¿PUEDO HACER-LO YO?
NOS ECHA-RÍAS UNA MANO.

¡MUY BIEN! ¡UN POCO MÁS!
¡ARRIBA, ARRIBA!
¡ID CON CUIDADO CON EL MÁSTIL!

¡UAAH!

PARECE QUE A ASTROBOY LE SOBRAN ENERGÍAS, ¿EH?
NO ME EXTRAÑA, CON ESE CUERPO...

SI ME NECESITAN, YA SABEN DÓNDE ESTOY.
¡GRACIAS, ASTROBOY!

¡DICEN QUE TIENE UN MILLÓN DE CABALLOS!

¡ES MONSTRUOSO!

...

ME... HAN LLAMADO MONSTRUO...

TIENES UN TELEGRAMA, ASTROBOY.

¡AH!
¡ES DEL SULTÁN!

Plutón te espera esta noche en lo alto del Monte Aso. Tienes que pelear con él. No huyas o el doctor Ochanomizu lo pagará. El Sultán.

¡MALDITO PLUTÓN! ¡YA VIENE A POR MÍ! ¡PERO NO PIENSO HUIR!
¿VAS A IR?

POR SUPUESTO... ¡AL MONTE ASO!

EL MONTE ASO, EL VOLCÁN CON EL CRÁTER MÁS GRANDE DEL MUNDO...

TANTO SI VENZO YO...

AUNQUE SEA ÉL QUIEN ME DERROTE, YO VOY A EXPLOTAR Y ASTROBOY SE HARÁ TRIZAS JUNTO A MÍ.

...COMO SI LO HACE ASTROBOY, ESTE ES POR FIN EL ÚLTIMO ENFRENTAMIENTO.

YA HEMOS LLEGADO AL MONTE ASO, DOCTOR.
DO... ¿DÓNDE ESTÁ ASTROBOY?

Y AUNQUE ESO OCURRA, AL ESTAR EN LO ALTO DEL MONTE ASO, NO DAÑAREMOS A NINGÚN HUMANO.

¡OH, PLUTÓN YA HA LLEGADO! ¿Y ASTROBOY?
TODAVÍA NO ESTÁ...

¡PLUTÓN! ¡CONFÍO EN VICTORIA! ¡ÁNIMO!

JA, JA, JA... AHORA SEREMOS TESTIGOS DE LA LUCHA. SERÁ GENIAL...

NO EMPUJÉIS, CARAY.

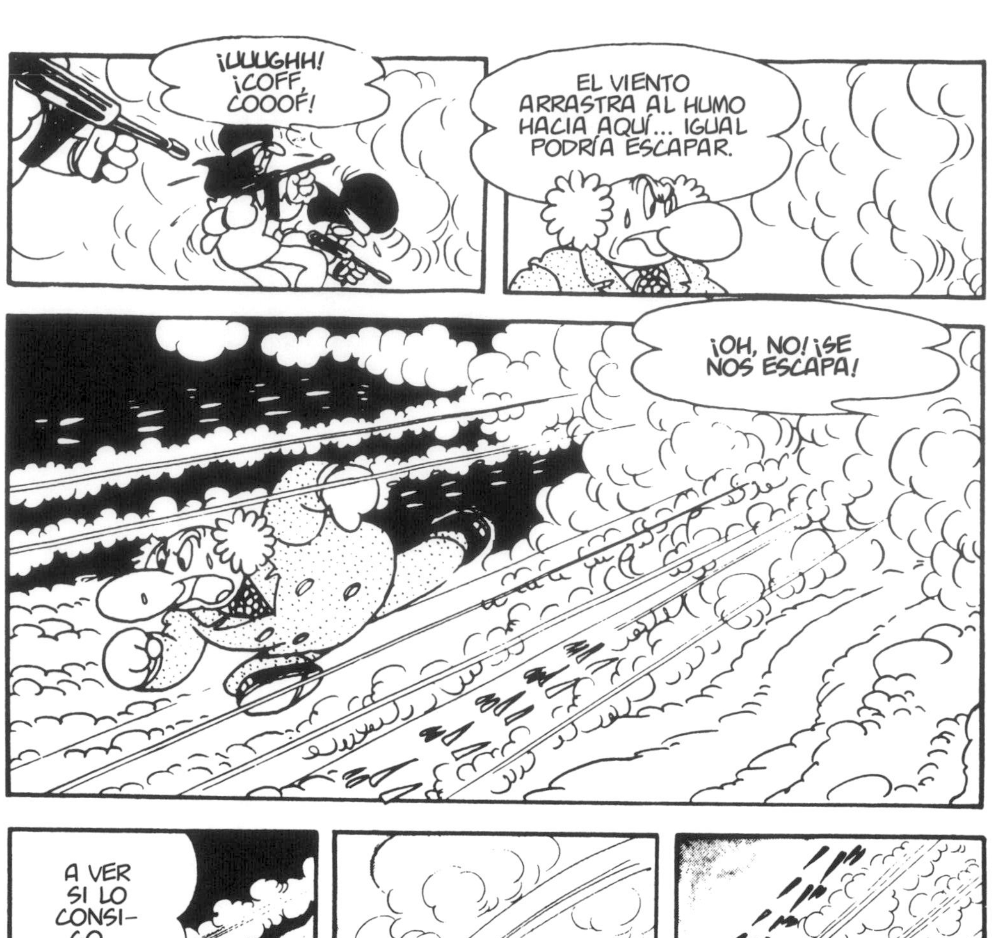
¡UUUGHH! ¡COFF, COOOF!
EL VIENTO ARRASTRA AL HUMO HACIA AQUÍ... IGUAL PODRÍA ESCAPAR.
¡OH, NO! ¡SE NOS ESCAPA!

A VER SI LO CONSI-GO...

¡VE A POR ESE HOMBRE, PLUTÓN! ¡SI ÉL NO ESTÁ, ASTROBOY NO ACUDIRÁ!

¡NO DISPARÉIS! ¡COMO MATÉIS AL REHÉN, ESTAMOS LISTOS!

UH... ESTOY LISTO...

VAMOS, QUE NO SE ES-CAPE.

¡UAAAH!

¡CON ESE NO PODRÉ!

ES... ES... ¡ESPERA! ¡NO LO HAGAS!

¡OH, NO! ¡AHORA NO PUEDO HUIR!

JA, JA, JA... DOCTOR OCHANOMIZU, YA PUEDES ESTAR TRANQUILO.

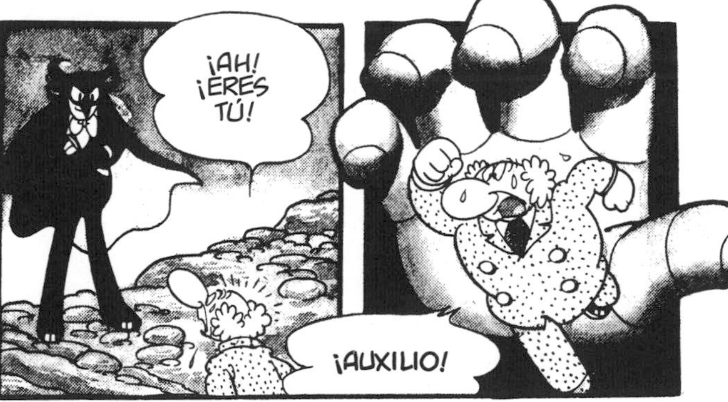
¡AH! ¡ERES TÚ!
¡AUXILIO!

¡HEY, PLUTÓN, NO TAN DEPRISA! ¡FÍJATE EN ESTE: ES TU NUEVO RIVAL! ¡JA, JA, JA, JA!

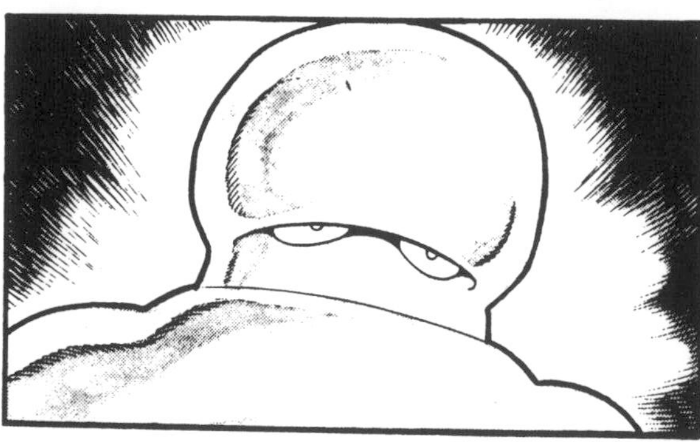

ANDA YA, MENUDO MOMENTO PARA DAR LA LATA.
¿¡CÓMO TE ATREVES A ENTROMETERTE EN LA PELEA ENTRE PLUTÓN Y ASTROBOY!?

NO PIENSO ENTROMETERME, SULTÁN.

PORQUE SI USTED LE RETIENE COMO REHÉN...

¿¡ENTONCES POR QUÉ HAS RESCATADO A OCHANOMIZU!?

YO LO QUE QUIERO ES DISFRUTAR DE LA BATALLA.

¡OH! ¡AHÍ VIENE ASTROBOY!

...ASTROBOY SE PREOCUPARÁ Y NO PODRÁ LUCHAR BIEN.
HMMM... ¡ESTO ES DE LO MÁS INSULTANTE!

AAH... AL FINAL HA ACABADO ACUDIENDO...

¡AH! ¡DOCTOR OCHANOMIZU!
ASTROBOY... ¡NO DEBERÍAS HABER VENIDO!

ESTABA TAN PREOCUPADO...
LO SIENTO, CHICO... ¡PERO FÍJATE: ESTOY BIEN!

¿QUIÉN ES ESTE, DOCTOR?
¿ESTE? BUENO...

SE LLAMA BORER, Y PIENSA LUCHAR CON EL VENCEDOR DE VUESTRA LUCHA.

¿¡BORER!?

EXACTO: BORER SERÁ EL ROBOT MÁS FUERTE DE LA HISTORIA.

A PROPÓSITO, ASTROBOY, UN CONSEJO...
EL CUERPO DE PLUTÓN ESTÁ DISEÑADO PARA EXPLOTAR EN EL CASO DE QUE SEA DERROTADO.

¿¡EEEEEEH!?

PUES VA A EXPLOTAR, Y TÚ QUEDARÁS REDUCIDO A AÑICOS JUNTO A ÉL...

ENTONCES... SI YO GANO...

JU, JU, JU... ¡EL DOCTOR ABHRA SE ENCARGÓ DE ELLO!

¡ESO SON TONTERÍAS! ¡NO VOY A CONSENTIR QUE NADIE DESTROCE A ASTROBOY!

EXACTO. LO SIENTO MUCHO, ASTROBOY...
¡ENTONCES, GANE O PIERDA VOY A QUEDAR DESTROZADO...!

¿DE QUÉ CONOCES TÚ AL DOCTOR ABHRA?
JU, JU... ¿DE QUÉ LE CONOZCO?

¡MALDITO! ¿¡TÚ SABES EL SECRETO!?

¿TODAVÍA NO SE HA DADO CUENTA, SULTÁN?

¡AH! ¡PERO SI ERES ABHRA! ¡GRRRR! ¡ASÍ QUE EL DOCTOR GOJI Y EL DOCTOR ABHRA ERAN LA MISMA PERSONA!
JUAAA, JA, JA... FUI A VERLE BAJO EL NOMBRE DE ABHRA Y CONSTRUÍ A PLUTÓN, TAL COMO USTED ME ORDENÓ.
SI LE DIGO LA VERDAD, MIENTRAS CONSTRUÍA A PLUTÓN, ME PUSE TAMBIÉN A CREAR A BORER EN OTRO LUGAR.

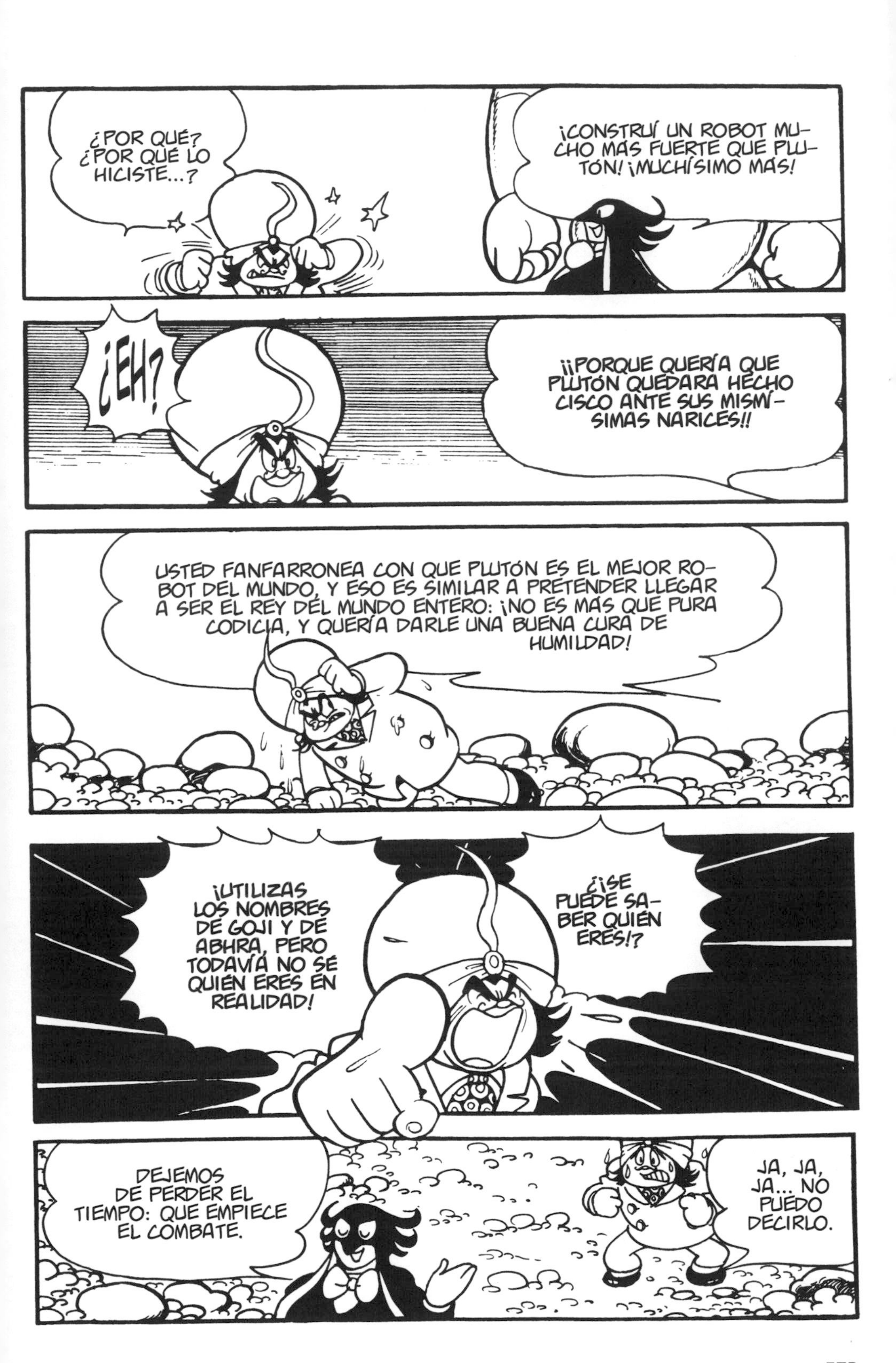
¿POR QUÉ? ¿POR QUÉ LO HICISTE...?
¡CONSTRUÍ UN ROBOT MUCHO MÁS FUERTE QUE PLUTÓN! ¡MUCHÍSIMO MÁS!
¿EH?
¡¡PORQUE QUERÍA QUE PLUTÓN QUEDARA HECHO CISCO ANTE SUS MISMÍSIMAS NARICES!!
USTED FANFARRONEA CON QUE PLUTÓN ES EL MEJOR ROBOT DEL MUNDO, Y ESO ES SIMILAR A PRETENDER LLEGAR A SER EL REY DEL MUNDO ENTERO: ¡NO ES MÁS QUE PURA CODICIA, Y QUERÍA DARLE UNA BUENA CURA DE HUMILDAD!
¿¡SE PUEDE SABER QUIÉN ERES!?
¡UTILIZAS LOS NOMBRES DE GOJI Y DE ABHRA, PERO TODAVÍA NO SÉ QUIÉN ERES EN REALIDAD!
JA, JA, JA... NO PUEDO DECIRLO.
DEJEMOS DE PERDER EL TIEMPO: QUE EMPIECE EL COMBATE.

¡¡ASTROBOY, NO PELEES CONTRA PLUTÓN!! ¡VAS A MORIR!

¡NO SE PREOCUPE, DOCTOR! ¡LO TENGO TODO PENSADO!

¡VAMOS, PLUTÓN!

SI VEO QUE PLUTÓN ESTÁ A PUNTO DE ESTALLAR, PIENSO LANZARLO AL INTERIOR DEL CRÁTER DEL MONTE ASO PARA QUE EXPLOTE ALLÍ DENTRO.

¡GROOOAARR!

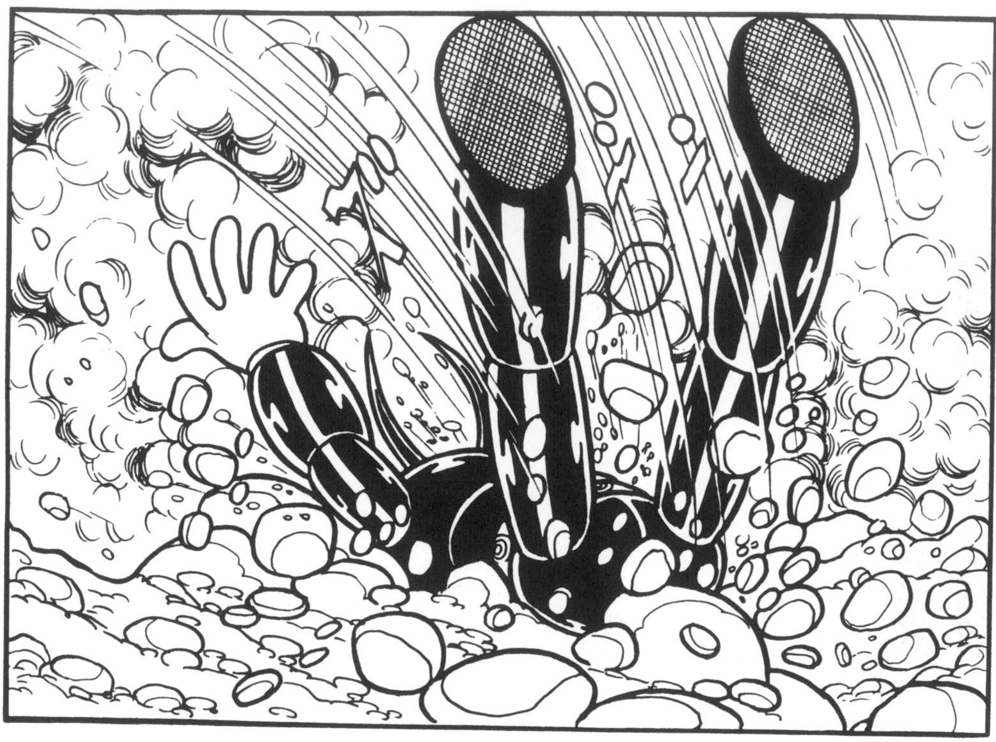

¿¡ESO HIZO TENMA!? AAH... ¡QUÉ DESASTRE...! ¡¡TÚ NO NECESITAS TANTA POTENCIA, ASTROBOY!!

EL DOCTOR TENMA.

¿TIENES UN MILLÓN DE CABALLOS, ASTROBOY? ¿QUIÉN LO HA HECHO?

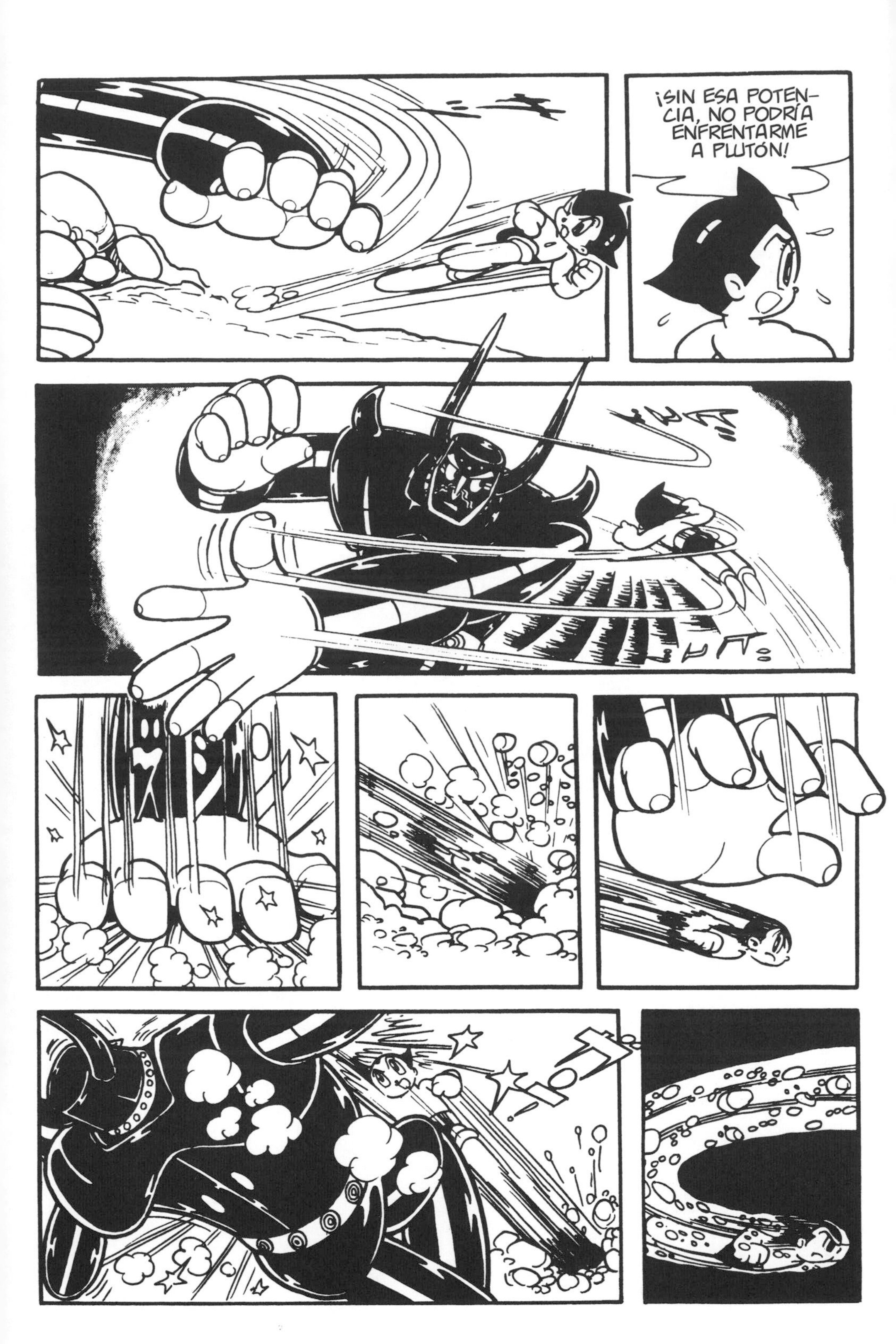
¡SIN ESA POTENCIA, NO PODRÍA ENFRENTARME A PLUTÓN!

シャキーッ!

¡UAAAAHH!

シャキッ!

¡AAGGH!
¡GRAAGGH!

¡GRRR!

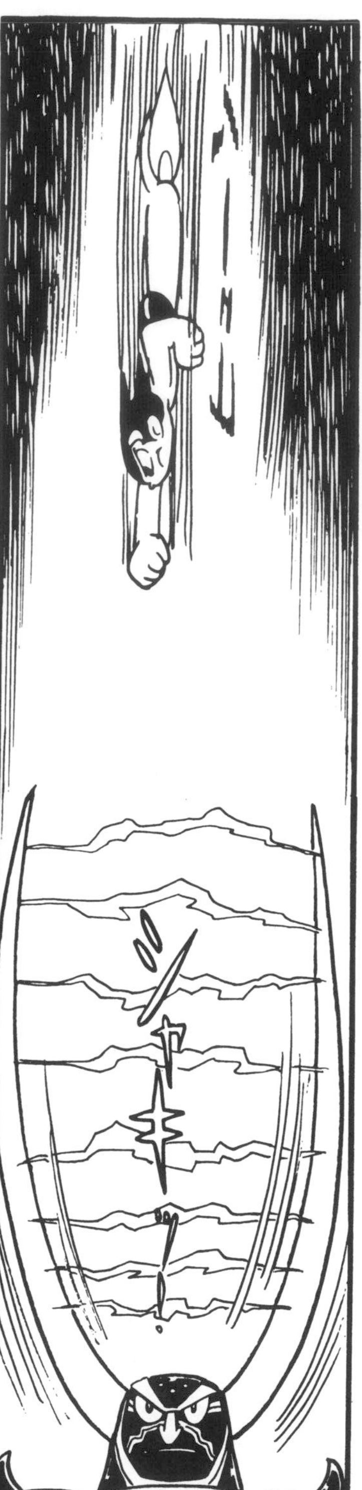

¡UAAAAHH!

ガキーン

¡PLUTÓN!

¡OH, NO! ¡EL MONTE ASO ESTÁ A PUNTO DE ENTRAR EN ERUPCIÓN!

¡ESTO ES PELIGROSO! ¡EL MONTE ASO PARECE A PUNTO DE ESTALLAR!
¡Y SI ESTALLA, KUMAMOTO Y TODAS LAS CIUDADES Y PUEBLOS DE ALREDEDOR SE VERÁN ENGULLIDAS POR LA LAVA!

¡TAPAR COMO SEA EL LUGAR POR EL QUE VA A ENTRAR EN ERUPCIÓN! ¡HAY QUE TAPARLO CON ROCAS

¡DOCTOR! ¿¡QUÉ PUEDO HACER!?

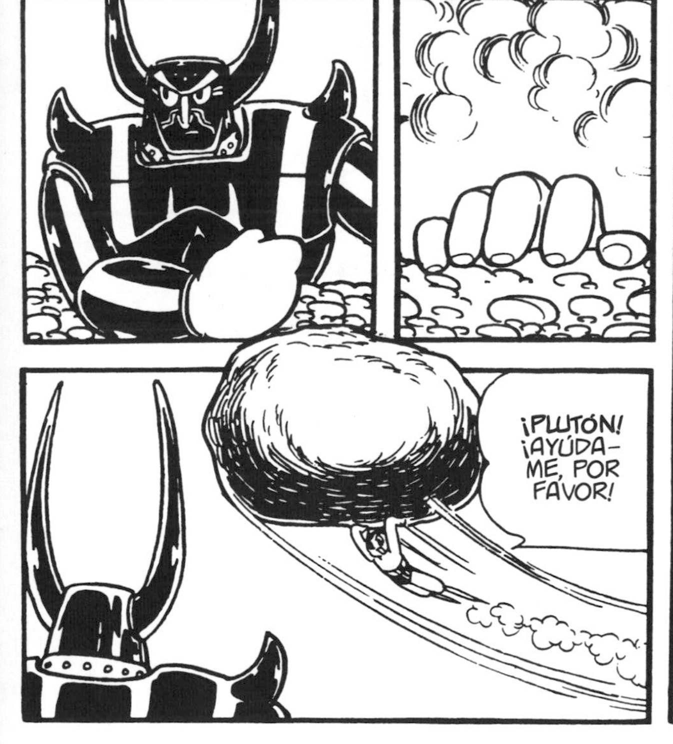
¡PLUTÓN! ¡AYÚDAME, POR FAVOR!

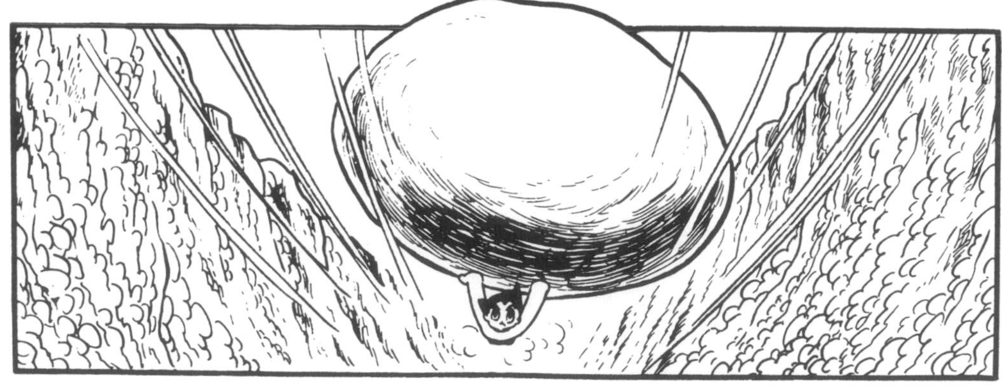

YO FUI CONSTRUIDO ÚNICAMENTE PARA LUCHAR. NO QUIERO MALGASTAR MI ENERGÍA EN NINGUNA OTRA COSA.

¡PLUTÓN! ¿¡QUÉ HACES AHÍ PARADO!? ¡ESTO PUEDE SER MUY PELIGROSO!

¿¡TÚ VINISTE AL MUNDO COMO ROBOT!? ¿PARA ESO NACISTE?

¡ESTÚPIDO! ¿¡Y TÚ TE HACES LLAMAR ROBOT!?

¡RÁPIDO, ASTRO-BOY!

¡SULTÁN, ORDENE A PLUTÓN QUE AYUDE A ASTRO-BOY! ¡ÉL SOLO NO LO CONSEGUIRÁ!
¡LO SIENTO, PERO PLUTÓN NO ESTÁ EQUIPADO CON CIRCUITOS QUE LE PERMITAN HACER ALGO ASÍ...!

¿QUÉ HAY DE BORER, ENTONCES? ¡ORDENA A BORER QUE AYUDE A ASTROBOY...!
ES QUE BORER ES UN ROBOT ÚNICAMENTE DISEÑADO PARA LU-CHAR.

¡ANDA YA! ¿¡TENEMOS AQUÍ A DOS ROBOTS ENOR-MES Y NINGUNO DE ELLOS SIRVE PARA NADA!? ¡MENUDA CHORRADA!

¡TENGO QUE CON-SEGUIRLO!
...AUNQUE ME QUEDE SIN ENER-GÍA...

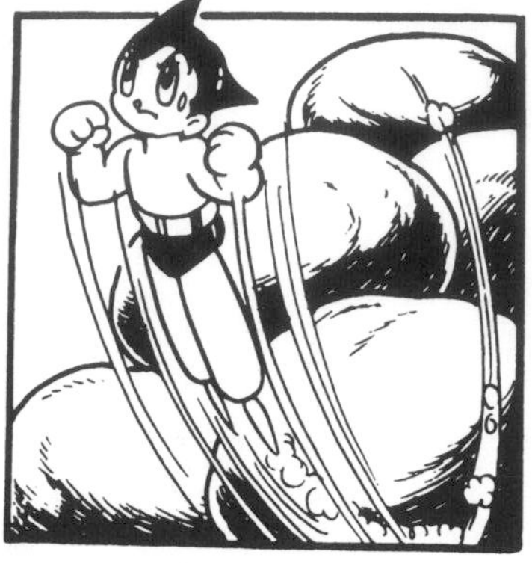

¡¡POR FAVOR, ASTROBOY!! ¡TIENES QUE CONSE-GUIRLO!
オロオロ

¡OH, NO, VÁ A EXPLOTAR!
ゴゴゴ
ゴゴ
ガガガ
ガガ

¡¡PLUTÓN!!

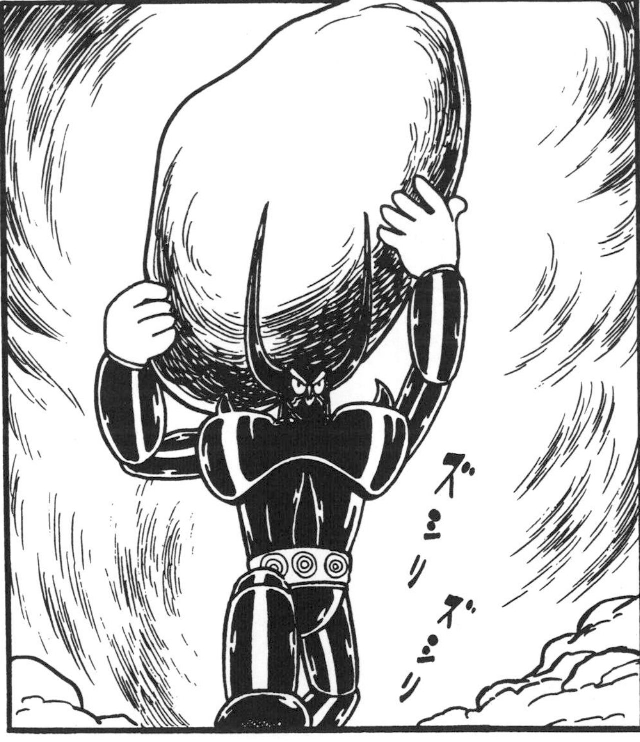

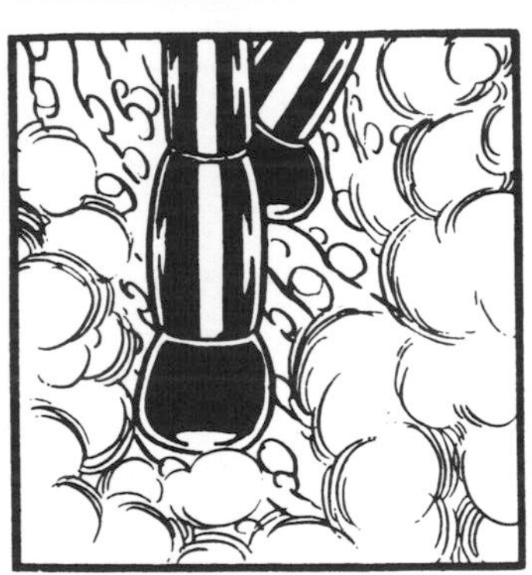

¡DÁMELA, ASTROBOY! ¡YO LO HARÉ!
¡VAMOS, TRAE TODAS LAS QUE PUEDAS!
¡GRACIAS, PLUTÓN!
¡MÍA!
¡TOMA!

¡MUY BIEN! ¡PARECE QUE LOS TEMBLORES SE ESTÁN CALMANDO!

¡TRAE!

ESA ES LA VERDADERA MISIÓN DE LOS ROBOTS.

¿LO HA VISTO, SULTÁN? ¿¡HA VISTO LO QUE SE PUEDEN CONSEGUIR UNIENDO FUERZAS!?

PERO PLUTÓN SE HA DADO CUENTA DE LO QUE ES UN AUTÉNTICO ROBOT.

USTED NO CONSIDERABA A LOS ROBOTS MÁS QUE SIMPLES MÁQUINAS DE PELEAR.

¡MUY BIEN, PLUTÓN!

¡LOS TEMBLORES HAN REMITIDO! ¡NO VA A ESTALLAR!
¡DOCTOR! ¡LO HEMOS CONSEGUIDO!

AH... ¡ASTROBOY! ES LA PRIMERA VEZ EN MI VIDA QUE HAGO ALGO ASÍ...
¡MUY BIEN! ¡LO HAS HECHO MUY BIEN, PLUTÓN!

VAMOS, SUBE Y SIGAMOS LUCHANDO.

NO.
ASTROBOY, NO PIENSO VOLVER A ENFRENTARME CONTIGO.

ERES UN GRAN ROBOT. LUCHAR CONTIGO ES UNA VEGÜENZA PARA MÍ.

PLUTÓN...

¿QUÉ TONTERÍAS DICES? ¡¡TIENES QUE OBEDECER MIS ÓRDENES, MALDITO TRASTO!!

¿ES QUE TE HAS VUELTO LOCO?

VAMOS, LLÉVATE AL DOCTOR OCHANOMIZU Y MÁRCHATE. NUNCA VOLVEREMOS A VERNOS.

...

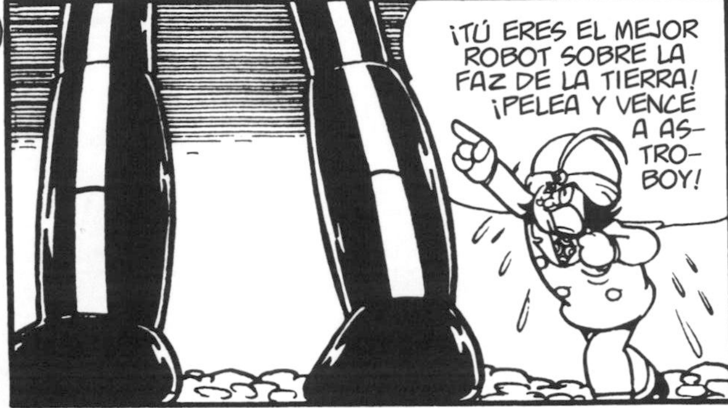
¡TÚ ERES EL MEJOR ROBOT SOBRE LA FAZ DE LA TIERRA! ¡PELEA Y VENCE A ASTROBOY!

QUE VAYA BIEN, PLUTÓN.

PLUTÓN... DES... GRA... CIADO...

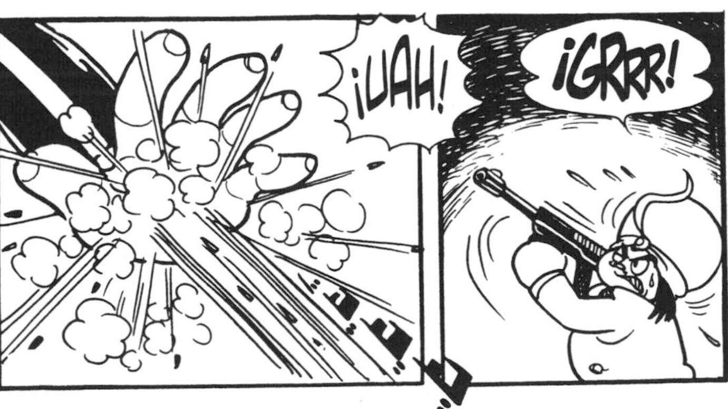
¡UAH!
¡GRRR!

ASTROBOY... DALE RECUERDOS A URAN...

ASTROBOY HA ACABADO HUYENDO, PERO A TI TE TOCA LUCHAR CON BORER. ¡PELEA CONTRA ÉL, PLUTÓN!

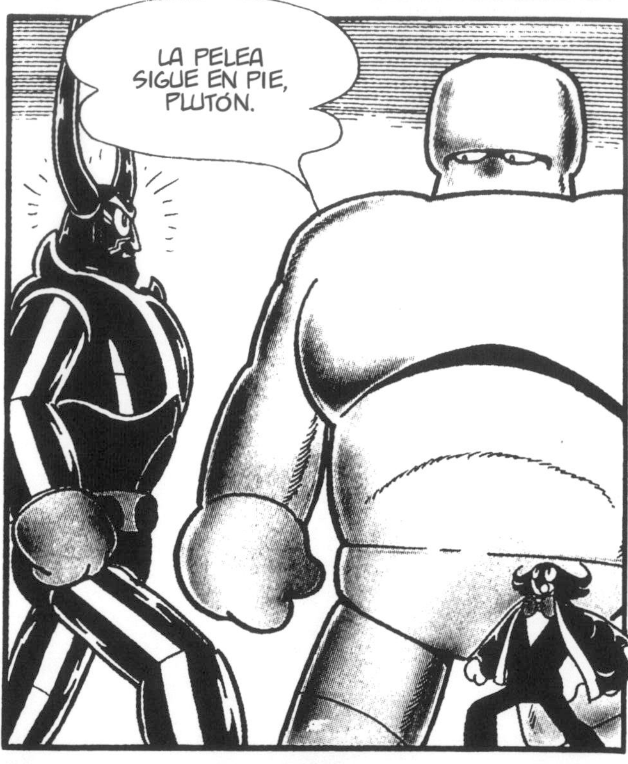
LA PELEA SIGUE EN PIE, PLUTÓN.

JU, JU, JU, JU ...

ガチン
ガチン
ガチン

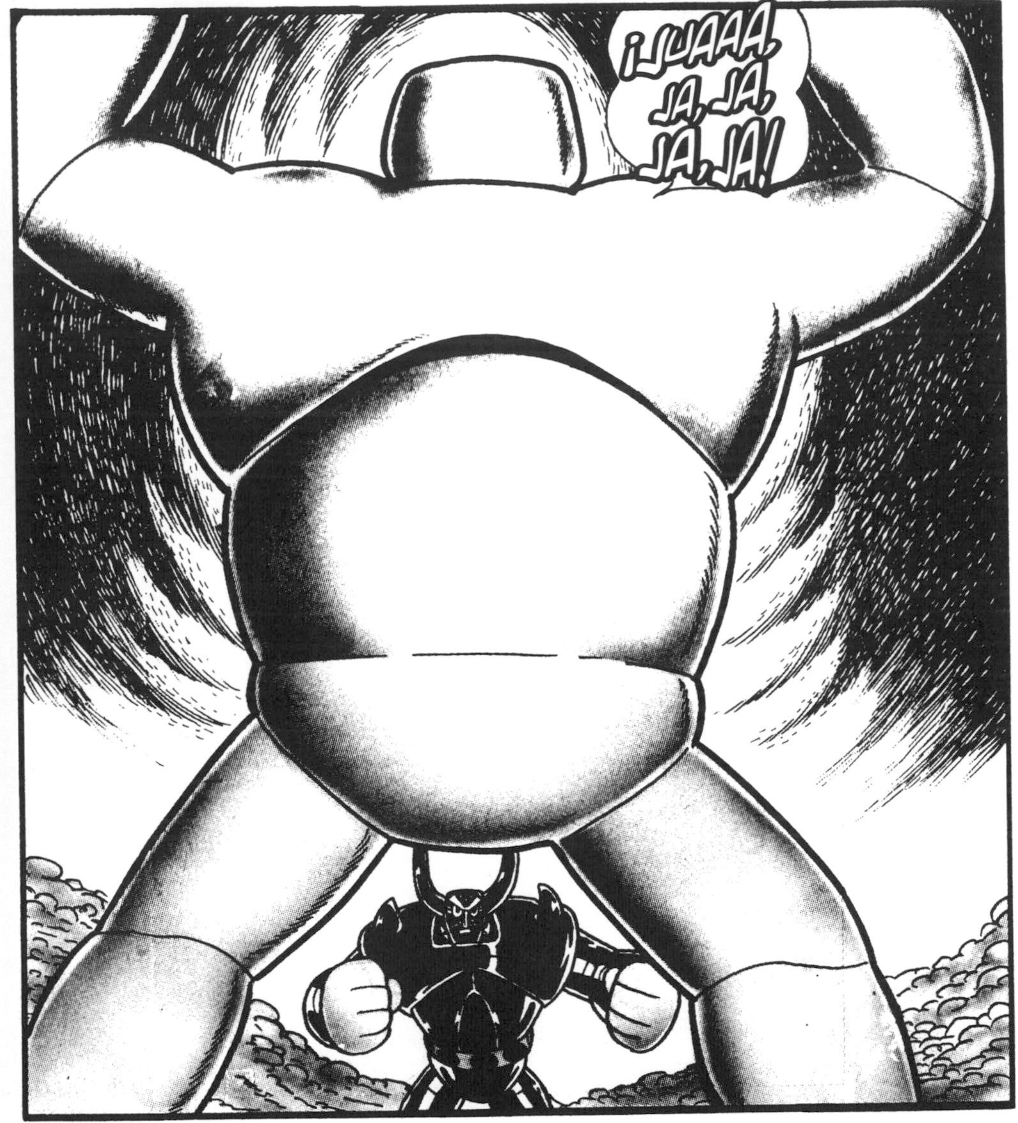
¡JUAAA, JA, JA, JA, JA!

QUÉ ESTÚPIDOS... ¿DE QUÉ LES SIRVE PELEAR PARA VER CUÁL ES EL MÁS FUERTE?

¡AH, DOCTOR OCHANOMIZU! ¡BORER Y PLUTÓN VAN A ENFREN-TARSE!
¿EH?

OJALÁ GANE PLUTÓN...

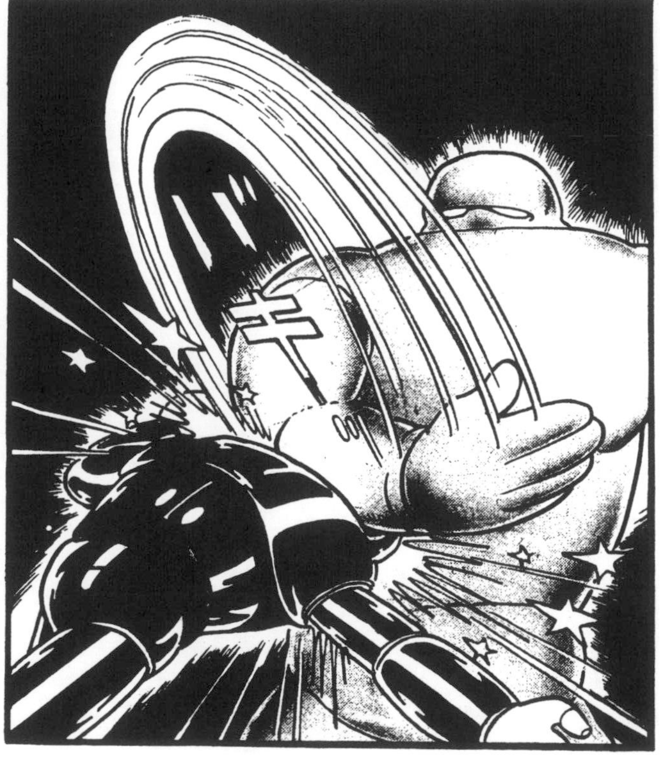

ズダー

PLUTÓN... ES... ES TERRIBLE... ¿¡ASÍ TERMINA EL ROBOT MÁS FUERTE DEL MUNDO!?
¡AH! ¡PLUTÓN ESTÁ EN PELIGRO!
¡DOCTOR! ¡ESPERE AQUÍ UN MOMENTO!
¡DÉJALO DE UNA VEZ, ASTROBOY! ¡ES PELIGROSO!
¿CÓMO TE ATREVES A DAÑAR A PLUTÓN? ¡YO ME ENFRENTARÉ A TI!
¡JU, JU, JU, JU, JU!

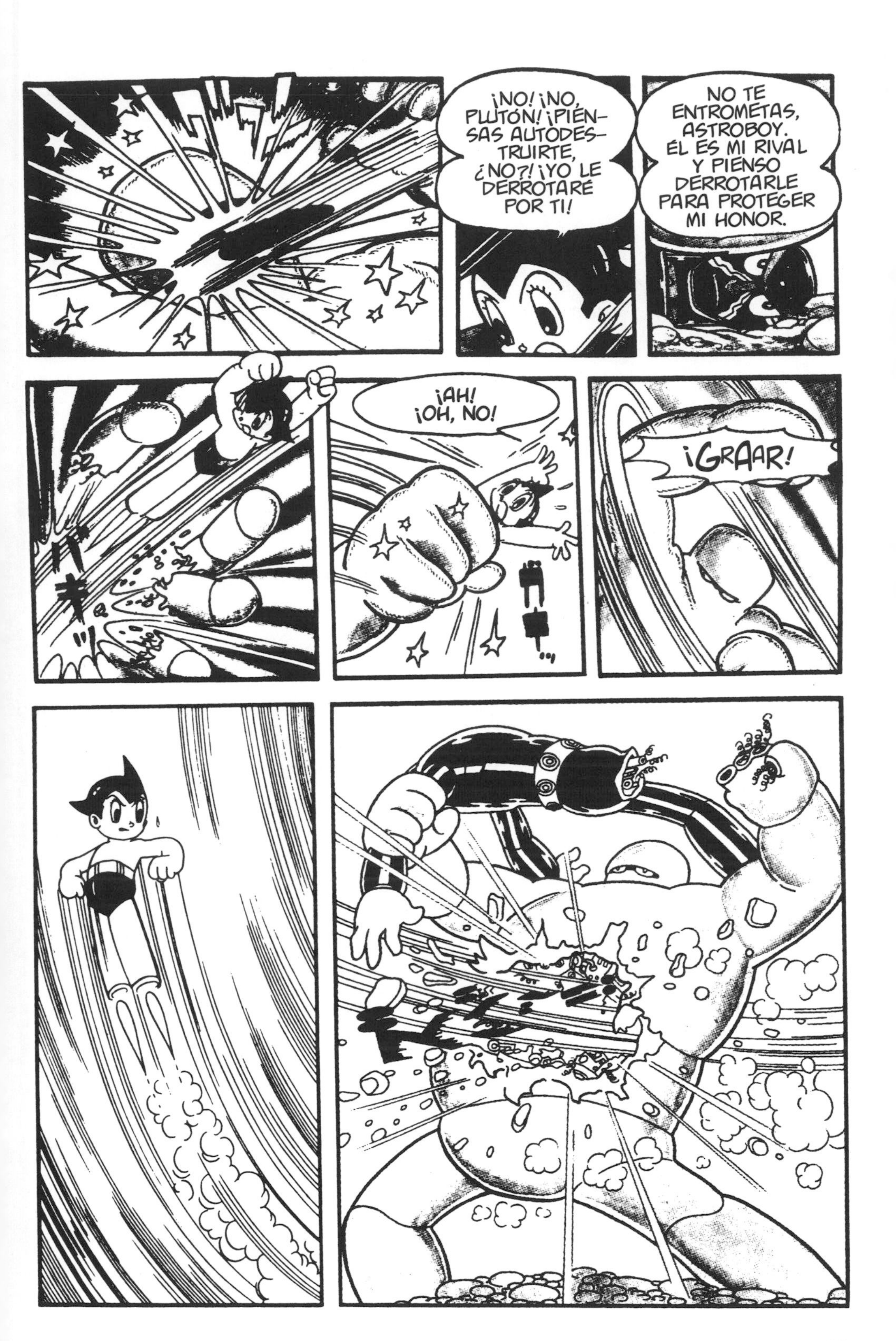
¡NO! ¡NO, PLUTÓN! ¡PIÉNSAS AUTODESTRUIRTE, ¿NO?! ¡YO LE DERROTARÉ POR TI!
NO TE ENTROMETAS, ASTROBOY. ÉL ES MI RIVAL Y PIENSO DERROTARLE PARA PROTEGER MI HONOR.
¡AH! ¡OH, NO!
¡GRAAR!

¡LO CONSEGUÍ!
PLU... PLU... PLU-TÓN...
MI... MI QUERIDO... PLUTÓN...

¿POR FIN HA ABIERTO LOS OJOS, SULTÁN?

BUAAAHH

BUAAH... BUAAAAHH...

¡SOY UN RO-BOT!

¿QUIÉN DEMONIOS ERES TÚ...? ¡MUÉSTRAME TU CARA!

¿POR FIN HA ENTENDIDO LO ESTÚPIDO QUE ES ASPIRAR A SER EL MEJOR DEL MUNDO?

EXACTO. USTED, SULTÁN, DESEABA EL MEJOR ROBOT DEL MUN-DO, POR LO QUE YO, A PESAR DE SER TAMBIÉN UN ROBOT, APRENDÍ ROBÓTICA Y CONS-TRUÍ A PLUTÓN.

¡AAAH! ¡TÚ ERAS MI ROBOT CRIADO!
¿QUÉ SIGNIFICA ESTO?

VAYA, ESTO SE HA TERMINADO COMO SI FUERA UN SUEÑO, ¿EH, ASTROBOY...? ¿QUÉ TE PARECE SI NOS VAMOS?

VÁMONOS... JÚREME QUE NUNCA MÁS HARÁ CONSTRUIR ALGO ASÍ.

PERO AL ORDENARLE DESTRUIR A OTROS ROBOTS, PENSÉ EN CONSTRUIR A BORER PARA ACABAR CON ÉL.

NO LO SÉ... SUPONGO QUE SON LOS HUMANOS QUIENES LES EMPUJAN A ELLO.

DOCTOR... ¿POR QUÉ ROBOTS QUE NO SIENTEN ODIO ALGUNO SE EMPEÑAN EN LUCHAR ENTRE SÍ?

PLUTÓN...

YO... CREO QUE SE ACERCA UNA ERA EN LA QUE LOS ROBOTS CONVIVIRÁN SIN TENER QUE PELEAR ENTRE SÍ... SEGURO...

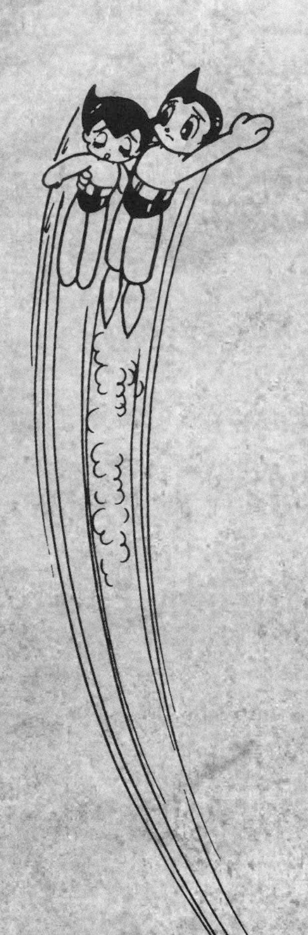

ASTROBOY

Capítulo 8:
MAD MACHINE

Seguros
Kazamae

TODAS LAS MÁQUINAS Y LOS ROBOTS ESTÁN DORMIDOS.

QUÉ TRANQUILIDAD, QUÉ PAZ SE RESPIRA...

HOLA. ¿ESTÁ EL JEFE?
YO SOY EL JEFE.

¡ES IRRITANTE!

¡OH!
¡ESA FÁBRICA TODAVÍA FUNCIONA!

INMOBILIARIA
TAMAGO
gestoría tanaka

HOY ES EL *DÍA DE LAS MÁQUINAS* Y ESTÁ ESTIPULADO QUE TODAS LAS MÁQUINAS DE JAPÓN DESCANSEN.
ESO YA LO SÉ...

¡PERO ES MI FÁBRICA!
¡Y LA DIRIJO COMO ME DA LA GANA!
POR FAVOR, LE RUEGO QUE DETENGA LAS MÁQUINAS.

¿CÓMO?
¿PRETENDES DARME ÓRDENES A MÍ, ROBOT?
NO ES UNA ORDEN.

¡¡ESE TIPO, COLT, ES FAMOSO, MALDITA SEA!! ¡POR SU CULPA INSTAURARON EL DÍA DE LAS MÁQUINAS!

GRACIAS.
MA... ¡MALDITO PEDAZO DE CHATARRA!

CO... ¿COLT? UGH...
SOY UN MIEMBRO DEL PARLAMENTO; ME LLAMO COLT.

COLT
SEÑOR
EL
VIVA
QUE
¡HA LLEGADO EL PARLAMENTARIO COLT!
¡VIVA COOOOLT! ¡VIVAAA! ¡VIVAAAA! ¡VIVAAA!

POR SUPUESTO, ALGUNOS HUMANOS SE OPUSIERON A LA IDEA. ¡SIN EMBARGO...!

Y FUE ÉL QUIEN PROPUSO AL GOBIERNO INSTAURAR EL DÍA DE LAS MÁQUINAS.
SEÑORAS Y SEÑORES, EL SEÑOR COLT ES EL PRIMER ROBOT QUE LLEGA A MIEMBRO DEL PARLAMENTO.
¡VIVA EL DÍA DE LAS MÁQUINAS!

¡LAS MÁQUINAS HEMOS CONSEGUIDO UN DÍA AL MES EN EL QUE DESCANSAR!

ASTROBOY TIENES QUE LLEGAR A SER TAN IMPORTANTE COMO EL SEÑOR COLT.
ギュッ

¡VIVA
¡...EL SEÑOR COLT CONSIGUIÓ CONVENCERLES CON SUS ARGUMENTOS!

¡HA EMPEZADO LA FIESTA!
¡VAMOS A BEBER!
COMO MÍNIMO MÁS QUE TÚ, SÍ LO SON.
ESTOS ROBOTS SON VALIENTES.
PERIODISTAS

¡SE HAN REUNIDO HUMANOS QUE PROTESTAN POR EL DÍA DE LAS MÁQUINAS EN EL EDIFICIO DECA BOOTS!
PREFIERO LAS FIESTAS HUMANAS.
¿EN SERIO?

AH... ¿OIGA? ¿EN SERIO? VAYA, PARECE QUE ALGO VA A OCURRIR.
TEATRO
ENTENDIDO.

¡PUAJ! ¡PERO SI ES GASOLINA! ¡PUAJ!

EDIFICIO DECA BOOTS.
DECA BOOTS

LOS ROBOTS SE MERECEN UN BUEN ESCARMIENTO.
HAY QUE DEMOSTRARLES QUE LOS HUMANOS SOMOS MÁS IMPORTANTES QUE ELLOS.

DISCULPEN LA ESPERA, CABALLEROS... AQUÍ ESTÁ.

SOY EL DOCTOR FOOLER... HARÉ REALIDAD SUS DESEOS, CABALLEROS.
PERO A CAMBIO LES PIDO UNOS MIL MILLONES DE YENES.
UH...

FÍJENSE, CABALLEROS: ESTA ES MI INVENCIÓN, MAD MACHINE. SE TRATA DE UN DISPOSITIVO QUE SIRVE PARA EMITIR ONDAS ESPECIALES CAPACES DE VOLVER LOCA A CUALQUIER TIPO DE MÁQUINA.
UOOH...

DE ACUERDO, ME CONSIDERO PAGADO.

¿¡MIS MIL MILLONES!?
UH... QUÉ CARO...

GRACIAS A MAD MACHINE, PODEMOS ENLOQUECER A ROBOTS, AUTOMÓVILES... INCLUSO A MÁQUINAS DE ESCRIBIR.

¡FALTAN CINCO MINUTOS!
SERÁ MUY INTERESANTE VER QUÉ OCURRE.

¿ES ESO CIERTO, DOCTOR FOOLER?
SÍ. A MEDIODÍA PONDRÉ EN MARCHA EL DISPOSITIVO.

PUES QUE PAGUEN LOS ROBOTS: MIL MILLONES PARA NO VOLVERSE LOCOS ES BARATO.
¿¡PERO QUÉ DICE!? ¡NO TENGO TANTO DINERO!
PAGARME MIL MILLONES DE YENES.
¿QUÉ PUEDO HACER PARA CONVENCERLE?
¡QUÉ HOMBRE MÁS CABEZÓN!
CONQUE ESAS TENEMOS, ¿EH? BUENO, PUES NADA.
¡MALDITO CODICIOSO! ¡AHORA VERÁS!
¡PORQUE SI ASTROBOY SE VUELVE LOCO, TENDREMOS MUCHOS PROBLEMAS!
DO... ¡DOCTOR! ¿POR QUÉ HA DESMANTELADO A NUESTRO HIJO?
EN TRES MINUTOS, MAD MACHINE SE PONDRÁ EN MARCHA.
JUA, JA, JA... TRES MINUTOS...
A... ASTROBOY, VEN TODO LO RÁPIDO QUE PUEDAS. ¡VEN AL MINISTERIO DE LA CIENCIA, TENGO QUE DESMONTARTE! TE LO EXPLICARÉ MÁS TARDE...

SON LAS DOCE: VAMOS ALLÁ.

¡AAAH!

¡AAAAY!
¡¡FAN-
TAS-
MAAS!!

QU... ¿QUÉ PASA AQUÍ?
¡UGH!

¡GRAAR!

¡ESE ESTÚPIDO DE FOOLER LO HA PUESTO EN MARCHA! ¡ES TERRIBLE, ESTO ES EL CAOS!

TOILET PAPE

¡TODAS LAS MÁQUINAS DE TOKIO SE HAN VUELTO LOCAS!

¿OIGA...? ¿ES LA REDACCIÓN?
¡EL TELÉFONO NO FUNCIONA!

¡SEÑORA, FÍJESE EN MI RADIO!
¡LA MÍA TAMBIÉN!

JE, JE. AHORA NO GANARÁN NADA PARANDO A MAD MACHINE.
¡BASTA YA, DOCTOR! ¡ES TERRIBLE!
¿¡QUÉ!?
ÚLTIMAS NOTICIAS... AUNQUE CLARO, COMO LA EMISORA SE HA VUELTO LOCA, IGUAL NO ME OYEN.

¡UAH!

¡NO PAGAREMOS NI LOCOS!

NECESITARE DOS MIL MILLONES DE YENES PARA DETENERLA.
COMO INDICA SU NOMBRE, MAD MACHINE, ESTA MÁQUINA ESTÁ LOCA.

LA CAUSA SE ENCUENTRA EN MAD MACHINE, LA CREACIÓN DEL DOCTOR FOOLER.
¡AH! ¿SABE QUÉ HA OCURRIDO DOCTOR?

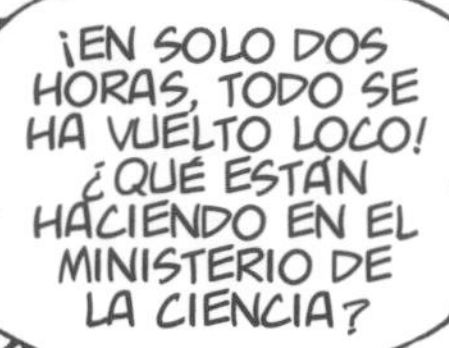
¡EN SOLO DOS HORAS, TODO SE HA VUELTO LOCO! ¿QUÉ ESTÁN HACIENDO EN EL MINISTERIO DE LA CIENCIA?

TOKIO VA A QUEDAR DESTRUIDA...
QUÉ FOLLÓN.

¡PREPARADOS PARA SALIR!
¡EN EL EDIFICIO DECA BOOTS!

¿DÓNDE ESTÁ ESA MÁQUINA?
MAD MACHINE LANZA UNOS RAYOS ELECTROMAGNÉTICOS CAPACES DE DESAJUSTAR CUALQUIER INSTRUMENTO, LO QUE VUELVE LOCAS A LAS MÁQUINAS.
FOOLER VINO A VERME PARA AMENAZARME.

EN TRES MINUTOS PODRÁ DESTROZARLA.
SE LO ENCARGAREMOS A ASTROBOY.

3 MINUTOS.
¿DURANTE CUÁNTO TIEMPO LO HACE?
MAD MACHINE DESCANSA DE VEZ EN CUANDO. EN ESE MOMENTO, LAS MÁQUINAS FUNCIONAN CON NORMALIDAD.

¡SÍ!
¡VAMOS! ¡TÚ PUEDES!
¡VE CON CUIDADO!

¡MONTARÉ A ASTROBOY!
PARECE QUE SE HA CALMADO.

¡SON SOLO TRES MINUTOS! ¡SI TE PASAS, TE VOLVERÁS LOCO!
¡BIEN!
¡TIENES TRES MINUTOS PARA DESTRUIRLA!

¡BVEN!

¡AH!

JU, JU, JU... ES ESE TAL ASTROBOY... QUÉ TEMERARIO LLEGA A SER.

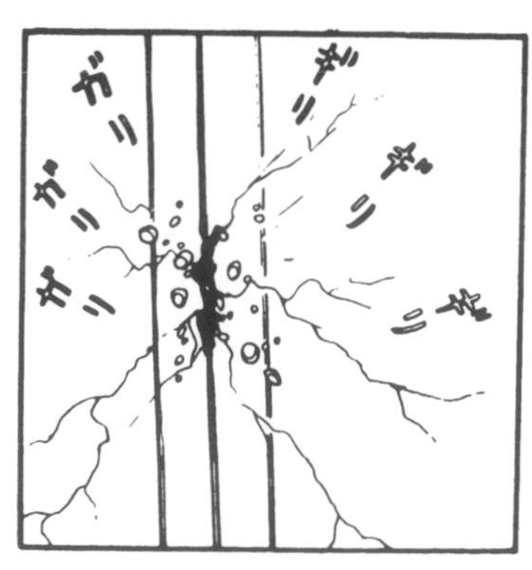
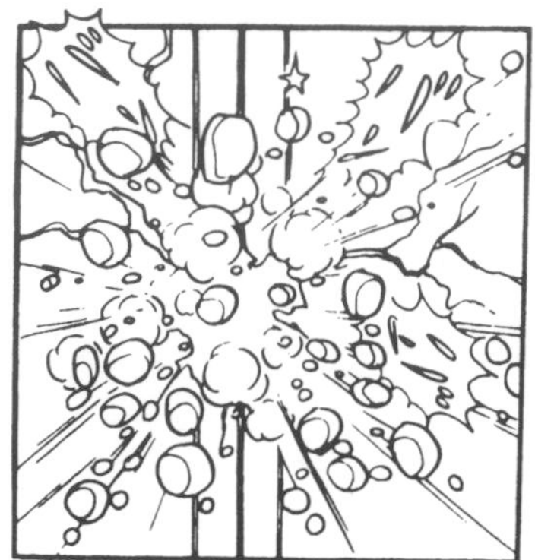

¡OH! HA LOGRADO PASAR EL PRIMER OBSTÁCULO...

QUEDAN DOS MINUTOS, ASTROBOY... UFF...

NO SE OYE NADA DE NADA. ¿LO CONSEGUIRÁ ASTROBOY?
NO SE PREOCUPE TANTO O SE VA A QUEDAR CALVO.
¡ESO ES UN MITO!

¡PUES LOS MITOS A VECES TAMBIÉN SON REALES!
¡CLARO QUE NO!

¡YO YA ESTOY CALVO!

¡QUE NO!
¡QUE SÍ!

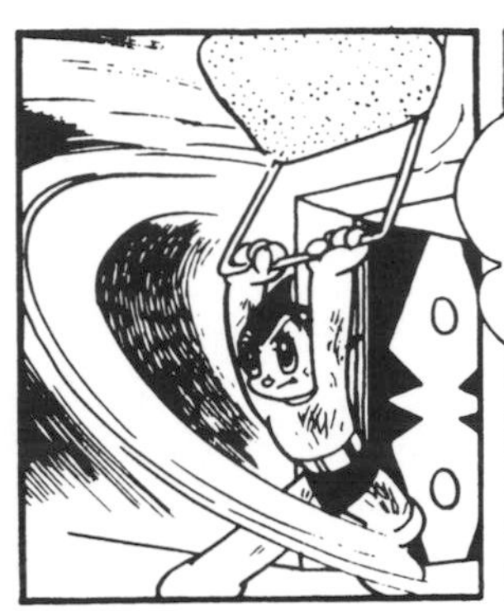

ESTA SALA ESTÁ VACÍA...
PERO EL AMBIENTE ESTÁ ENRARECIDO.

HMMM.

¡LO SABÍA!

ES TERRIBLE... IRÉ POR OTRO LADO.

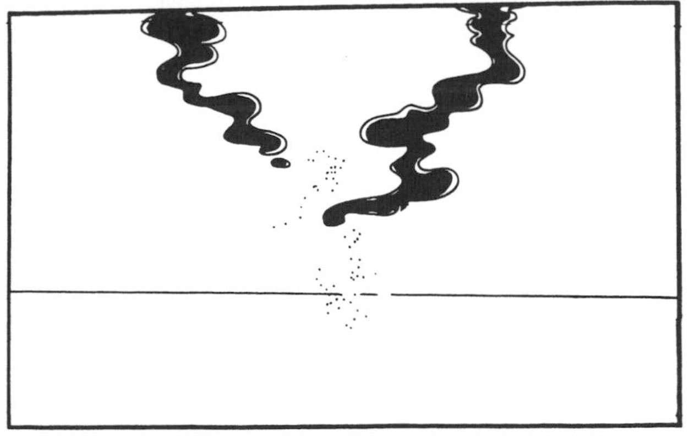

TODAS LAS HABITACIONES DE POR AQUÍ SON IGUALES.

¡BIEN!

QUEDA MENOS DE UN MINUTO...

¿HAS ACABADO CON ELLA, ASTRO-BOY?

¡AH! ¡ASTROBOY VUELVE A SALIR!

HMM... ¿ASÍ QUE ASTROBOY SE RINDE?

DA IGUAL, ¡VEN EN-SEGUIDA!

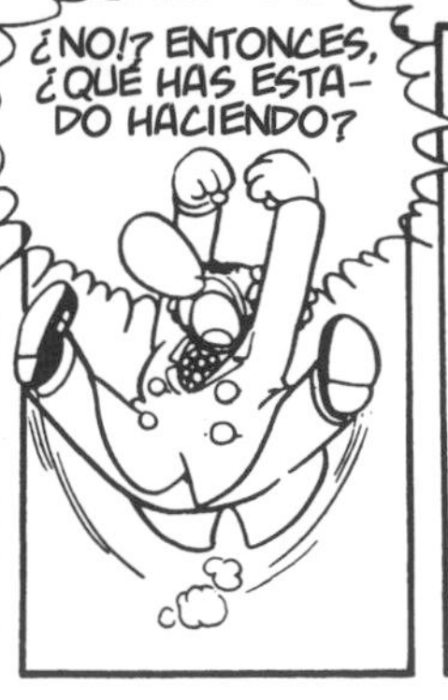
¿NO!? ENTONCES, ¿QUÉ HAS ESTA-DO HACIENDO?

TO-DAVÍA NO.

¡UH! ¿QUÉ PRETENDES?

¡DOCTOR! ¡SEÑORES POLICÍAS!
¡ALÉJENSE DE AQUÍ!

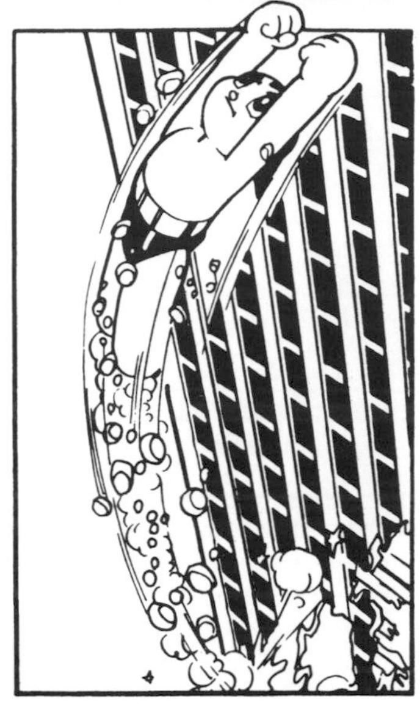

¡NO HAGAS TONTERÍAS, CHICO!
¡AH! ¡ASTROBOY, ¿PERO QUÉ HACES?! ¡NO TE ALCANZARÁ LA ENERGÍA!

¡ESTE TERREMOTO ES TERRIBLEEEEE!

¡AAAH! ¡UN TERREMOTO!

ASÍ QUE ESE TAL ASTROBOY PRETENDE PARTIR EN DOS ESTE EDIFICIO...
CARAMBA...

¡EL TEMBLOR HA SIDO TAN FUERTE QUE HEMOS SALTADO POR LOS AIRES!

•EXTINTOR.

OH... OH, NO, MAD MACHINE ESTÁ...

¡Y YO!

¡YO ME VOY!

¡ESTÁ AL DESCUBIERTO!

¡OCHO SEGUNDOS!

¡FALTAN DIEZ SEGUNDOS, ASTROBOY!

¡MALDITA SEA! ¡NO VAS A ACERCARTE A LA MÁQUINA, ASTROBOY!

SEIS SEGUNDOS...

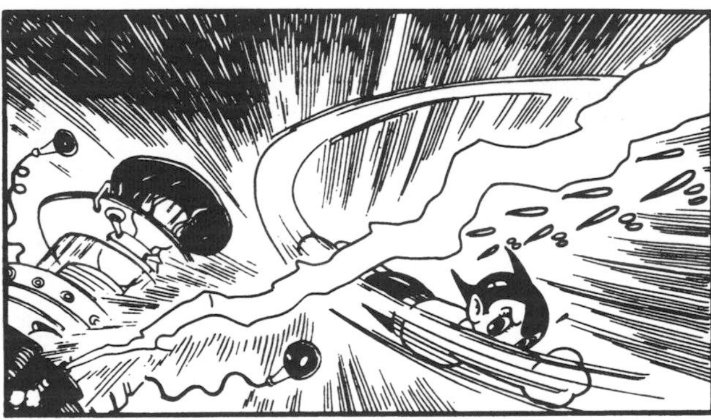

OH, NO... UN POCO MÁS ...

¡AH! ¡ME HA ALCANZADO!

UAH... ¡LE HE DISPARADO A LA MÁQUINA POR ERROR!

MI MÁQUINA DE DOS MIL MILLONES... BUAAAHH...

¡ES-TÚPI-DO!
¿QUÉ LE PARE-CEN 50 MILLO-NES?

¡ASTROBOY ESTÁ EN REPARA-CIÓN!
¡LO QUIE-RO PARA MÍ!

¡VAMOS, HOMBRE! ¡VÉNDAME A ASTROBOY!

Fin del tomo 1 de ASTROBOY

ASTROBOY

OSAMU TEZUKA

AYAKO

OSAMU TEZUKA

© 2016 by Tezuka Productions. All rights reserved.

Planeta Cómic www.planetacomic.com PlanetadComic

ASTROBOY

OSAMU TEZUKA

ASTROBOY 1

ASTRO BOY (vol.1 to 3) by Osamu Tezuka
© 2018 by Tezuka Productions
All rights reserved.
First published in Japan in 1951.
Spanish translation rights arranged with Tezuka Productions.

Publicación de Editorial Planeta, S.A.
Diagonal, 662-664, 7° D, 08034, Barcelona.
ISBN n.1: 978-84-9146-980-3.
Copyright © 2018 Editorial Planeta, SA, sobre la presente edición.
Reservados todos los derechos.

Traducción: Marc Bernabé y Verònica Calafell (DARUMA Serveis Lingüístics,SL).
Depósito legal: B 24214-2017 (tomo 1de 7) (X -18). (10206818).
Printed in EU / Impreso en UE.

Ninguna parte de este libro puede ser reproducida
ni incorporada a un sistema informático,
ni está permitida su transmisión en cualquier forma
o cualquier medio, sea este electrónico, mecánico,
por fotocopia, por grabación u otros medios,
sin el permiso previo y por escrito del editor.
Las infracciones se perseguirán según la ley.

Inscríbete a nuestro boletín de novedades en:

www.planetacomic.com

WEB: www.planetacomic.com
BLOG: www.planetadelibros.com/blog/comics
FACEBOOK/TWITTER/INSTAGRAM/YOUTUBE: PlanetadComic